日の沈む国から

加藤典洋

KATO, Norihiro

日の沈む国から

政治・社会論集

岩波書店

神よ、与えたまえ、
変えることのできるものを変える勇気を、
変えることのできないものを受けいれる冷静さを、
そしてこの二つを識別する叡智を。

——ラインホルド・ニーバー

目次

2. あれからの日本 …… 95

装丁＝桂川 潤

0．災後と戦後——33年後の「アメリカの影」

はじめに

「日本戦後文学」と「アメリカ」の関係を論じるというのが今回、このシンポジウムで私に与えられた主題である。しかし、そこから一歩を進め、現在の日本のあり方を「アメリカ」の像との関係を手がかりに明るみに出すことを、ここではめざしたいと思う。タイトルの「災後と戦後」は、ここにいう現在の日本の問題のありかを指している。一方、サブタイトルは、最近(二〇一四年)刊行された田中康夫の『33年後のなんとなく、クリスタル』から借り受けている。

当初は、三三年前の『なんとなく、クリスタル』と今回の作品における「アメリカ」のあり方の比較を行えば、求められた論点へのよい入り口になるのではないかと考えた。そこで読んでみたが、結果は、後に述べるとおり。簡単にひとこと、「アメリカの影」の消滅といえるあっけないものだった。しかしそのあっけなさが、現在の日本の困難の現状を体現していると思われた。

正続二作の『なんとなく、クリスタル』の変化を起点に、二〇〇〇年代になって書かれた二つの作品、百田尚樹の『永遠の0』と赤坂真理の『東京プリズン』を取り上げ、そこで「アメリカの影」の「後退」が意味していることを、現在の日本社会の問題につなげ、考えてみたい。

1　災後と戦後

先に、このシンポジウムが採用している「日本戦後文学」の「日本戦後」という呼称にふれて、この論の分析視角を示しておく。

「日本戦後文学」という(「戦後日本文学」の語順を逆にした)主催者の呼び名は、たぶん柄谷行人の『日本近代文学の起源』における「日本近代文学」を受けたものだろう。従来の国文学における「近代日本文学」の文脈でではなく、世界大の近代文学の文脈のなかで、日本の近代文学の問題を考えることがそこでめざされているが、それと同じく、ここでも、これまでの「戦後日本文学」の文脈を離れて、いわば世界大の文脈で「日本の戦後」の文学とアメリカの関係を俎上にのせよう、という意向だろうと思う。

そこで私としては、この提案を受け、「ふたつの戦後」という視角を設定してみたい。戦後日本文学と日本戦後文学、また、戦後日本と、日本戦後。ここからわかることは、ここには二つの「戦後」があるということである。両者の違いは何か。それを、こう考えてみよう。前者の「戦後日本」は、国内の文脈での「戦後」把握であり、すでにその命脈を途絶えさせた側面を表している。これに対し、後者の「日本戦後」は、国内の文脈と国外の文脈とのつながり、また国外の文脈での「戦後」把握であり、まだ終わっていない側面を表している。

「戦後日本」が終わっているというのは、主に国内的な「戦後の終焉」の様相をさしている。日本の社会は、国内的な文脈では、「戦後」的なあり方を、政治的にも、経済的にも、社会的にも、崩壊、枯渇させている。

まず、政治的には、自民党と社会党を二極とするいわゆる五五年体制が九〇年代の社会党の溶解を通じて崩れ去っている。それ以後、とくに九九年以降は自民党による単独与党体制が成立していない。自民党政権は、二〇〇九年の民主党による本格的な政権交代をへて、いままたその反動として安定多数を占めているとはいえ、公明党との連立政権のままである。五五年体制は、九〇年代初頭の東西冷戦の終焉を機に、後に述べる戦争世代の後退をより根源的な理由として、崩壊したと見ることができる。九〇年の衆参一八二議席から九六年の衆参三二議席、二〇〇四年の八議席へという社会党（日本社会党、現社会民主党）の解体、議席激減の過程が、この時期の「戦後日本」（五五年体制）の崩壊の激しさ、不可逆ぶりを語っている。

経済的には、九〇年初頭のバブル崩壊以降の「失われた二〇年」が「戦後」の終焉の何よりも雄弁な指標となっている。「戦後」は経済的にはGDPの持続的な成長によって特徴づけられるが、たとえばその成長率は「一九七五－九〇年」の年率四パーセントから「一九九一－二〇〇一年」では年率〇・八パーセント」まで低下し、その後も一九九〇年以前に比べると大幅に低い水準で推移している（たとえば「「失われた20年」の構造的原因」RIETIペイパーシリーズ、二〇一〇年五月、など）。その背景として、先に八五年のプラザ合意に端を発するドル安をきっかけに企業の国外移転による産業の空洞化が進んでおり、二〇〇〇年代以降は、「世界の工場」と呼ばれる中国ほかの近隣アジア諸国の勃興が、この趨勢に拍車をかけている。これらにより、産業が空洞化したことに加え、企業の利益と国益もまた、乖離するようになった。もはや護送船団方式は成り立たず、戦後型の経済構造自体が、前提条件を失っている。その結果、国家財政も急激に悪化した。一九七〇年に三兆円だった国債残高が九四年には二〇七兆円に跳ね上がり、その額は二〇一三年には七五一兆円に達した。

これらの現象の社会的な背景をなすのは、急激な少子高齢化の進行である。高齢化については、日本が老年人口比率七パーセント以上の「高齢化社会」となるのが、一九七〇年で、九四年にはこの比率が倍増して「高齢社会」に変わる。この倍増の変化に、フランスでは一一五年、米国では七二年、ドイツでも四〇年かかっているが、日本は二四年である。以後もこの趨勢は続き、二〇一三年には世界に例を見ない二五パーセントの「超高齢社会」となっている。少子化でも、七四年に出生率減少に転じると、九一年には統計調査開始後最低の一・五七を記録し、二〇〇五年には一・二六まで減少し、低止まりのままこの傾向が続いて、一一年は一・三九である。また、これに並行して、いわゆる戦争世代の退場という現象も進行した。一九五〇年に全人口の約七五パーセントだった戦争経験者は、二〇〇〇年には約二三パーセント、二〇一三年には約一五パーセントとなる。

そこから、平和主義的土壌の枯渇、社会保険の設計再構築の必要のほか、若年層の雇用減少、世代間格差の激化など、「戦後」にはなかった新しい問題が生まれてきている。二〇〇八年の国際的な金融危機、二〇一一年の東日本大震災、原発事故以降、これに金融財政、今後の産業構造の転換などの課題が加わり、この国内的な「戦後」の終焉は、そのまま国内的な新しい課題に引き継がれている。そこに到来したポスト「戦後」の社会を、ここでは「災後」の社会と呼んでおく。

つまり、政治的には五五年体制、経済的にはＧＤＰの上昇、社会的にも人口増と雇用の安定と平和主義的傾向で特徴づけられていた「戦後(の)日本」は、八〇年代初頭から九〇年代末にかけて後退をはじめ、二〇〇〇年代に入ると、ほぼ、姿を消し、二〇一一年以降は「災後」社会へと姿を変えているのである。

しかし、その一方で、国際社会の次元では、他国との関係のもとに、いまも旧態依然のまま、「日本(の)戦後」は生き残っている。

日本と東アジアをはじめとする近隣諸国とのあいだでいまだに信頼関係を築けない。日本と米国とのあいだでは特異な従属関係がいまなお続いている。そこでは「戦後」は終わる兆しをなお見せていない。

その特徴的な現れとして、中国、韓国、ロシアとのあいだの国境問題(尖閣＝釣魚島、竹島＝独島、北方四島)、米国とのあいだの沖縄の普天間・辺野古の移設問題に代表される基地の問題、また、原発事故を契機に露わになった原発、核の傘、NPT(核拡散防止条約)への対応など、核の問題の前景化が見られるが、それらは以前に比べると、むしろその深刻さの度合いを深めつつある。そこでは、先の政治の閉塞、経済の低迷、格差の拡大といった国内的(「戦後日本」的)な「災後」問題への国民の不満、不安をそらす目的で、政府の手でこれらの国際的(「日本戦後」的)問題が必要以上に強調され、「深刻化」させられている側面すらある。三・一一の大震災、原発事故をへて、政権奪取した自民党政権が、このところ、特定秘密保護法、集団的自衛権閣議決定など、「戦後」にまつわる問題を矢継ぎ早に打ち出しているのは、国民の関心を海外に向けさせ、直面する国内のポスト戦後の問題＝「災後」の問題に向き合うことを避けるためでもある。

「戦後日本」と「日本戦後」、「戦後」の国内的文脈と国際的文脈のこのズレ、すなわち「災後」と「戦後」の共存ということが、いま新しい問題の指標として浮上してきているのである。

ここで、私の考えを示しておけば、私は、いま、この「災後」と「戦後」という二つの異なる問題を、ともに視野におさめ、その共存＝重合のありようと向き合うことが、大事なのではないかと思っている。いま現れている多くの企てが、問題をクリアに捉えているかに見えながら、どこか空転の印象をまぬがれないのは、この二つの時間の「重合」を避け、一方だけを相手にしているからではないかというのが、私の見立てである。

かつて、日本における「アメリカの影」は戦後の影と高度成長の影との重層性のうちにあった。しかしいま、それは失われている。「アメリカの影」の消失、扁平さを、その指標と見ることもできる。なお、ここで「アメリカの影」と呼ぶのは、直接には私が三二年前、田中康夫の『なんとなく、クリスタル』を手がかりに書いた「「アメリカの影」——高度成長下の文学」（一九八二年、『アメリカの影』一九八五年）で示した、高度成長期の日本社会における、「アメリカからの影響」、「アメリカからの圧迫」、「アメリカ的なあり方・生活・文化への憧れ」の総体の意味である。それをここでは、両国間の従属、協力、同盟といった形をもつもの、憧れ、反感、憎悪のように意識されるものからそれが分かちがたく結びついて愛憎のようなものに化した無意識裡のものまでを含む、「アメリカ」のプレゼンス（存在感）、そこからのプレッシャー（圧迫、影響）の総体として理解しておく。

以下、ここに見られる「戦後」の跛行性、二つの「戦後」のズレ（とそこから生まれる「アメリカの影」の重層性）、「災後」と「戦後」の共存＝重合を視角に、先にあげた作品を取りあげ、現代日本の問題とは何かについて考えてみたい。

2　田中康夫の『33年後のなんとなく、クリスタル』

日本の「戦後」（国内性）のなかに「敗北」（国際性）の主題が浮上し、この跛行性が前景化してくるのが、日米摩擦が激しくなり、日本社会にフラストレーションが昂進されてくる、一九七〇年代から八〇年代にかけての時期である。

これを右に述べた二つの「戦後」のズレの露頭と見ておくことができる。それは、敗戦直後、占領の時期から濃厚なわけではなかった。「アメリカの影」は、五〇年代、日本が十分に貧しく、両国間の経済格差が大きいあいだは、あまり強く日本社会では感じられていない。ちょうど、影が、日が差さないうちは顕在化せず、陽光が強まってはじめて地上に色濃い像を結ぶように、それが現れてくるのは、戦後もだいぶ時をへて、日本社会の経済的復興がなり、一方、米国の国力に陰りが見え、両国間の経済摩擦が激化してからなのである。

一九七〇年から日米繊維交渉がはじまり、ついで対米自動車輸出の急増によって自動車輸出をめぐる日米通商摩擦が激しくなる。米国はベトナム戦争による疲弊から、産業が停滞していた。一方、日本は石油危機を受けて産業の体質改善に成功しつつあった。これに対応できない米国が国内の業界、議会の圧力にこらえきれず、独力で苦境を脱しつつあった日本への一方的な経済的要求を強める。日本に米国の要求の理不尽さ、また国内的な「力」と対米的な「無力」の落差＝跛行性が強く意識されるようになる。

それが、一九七八年になってはじめて、「アメリカの影」への異議申し立てが、江藤淳の「日本は無条件降伏していない」という主張を機にはじまり、本多秋五とのあいだに「無条件降伏論争」に発展し、やがて江藤による『なんとなく、クリスタル』への激賞と結びつくことの背景である。二つの「戦後」のズレの露頭をもたらしているのは、なにより日本の経済的繁栄なのだが、それが同時に、消費化社会のはじまりを意味している。田中康夫の『なんとなく、クリスタル』が、そうした目新しい社会の変化を担って一九八〇年一二月、登場すると、そこに現れた非「戦後文学」的な成熟した現実認識に、江藤は鋭く反応するのである。『なんとなく、クリスタル』は江藤の激賞も受けて翌八一年一月、単行本として世に出るが、たちまち話題をさらい、ベストセラーとなる。

このとき私はカナダの地にあり、日本にいなかったのだが、次の年に帰国してからほどなく、先の評論「「アメリカ」の影――高度成長下の文学」にこの作品を取りあげ、日本の戦後の社会に「アメリカ」なるものの存在感が陰に陽に「影」を落としているという分析を記す。しかし、これはそう単純な話ではない。というのも、『なんとなく、クリスタル』は、ファッションやら音楽やら消費財やら、当時の風俗の最先端に位置する二十代の男女を描いた物語であって、そもそも、この作品には「アメリカ」は出てこないからである。この評論自体が、そこに直接「アメリカ」の影がさしているという話ではなかったのだ。

私が「アメリカ」なるものの影の投影を感じたのは、むしろ、この作品の日本社会での「受けとられ方」に対してである。このベストセラー小説が、当時、文壇でいわば「袋叩き」されていたことに関心をひかれ、その背景にあるものを、そのような形で取りだした。なかで、ほぼ唯一、積極的に肯定的な評価を与えていたのが江藤であり、その江藤の関心がこのとき、従来の戦後研究の「盲点」ともいうべき、「米国占領下における非民主主義的な言論統制の事実」に向けられていたことに、手がかりがあると感じたのである。

『なんとなく、クリスタル』は一九八〇年度の文藝賞を受賞するが、その選評を、江藤は、選考直前まで「ほぼ一年近くワシントン近くにいた」、という一文からはじめている。滞在目的は二年前の「無条件降伏論争」に続く「占領研究」である。そしてこの作品を、

「惚れた殿御に抱かれりゃ濡れる、惚れぬ男に濡れはせぬ、とでもいうべき古風な情緒で「まとめてみた」

才気煥発の産物と、男女関係の妙を例に、激賞していた。その背景に、日米関係が重ねられていることを、私はすぐに察知した。

そのことから、江藤が、五年前(一九七六年)、村上龍の『限りなく透明に近いブルー』に辛辣な評価を与え、この度、田中康夫の『なんとなく、クリスタル』(一九八一年)を肯定していることの理由を、いわば戦後的な原初的反米感情に対する二様の対応への、彼の評価から説明できると考えた。『限りなく透明に近いブルー』は横田基地近辺の福生を舞台とした基地小説で、戦後的な原初的反米感情が素朴に反映されている。一言でいえば「ヤンキー・ゴウ・ホーム」の小説である。それが村上龍の第一作が、旧来の秩序破壊的な内容ながらもなお年長の日本の文学者たち(保守派の丹羽文雄から革新派の埴谷雄高までを含む)に受け容れられた理由、かつ江藤の否定的評価の理由だったとすれば、『な

んとなく、クリスタル』に現れているのは、その原初的な反米感情から離脱した、ある意味でより成熟した関係、感情であるといえた。それが今度は、しゃれた、しかし風俗小説にすぎないと、再び日本の大多数の文学の専門家たちに否定されるなか、江藤がこの小説を評価してやまない理由をなしていると考えたのである。

この小説の主人公の女性由利は、大学生でありながらファッション・モデルの仕事をする流行の最先端にいる女性だが、フェミニズム流の反男性観からは遠く、同棲という「ベッタリくっついた」依存関係こそ忌避するものの、一種イークォル・パートナーシップともいいうる独立した経済基盤という前提があれば、同じく大学生の恋人淳一への自分の依存を否定するつもりはない、と考えている。女性としての自立という志向とは異なる——恋人に、自分は深いところで「従属」ではないが「所属」はしているという程度に依存していることを自覚した——一種成熟したリアルな認識の持ち主である。そこにたとえば、フェミニズム論者の上野千鶴子が引照する小島信夫の『抱擁家族』の主人公の妻時子の、女性としての「向上心」をめぐる齟齬、あるいはフェミニスト的な観点からの男性依存への否定感はない。そのことの依存の受容、あるいは現実の肯定に、江藤は、いわば自分好みの「他者への依存の自覚をそのまま受け容れようとする覚悟」に通じるものを認め、これを新しい世代の「成熟」の証左と、評価したのである。

別にいえば、戦後文学派と日本の文壇が『なんとなく、クリスタル』に苛立ち、これの全否定へと動いたのは、日本が戦後憲法、戦後的価値観を含め、実は多くをアメリカに負っていることがこの小説によって「告白」されていたからともいえる。戦後の恥部がここに暴かれていることが彼らを痛く傷つけたのだが、江藤がこれを評価したのは、この同じものに原初的な戦後日本の反米感情を脱する「成熟した感性」の出現を見たからだったのである。

ここにいう「ヤンキー・ゴウ・ホーム」とは、一九六〇年の安保闘争において、アイゼンハワー大統領訪日の準備に来日したハガティー報道官を全学連が取り囲んだ事件で江藤が耳にした言葉であって、それに江藤は、余りにナマな、原初的ナショナリズム感情の噴出を感じ、以後、安保反対の革新派の隊列を離れる(「ハガティ氏を迎えた羽田デモ」一九六〇年)。このとき原初的なナショナリズムは、反米感情という形を取り、江藤を遠ざけさせるのだが、およそ二〇年後、彼は「イークォル・パートナーシップ」という別の形で、より成熟した、しかし同時により厄介で洗練された(?)ナショナリズム感情にとらわれるようになる。消費化社会の爛熟という現れをもつ日本の経済的勃興と、これに対する米国の度重なる抑圧の理不尽さが、経済的なナショナリズムだけでは足りないと、彼を政治的ナショナリズムへと刺激するようになる。そのアメリカへの占領政策批判と戦後文学批判とからなる八〇年前後の彼の占領研究が、このとき、消費化社会の出現を背景にした『なんとなく、クリスタル』の洗練した現実の受けとめに、自分との近縁性を見出すのである。

したがって、三三年前、『なんとなく、クリスタル』に私が認めた「アメリカの影」は、たとえば次のような女性主人公の語りとして、作中の恋人淳一への「依存感情」の自覚の表現として現れていた。

私は、こわかった。淳一が離れていってしまうのが。

おたがいに必要以上には束縛し合わないというのも、淳一が私から離れていかないという保証があっての話だった。やはり、淳一がいてくれるということが、私のアイデンティティーなのだった。

（『なんとなく、クリスタル』一九八頁）

今まで気づかなかった女の弱さを、私は思い知らされた気がした。

（同前、二一四頁）

淳一というコントローラーの下に、私は所属することになってしまった。

私が普通の学生だったら、ここで淳一にベッタリくっついた、〝同棲〟という雰囲気になってしまっていたかもしれない。でも、幸か不幸か、私にはモデルという仕事があった。一緒に住んでいるとはいっても、私にもそれ相応の経済的にみた生活力があった。

（中略）淳一によってしか与えられない歓びを知った今でも、彼のコントロール下に〝従属〟ではなく〝所属〟していられるのも、ただ唯一、私がモデルをやっていたからかもしれなかった。

（中略）

いつも、二人のまわりには、クリスタルなアトモスフィアが漂っていた。

（同前、二一六頁）

また、この小説は、次のような「日本戦後」（対米従属）と「戦後日本」（経済成長）の二つが「戦後」のズレとして交錯する、一種見事なシーンの造型で終わる。由利は、ある日、いまならフィットネス・クラブと呼ばれるだろう「同好会」の仲間とジョギング（作品では「ランニング」）をして「青山通りと表参道の交差点」にさしかかる。すると地下鉄の出口から「品のいい」三十代の女性が出てくる。「横断歩道ですれ違うと、かすかにゲランの香水のかおりがした」。「三十二、三歳の素敵な奥様という感じだった」。その後、由利は、「走りながら考え」る。

淳一と私は、なにも悩みなんてなく暮らしている。なんとなく気分のよいものを、買ったり、着たり、食べたりする。そして、なんとなく気分のよい音楽を聴いて、なんとなく気分のよいところへ散歩に行ったり、遊びに行ったりする。二人が一緒になると、なんとなく気分のいい、クリスタルな生き方ができそうだった。だから、これから十年たった時にも、私は淳一と一緒にありたかった。

（同前、二二二頁）

そのとき、自分は「まだモデルを続けているだろうか」。そう由利は思う。たぶんあの素敵な女性とは違う生き方をするだろう。でも彼女と同様の素敵な「雰囲気」をもったまま、「三十代になっても、仕事のできるモデルになっていたい」。

私は、明治通りとの交差点を通り過ぎて、上り坂となった表参道を走り続ける。手の甲で額の汗をぬぐうと、クラブ・ハウスでつけてきた、ディオリッシモのさわやかなかおりが、汗のにおいとまじりあった。

（同前、二二四頁）

ここには、先の二つの「戦後」が、「上り坂」を走る由利の香水のかおり(消費社会化・富裕化)と汗(戦後)の混淆のうちに、比類のない表現を見ている。香水は、その人の汗とまじりあうことで、その人のかおりを作る。この若者のデビュー作は、その異種の二つのものの交錯、重合、化学反応をうまく言葉にすることで、江藤の激賞にかなう作品となっているのである。

ところで、今年(二〇一四年)出された『33年後のなんとなく、クリスタル』(河出書房新社)を読むと、このような重層的な感受性を載せた作者(田中康夫)と語り手＝主人公(由利)のあいだの緊張関係は、もはやきれいさっぱりと消えている。そこでの語り手は、五十代後半の男性、ほぼ現在の作者自身に重なるヤスオと呼ばれる「僕」であり、そこに先の『なんとなく、クリスタル』の語り手＝主人公である「私＝由利」はもはや存在せず、その代わりに、そのモデルだった女性が三三年後の姿で、同じ名前の「由利」として三人称で登場してくる。

いまは五十代。日本の外資系の会社で広告などの仕事をした後、ロンドンのMBAの大学院を卒業。最近は企業コンサルタントの仕事で南アフリカの医療問題に関心をもつ、やはり時代の先端に位置するキャリア・ウーマンである。

「僕」は、出身県の知事を務めた後、国会議員も経験したユニークな『なんとなく、クリスタル』という小説の作家である。田中康夫自身をなぞり、名前もヤスオのまま。再会を果たした二人のあいだには当然のことながら、こんな会話が生まれる。

「ところで淳一は、どうしているの？」

(『33年後のなんとなく、クリスタル』五四頁)

『なんとなく、クリスタル』を書いた時分、「由利」は「僕」よりも「彼(淳一)」の方を気に入っていた。そして、二人で神宮前のコーポラスに暮らしていた。「これから十年たっ」ても「一緒でありた」いと思っていた。これに次のような説明が、続く。

「引き続きロスの郊外に住んでいるの。もう三十年近いわよね。あちらで結婚もして、お子さんが二人かな。毎年、クリスマスに写真入りのカードを送ってきてくれるわ。お孫さんも交えた一家勢揃いの」

由利と淳一の〝共同生活〟は、確か一年半余りで解消されてしまった。『なんとなく、クリスタル』が上梓されて、真偽のほどを周囲から詮索されたのも一因だったのかな。

スタジオ・ミュージッシャンとしての新天地を求めて西海岸へ渡った彼は、アレンジャーとしても成功を収めている。 (同前)

このたびの作品での背景説明によれば、「前作」では「僕」=ヤスオは女性主人公のモデルにいわばふられた形で作品の「外」に排除されていた。物語から排除された「彼」が作者となって、自分を「由利」に憑依させて批評的に「由利」と「淳一」の物語を書いた、とされるのだが、いずれにせよ、前作にあった物語上の虚実の皮膜の「ふるえ」めいたものも、今回の作品からは消えている。「1980年代に大学生だった彼女たちは、いま50代になった。」という惹句のもと、浅田彰、高橋源一郎以下、帯に多くの著名人の賛辞を連ねて刊行されているが、小説としては、『なんとなく、クリスタル』とは比べることのできない凡庸な作品である。

かつて私がそこから抽出した「アメリカの影」、つまり「由利」の現実認識、感じ方に見られた重層性は、「日本戦後文学」としての『33年後のなんとなく、クリスタル』からは、姿を消している。『なんとなく、クリスタル』では、「戦後日本」と「日本戦後」のあいだのズレが、由利のポストモダンの発端期のもつういういしさ(経済成長と消費社会化)と、対米従属(淳一への依存)への弱さの自覚として作品のなかにダイナミックな「揺動」を生み出していたのだが、今度の作品では、その「ズレ」=「アメリカの影」自体が、作品外に排除されているのである。

そのことを、こういってもよい。『なんとなく、クリスタル』から透けて見えたのは、東西冷戦の構造のもとで、日本とアメリカが両者だけ、お椀を逆さにしたドーム状の温室空間に入っているという隔離された一対性の構図だった。日米関係という空間が、世界のなかで一種の隔離温室空間をなしていた。「クリスタルなアトモスフィア」とはそこで、消費社会化とともに(日本から見られた)微温的かつ局外的な保護された二国関係、その隔離空間のうちに漂う日本のアメリカへの依存関係を的確にいいあてた「戦後」の表現だったのだが、その「ドーム」状の温室空間がその後の東西冷戦の終了によって、上空から取り除かれ、いまや日本が寒風にさらされるように変化する。それに応じて、作者の関心もまた、米国一極の金融国際主義、三・一一以後の日本社会の新しい問題系、グローバルな「災後」の問題へと横滑りする。したがって、作中の二人は、——三三年前とは異なり——真摯にグローバルにさまざまな世界や日本の現況の「問題」を話題にする。そこにはむろん、「災後」の国際的なアフリカ医療支援、ボランティア、ＩＴ企業等の問題も顔を出す。しかしスタジオ・ミュージッシャンである米国の「淳一」はこの作品世界に呼び入れられない。二人のやりとりは、いまや「淳一」を排除し、自ら作中に介入して我が物顔にふるまう、小説の形を借りた作者田中康夫の三・一一以後の「災後」社会をめぐる「持論」の展開にすぎない。その結果、この作品から、この二つの「戦後」のズレ、「戦後」と「災後」のせめぎあいの場面は、排除される。ここでは、「戦後」の跛行性に、「戦後」なき「災後」の問題が、取って代わっている。消費社会性と依存の自覚のあいだにあったあの二つの「戦後」のズレは、この「33年後」の小説からは見る影もなく後退しているのである。

3　ゼロ年代以後――「アメリカ」隠し

この後退の背景に、次のようなことがらの控えていることを指摘しておくことは、無駄ではないだろう。最近、私はある英語紙に、日本の近況について次のように書いた（「静かな「茶会」運動、日本会議（"Tea Party Politics in Japan"）」『インターナショナル・ニューヨークタイムズ』二〇一四年九月一三日）。

最近（二〇一四年）発足した第二次安倍改造内閣の一九名の大臣中一五名が所属していたことから、このところ、日本会議という保守系の組織がにわかに注目されるようになっている。この組織の目標は、女系天皇即位、夫婦別姓法制化、外国人参政権付与法などには徹底して反対し、皇室を中心とした「美しい日本」の伝統的な価値を再建し、「教育の正常化」を推進し、国の「自主独立」をめざすというものである。ところで私の見るところ、安倍政権を支えるこの組織の「構え」をもっともよく示しているのは、一昨年(二〇一二年)末の総選挙で安倍首相が唱えたキャッチフレーズ、「日本を取り戻す」である。

これは英語でいうと“Take back Japan”であって、アメリカの共和党保守派のティーパーティ運動のキャッチフレーズである「アメリカを取り戻す(“Take back America”)」のもじり(日本版)である。ともに自らが野党の時代に勢力を伸長させた保守系団体の標語だが、メディア戦略にめざとい誰かがこれに倣い、政権奪回をめざす選挙キャンペーンで智慧をつけたと思われる。

しかし、考えてみれば、このキャッチフレーズは意味深長ではないか。というのもアメリカのティーパーティ運動のキャッチフレーズの「取り戻す」はオバマの民主党政治からアメリカを取り戻すの意味で、最後まで言えば「オバマからアメリカを取り戻す(“Take back America from Obama”)」だが、では安倍首相の「日本を取り戻す」は、誰から、あるいは何からの「取り戻す」かといえば、それが一向にはっきりとしない。当時、政権を担っていたのは民主党である。その最初の政権は対米自立をめざして米国の壁に衝突し、あっさりと瓦解し、これに続く政権は脱原発をめざしてこれも経済・産業界の壁にぶつかり、引きずり下ろされている。これを受けて、野党の自民党が政権奪取をめざすのであれば、普通なら、米国と経済・産業界の支持を背に、日本を「立て直す」となるところである。なぜ「取り戻す」なのか。

理由はなくはない。米国と経済・産業界の支持を背に、自民党はかつて軽武装・経済成長の親米路線を追求し、長期政権を担った。しかしそれを可能にした前提条件はいまや消えている。そしてそのことが自民党から民主党への政権交代をもたらしたのでもある。もうそこに戻ることはできない。

(——ここでの議論でいうなら、一つの「戦後」(経済成長と五五年体制)は終わっているが、もう一つの「戦後」(対米従属)は終わっていない。)「日本を取り戻す」は、「日本を立て直す」がもはや十分に国民を説得するだけの内容をもたないなか、復古的な国家主義への傾斜を視野に入れた上で、(このまだ終わっていないもう一つの「戦後」を念頭に)いまだ明言されることのない対米的な国民のフラストレーションに訴えかけるものとして、採用されているのである。

つまり、この「日本を取り戻す」(“Take back Japan”)」は、明々白々な相手をあえて明示しないというあり方で、石原慎太郎が一九八九年に出した『「NO」と言える日本(*The Japan That Can Say No*)』を踏襲しているのだが、この書名の「NO」が誰に対しての「NO」かといえば、相手はアメリカで、最後までいえば『アメリカに「NO」と言える日本(“The Japan That Can Say No to America”)』である。同じように、安倍首相のキャンペーンが、誰から、何から日本を取り戻すのかといえば、「アメリカから(“from America”)」——つまりアメリカの影に覆われた状態から——「日本を取り戻す」である。そのことを日本人の多くが感じている。しかし、ほぼ自明でありながら、あるいはそうであるからこそ、というべきか、いまのところ、このことは、明言されていない——。

コラムに書いたのはここまでだが、この指摘には続きがある。

「アメリカ」の一語は明言されない。しかし、この「不明示」はなぜ重大なのだろうか。明言されなくとも、国内ではみながわかっている。だったらよいのではないか。これに対する答えは、このことが明言されないかぎり、この先の問題、いわばほんとうの問題が、見えてこないから、である。

「取り戻す」でよいのか。「立て直す」ではないのか。「立て直す」のは難しいから「取り戻す」では、まずいのではないか。しかし大事なのは、「立て直し」、そして「取り戻す」ことである。

私の考えをいえば、この先にあるのは、日本の「問題」が、その先端を二つに分岐させているという問題である。先にあげた「戦後」の跛行性ということ、「戦後」と「災後」の問題がせめぎあう形で一体化し、もつれたまま私たちの行方をさえぎっていることが、いまの日本のほんとうの問題なのだ。

しかし、そのいずれの問題も手ごわい。それに立ち向かおうとして、すでに民主党の二つの内閣が瓦解している。終わらない「日本戦後」問題＝対米従属の問題に立ち向かおうとして、鳩山内閣が。終わった「戦後日本」問題に続く「災後」問題＝原発依存の問題に立ち向かおうとして、菅内閣が。そのため、このいずれとも正面から立ち向かうことはしないという選択が、相手を明言しないこの「日本を取り戻す」という主張となった。この主張によって多くの議席を獲得し、政権についた自民党政権に向けて、このあと、この問題を二つに分岐したうえで、それぞれに正面から立ち向かう、ということがなぜ期待できるだろうか。

私についていえば、私は最近(二〇一四年)、『人類が永遠に続くのではないとしたら』と題し、三・一一以後の日本社会の問題を取りあげた本を出したところである。そこに私は、これまではあらゆることが無限に続くという前提のもとに考えられてきたが、これからはあらゆることが「有限」であるということを前提にして考えられなければならない、と述べている。私はそれを重大な問題だと考える。そこに述べられているのは、ここでの言い方でいえば、「災後」の問題である。国内の社会を見れば、「戦後」は終焉したが、先に述べたごとく、近年、とりわけ三・一一以後、新たにまったくべつの長いスパンの問題、世界的な問題、文明史的な問題がせりあがってきた。「災後」の問題である、それに向き合うことが大切だ、と私は述べているのである。しかし、このポスト「戦後日本」にくる「災後」の問題と、まだ終わらない「日本戦後」の問題との関係は、どうなっているのか。その関係をはっきりさせ、この二つに同時に、それぞれの仕方で向き合うということがないと、私たちは、この問題のいずれからも、逃げ出すことになるだろう。

田中康夫の『33年後のなんとなく、クリスタル』は、この点で、前作に比べ、二重の後退を記している。

一つは、「淳一」の排除と、それに取って代わる「僕」=ヤスオの登場(「由利」の語りの排除)に示される「アメリカの影」の重層性からの後退=退行であり、もう一つは、そのことの外挿部分をなす、「災後」の問題系(かつての消費社会化、現在の三・一一以後の問題)と「戦後」の問題系(対米従属、東アジアでの孤立)の重合に発する、二つの戦後の跛行性に向きあう課題からの後退=撤退である。

4 百田尚樹の『永遠の0』

さて、私の見るところ、現在の「日本戦後文学」と「アメリカ」の関係をもっとも適切に特徴づけるのは、この総体としての「アメリカの影」の重層性からの退行にほかならない。

こうした退行、撤退、逃亡への欲求に適ったものが、現在、社会に迎えられている。

ここでは、先に述べたように、二〇〇〇年代後半以降に現れた対照的な二つの作品を例にとりたい。

一つは、今年(二〇一四年)、破格のベストセラーを記録し、映画ともなった、百田尚樹によるエンタテインメント小説『永遠の0』(二〇〇六年)であり、もう一つは、一昨年(二〇一二年)刊行されて異例の好評に迎えられ、大きな二つの文学賞を受賞している純文学の作品、赤坂真理の『東京プリズン』である。

『永遠の0』は、特攻隊員の一人として死んだ祖父の「実像」を探るべく、フリーターの孫が二〇〇〇年代の日本社会において、特攻機に搭乗した経験者の飛行士など祖父の知人を尋ね歩くという話である。その結果、謎に包まれていた祖父の実像が明らかになるが、祖父は、卓越した搭乗技術をもつ零戦乗りであり、家族のために何があっても生きて帰るという平和的な信念をもちながらも、最後、ギリギリの段階で、自ら特攻の任務につき、死ぬことを選んでいる。

この小説においても、先の二つの「戦後」のズレは、周到に、小骨を取り除くように排除されている。

さしずめ、作中、消費社会的な「戦後」と対米従属的(=反米的)な「戦後」の関係を代表するのは、元特攻隊員でいまは亡き祖父を調査する、現在、司法試験合格をめざしながらニートの生活を続ける「ぼく」と、その「ぼく」によって実像を明らかにされてくる「祖父」だが、この両者の関係は、一方が生きているのに、他方はもう死んでいるうえ、前者が後者の実像を「調べる」という一方向的なものである。主人公には祖母がこの祖父の死後再婚した第二の祖父がおり、こちらは生きているのだが、この第二の祖父は、最後に、なぜ祖母と結婚したのかが謎解きふうに明かされるだけで、この物語には介入してこない。両者の関係は波風の立たない凪のままである。

またこの第一の「祖父」の調査は、一人前のジャーナリストとなることをめざしている修業中の「姉」からの依頼のバイトである。しかし、この調査は、彼女の本来の仕事の一部ではない。バイト代は姉のポケットマネーから支払われる。そもそもまだ十分に資力のない彼女がなぜ自前で弟を雇ってまでこの祖父の調査を行うのかといえば、彼らの母が、「この前ふと、死んだお父さんって、どんな人だったかな」「私はお父さんのことを何も知らない」といったからだと説明される。彼女は、「それを聞いた時、何とかしてあげたいと思った」。それが理由のすべてである。調査の理由も、善意に回収され、お金の問題も、問題を引き起こすことはない。

こうして、彼らは、一人、また一人と、祖父の元同僚、知人、部下を捜しあて、会いにいき、話を聞く。小説は、その調査のやりとり、聞き取りの記録そのままを、なぞる形をとる。途中で、「母」と「姉」のあいだに衝突が起こったり、「ぼく」がこの調査に疑問を感じたり、それが元で「姉」とぶつかったり、ということが、消費社会、情報化社会のうちに生きる登場人物の相互、あるいは、彼らと、別種の「戦後」の文脈のなかに置かれた祖父とその同世代の人間のあいだに、起こってもよさそうなのだが、しかし、そういう展開は生じない。インタビューの相手が急に怒りはじめたりするというような椿事は起こるが、そもそもが調査者とインフォーマントという関係のもとにあるために、それが「ぼく」の足下を揺るがすなどという事態にはいたらない。したがって、二つの「戦後」のズレが現れることも、「戦後」の跛行性が露わになることも、「災後」(ぼく)と「戦後」(祖父)のあいだにせめぎ合いが生じるということも、ない。最後に明かされる祖母再婚後の第二の祖父の秘密にいたるまで、すべて、この小説の「感動」に抗うものは、ここから撤収されているのである。

同じことが「アメリカの影」、「日本戦後」の文脈についてもいえる。

この小説には、その本体の「ぼく」の調査物語と切り離された、ごく短いプロローグとエピローグが付されている。

プロローグは次のようにはじまる。

　あれはたしか終戦直前だった。正確な日付は覚えていない。しかしあのゼロだけは忘れない。悪魔のようなゼロだった。

　俺は空母「タイコンデロガ」の五インチ高角砲の砲手だった。俺の役目はカミカゼから空母を守ることだった。狂気のように突っ込んでくるカミカゼを撃ち墜とすのだ。（『永遠の０』七頁）

米空母五インチ高角砲砲手たるアメリカ兵による、「終戦直前」に突如現れた「悪魔のような」零戦の特攻攻撃をめぐる目撃譚である。この小説の本編は、こうしてアメリカ兵によるカミカゼ特攻への恐怖めいた「語り」の後に、一転、現代の日本人の若者「ぼく」を語り手として、日本を舞台にはじまる。

そして、探索が終わり、語り手の（第一の）祖父が、「終戦直前」特攻に謎の出撃を行って、二度と帰ってこなかったことと、（第二の）祖父の祖母との再婚の秘密が明らかになると、再度、このプロローグに続く同じ話者の「語り」が現れ、それがこの小説のエピローグとなる。

今、思い返してもあのゼロには悪魔が乗っていたと思う。五五〇ポンドの爆弾を腹に抱えて、あれほどの動きが出来るなんて、信じられない。コクピットには、人間でなく悪魔が乗っていたんだと思う。

（同前、五七一頁）

その零戦は、一九四五年八月のある日、空母の真後ろから一機だけ低空ギリギリにやってきた。高角砲をかいくぐり、間近まで来たが機銃掃射に射貫かれ、火を噴きながらも上昇したかと思うと背面のまま逆落としに空母甲板に落下し、大破した。奇跡的に爆弾が不発だったため、空母は助かった。甲板にパイロットのちぎれた上半身があった。誰かがそれにさらに射撃した。しかし、艦長がやってきて、これを制止し、この信じられないほどの技量と勇気を示したパイロットに「敬意を表し」「水葬に付す」と言明する。

そして翌朝行われる米空母での零戦乗りの水葬のシーンで、小説は終わるのである。途中、このパイロットの遺体から「赤ん坊の写真」が出てくる。それで読者はこのパイロットが語り手の祖父であろうことを理解する。祖父はなによりも家族のために自分はなんとしてでも生きて帰ろうとしていた技倆抜群の、おだやかな、平和志向の飛行士だったのである。

しかし、すぐにやってくる疑問は、なぜ、日本の特攻の「美しい物語」を描くのに、その絵を縁取る額縁として、アメリカの兵士の目からするこの「特攻死」への賛嘆と「敬意」のエピソードが、ここに書き込まれる必要があったのか、というものである。

また、なぜ、このような布置が、読み手に違和感なく受けとられ、この点に関してなんら疑義をつきつけられることなく、この本が五〇〇万部を超えるベストセラーになりおおせているのか、ということでもある。

ここでは簡単にすますが、その問いに答えるには、もしこの「アメリカ」による縁取りがなければ、この作品はどのようなものになったかと想像してみればよい。そのばあい、この物語は、ナショナリスティックで反米的な、一種危なっかしい、ウヨク的かつ復古的な物語と受けとめられかねないものとなり、読者を遠ざけただろう。じじつ、この小説は、最初に二〇〇六年に現れたときにはさして評判にならなかった。文庫になり、口コミで二〇一〇年に五〇万部のクリーン・ヒットとなり、注目を受けたあと、二〇一一年の「災後」社会を迎えて「感動」を欲する読者の欲求と結びつき、爆発的に売れ、映画化をへて五〇〇万部を超えるベストセラーにまで登りつめるという三段階の売れ行きの過程を踏んでいる。そのジグザグの一つの要素が、「感動」と「平和」と「反米」をめぐる読者の反応であっただろうことは容易に想像がつく。そこで、このプロローグとエピローグが担った役割には、小さくないものがあったはずである。

この小説は、特攻をめぐって誰もが感情移入でき、感動を受けとる物語を作るとすれば、どのような物語にすれば一番よいか、ということを第一義の目標に書かれている。そのために、作者自身は、だいぶ保守的な国家主義的なイデオロギーの持ち主であるにもかかわらず、それをカッコに入れる形で、この小説を書く。その結果、小説は「平和主義」イデオロギーを装塡したうえで、家族愛を国家愛の上に置く平和主義者の特攻要員の教官を主人公にする形で描かれた。また、朝鮮半島、中国での戦闘、そこから生じてくるだろう問題は、できるだけ、さりげなくスルーされた（そのため、朝鮮、台湾出身の人間はこの小説に登場しない）。同じ理由から、アメリカも「ゼロ」を「賛嘆」する。「否定」しない。プロローグとエピローグの縁取りは、「アメリカの影」の重層性という以前に、そこにひそむ日米間の「対立」の芽を魚の小骨さながらことごとくピンセットで除去する、そうした馴致化作業の最後の行程として、ここに置かれているのである。

プロローグ、エピローグのこうした機能に関し、傍証となるのは、ここに現れた「アメリカ人」が、現在の一般的と目される日本人の目から見て望ましいと思われる像を、きれいになぞっていることである。

プロローグの冒頭の一行に、「あれはたしか終戦直前だった」（傍点引用者）とある。しかし、まさかアメリカの兵士が「終戦」などとは語るまい。さしずめ、これを書いているのはアメリカ人の着ぐるみを着た日本人なのだが、こうした他者性を欠いたアメリカ人が登場することが、『永遠の0』の世界像のためには必要なのである。

日本の社会で、「アメリカ」はこれまで長いあいだ、――これは他の国のばあいもほぼ同様だが――およそ二つの像に分岐してきた。一つには日本から見られたいわば同化可能な憧れの対象としての文化的な「アメリカ」像であり、もう一つは、日本を七〇年近くも従属させ、沖縄の基地をいまなお使用し、首都圏の空域を広く独占して顧みない、圧服的で軍事的な「アメリカ」像である。前者は、ミッキーマウスに代表される「快活で誰にも開かれたよい「アメリカ」」、そして後者は、アンクル・サムに代表される「鈍感で高圧的な悪い「アメリカ」」である。そのうち前者が日本に「すてきな」ディズニーランドを定着させ、後者が「好ましくない」現在の沖縄の現状をもたらしていることからわかるように、ここからやってくるのが、「アメリカの影」ともいうべきものの重層性にほかならない。

一方の「アメリカ」は同化的であり、自分もその同じ側に位置すると感じられる。ふつう私たちはそういう「アメリカ」を日本国内にいて経験する。しかし、他方の「アメリカ」は、私たちが一人で米国に行って、特に地方都市などを訪れる際に経験するもので、明らかに彼らとは別種の存在であると感じさせられる。どちらかといえば排他的な「アメリカ」である。

かつて、日本では、国内だと、前者が優勢であって、その例外が、沖縄だった。長年、〝本土〟の「アメリカ」はミッキーマウスでありつつ、〝ウチナンチュウ〟の「アメリカ」はアンクル・サムだったのである。

しかし、冷戦の終結をうけ、中国が勃興し、米国の国力が衰退に向かい、日本への要求に苛烈さがつのりつつあるいま、両国の関係は、とりわけ、二〇〇〇年代後半以降、より赤裸々なものとなっている。ミッキーマウスのアメリカは厳然としてあるが、他方、世界の各所で問題を起こしているのは、アンクル・サムのアメリカであり、その世界戦略のアジア重点化とあいまって、国内でもこれを視界の外に排除することは難しい。この二つの「アメリカ」像の齟齬――「アメリカの影」の重層性――は、いまやそれ自体が現在の日本の安定を基層で揺るがす要因とすらなっている。それは慰撫されなければならない。その慰撫の必要が、『永遠の0』における親和的なアンクル・サムの案出、プロローグ、エピローグの語り手の捏造の背景なのである。

だから作者にしてみれば、冒頭の言葉からすぐに話者がダミーの「アメリカ人兵士」であることがわかったとしても、たいしたことではない。「ゼロ」に賛嘆する共感的なアメリカ兵の像がインチキだとわかっても、何も困らない。彼が反米と受けとられることを避けようとしているという非・反米の意図が読者と米国に伝われば、十分だからである。

そこには明示されない「アメリカ」が、明示されないままにその「意図」を相手に伝えることで別種の機能を果たすという、あの安倍自民党の選挙キャンペーンのばあいに似た表現作用が指摘できる。野砲の上にかけられているのは「衣のしたに鎧」のほの見える出来の悪い迷彩色の掩蔽幕なのだが、それで、この迷彩色の掩蔽幕は十分に機能を発揮しているのである。いまは反米とは受けとられたくない。しかし、時が来ればいつでも反米に転換できる、というのが、このハイブリッドな掩蔽幕の機能にほかならない。

そのヤワな掩蔽幕の下には、本体の物語がある。それは、アメリカを主要な敵とする戦争の物語であり、そこに存在するアメリカとは、いまもなお「語られない」、フラストレーションの根源につながる「憎むべき」アメリカである。

それは、語り出されないことで、マグマのように原初的な形のまま保存されている。そのために、何が問題になるかといえば、そのような反米感情が、広い観点で、検討にふされるということがない。どのような「吐け口」をもちうるかが、公共の問題とならない。先のばあいと、同じ問題が、ここにも現れるのである。

この後、この小説がいつ、掩蔽幕をかなぐり捨て、「アメリカから」日本を取り戻す物語として新たに生まれ変わるかは、わからない。しかし、いったんその気になれば、この物語はすぐにその性格を変えることができる。本体の小説と無関係な、プロローグ、エピローグを取り外しさえすればよいのだからである。

その予兆がないわけではない。たとえば先の日本会議の広島支部は、多く被爆二世、三世によって構成されているのだが、昨年（二〇一三年）に続き、今年の原爆記念日にも核武装論者の田母神俊雄元航空幕僚長を招いている。この元航空幕僚長は、『永遠の０』の作者と同様の極端な国家主義的イデオロギーの持ち主であり、核軍備論者として知られている。作者の百田尚樹は今年（二〇一四年）二月、東京都知事選出馬の際にこの元航空幕僚長の応援演説を買ってでて「南京虐殺はでっち上げ」との発言を行っているが、幕僚長の参加した昨年の原爆記念日に出された日英両語による「私たちの平和宣言」には、こうある。

「風化させてはならないのは、一般市民の無差別殺戮、そして被爆直後の死に臨む犠牲者達が発した「兵隊さん仇を討って」「アメリカのばかやろう」などの末期の心情です」（平成二六年「私たちの平和宣言」）。

国家主義に染まった被爆者（の二世、三世）の団体が、いま原爆の死者の「末期の心情」は、「兵隊さん仇を討って」「アメリカのばかやろう」というものだと書く。そしてその文面が、話題にもされず、見て見ぬままに放置される。原爆を投下した「アメリカ」への呪詛が、いわば地表近くのマグマだまりまで上ってきているのだが、その日にさらされない生な感情と、ぬいぐるみめいた親和的な「アメリカ」の像が、混じり合わず、ズレを顕在化させず、隣接しているのである。

5 赤坂真理の『東京プリズン』

これに対し、次の赤坂真理の『東京プリズン』は、いわばリベラルな陣営の意識的な読者層に高い評価を受けた、『永遠の0』の対極にある作品である。しかし、この作品に見られるのも、『33年後のなんとなく、クリスタル』『永遠の0』と同様の「アメリカの影」の重層性からの撤退、「戦後」の跛行性からの後退、「災後」と「戦後」のせめぎあいからの退却にほかならない。

一五歳のときに母の手でアメリカに留学の形で放逐され、なじめずにトラウマを抱えて帰国した後、その失敗体験を心の傷としてきた作者が、その母が東京裁判の文書翻訳に関わっていたことを知ったことをきっかけに、自分のトラウマの根源と母のそれ、さらに戦後日本のそれとの連関を明らかにしようと執筆を試みる。作品はほぼその執筆前史をなぞる形で進む。この作品についても、別のところにやや詳しく述べたので(「二〇一三年の赤坂真理『東京プリズン』」)、ここでは簡単にすますが、作品には、一六歳の主人公「マリ」(私)が日本の天皇の戦争責任をめぐって米国の高校でのディベートに参加させられる挿話なども出てくる。対米従属、国際裁判、原爆投下、天皇の責任など、戦後の日本が直面を避けてきたこと、またあのアンクル・サムとしての「アメリカ」像が、「わが家のタブー」と重なる形で浮かび上がり、作品全体を覆うのが、この作品の特徴である。

この作品についても、特異に思われるのは、内容であると同時に、発表直後からこのうえない好評によって迎えられたという、その社会への「受け入れられ方」である。この小説は、刊行後(二〇一四年）――一九八一年の『なんとなく、クリスタル』の場合とは逆に――多方面からの極めて高い評価によって迎えられた。朝日新聞では、松浦寿輝（文芸時評）、高橋源一郎（論壇時評）、いとうせいこう（書評）が、毎日新聞では、池澤夏樹（書評）、田中和生（文芸時評）が、産経新聞では、石原千秋（文芸時評）が、「新しい戦後の像」「世界文学」「気宇壮大な力作」「文学史的に重要な問題作」といった絶賛に近い言葉でこの作品を評した。このことを受け、その後、毎日出版文化賞、司馬遼太郎賞をダブル受賞している。

しかし、読んでみればわかるが、この作品にはいくつか、決定的な弱点がある。

最近、文芸評論の若手の書き手である伊東祐吏が、それまでの作品の検討を網羅したうえで、この作品に対して踏み込んだ分析を行っている。この作品が「戦後論」としても、「小説」としても、なんら新しい認識をもたらしておらず、すぐれた達成を示しているわけでもない、と結論しているが、その判断に私もほぼ同感である（伊東祐吏「戦後論と小説のあいだ――赤坂真理『東京プリズン』論」）。

そこにつけ加えるべきことを一つだけいえば、この作品は日本の戦後のもつ跛行性、そしてあの「アメリカの影」の重層性をかいくぐっていない。作中、それらしい表象には事欠かないが、それは文学的な意匠にとどまっている。作品の核心は何か。作品の冒頭、エピグラムに、こうある。

私の家には、何か隠されたことがある。
そう思っていた。

この作品は、この「私の家」の「闇」に迫ろうとして書かれた。「私の家」の「闇」とはその中核を指せば、「私と母」のあいだの「闇」である。この小説の最大のポイントは、アメリカの留学先の高校にあって試練にあい、模擬東京裁判のようなディベートで天皇の戦争責任を立証する課題を与えられた一六歳の主人公が、フィクションの電話線によって現在の四五歳の主人公に電話をかけてくるという秀逸な設定を発明したことにある。当時、作者は米国で激しい精神的外傷(トラウマ)を受け、母に救助を求める電話をしたが、それを受けとめてもらえなかった。その場面を過去の自分が現在の自分に救助の電話をかけてくるというフィクションの導入で再現することで、作者は、そのときのトラウマと向かいあおうとするのである。

この娘と母との外傷関係に、アメリカをめぐる自分の外傷問題、日本のアメリカをめぐる外傷問題、日本の戦争と天皇をめぐる外傷関係と、さまざまな外傷関係が重層して、この作品を作っている。しかしこの作品に姿をかいま見せながら、関心を示されないことがある。それはアメリカの側の外傷体験であって、ベトナム戦争をめぐる外傷問題、また、こちらはあまり表面に出ていないが、原爆投下をめぐる外傷問題である。『永遠の0』と同様、ここに日本と中国、日本と朝鮮のあいだの、戦争責任をめぐる関係へのまなざしがまったくといってよいほど欠けていることも、中国人、韓国・朝鮮人が登場してこないことも、同じ無関心の現れだといってよい。

この作品について、私は先に触れた小論の初出形に、大要、このように書いている。

これをどのように小説にするか。作者にとってこの作品を書く上での一つの突破口は、一九八〇年、娘が電話するると、二〇〇九年の私がその電話をとる、という「回線」の発見であったと思う。それは、自分がかつての自分を受けとめる、一六歳の自分の苦しみを、四五歳の自分が受けとめる、ということである。しかし、このアイディアとしてはすばらしい着想は、結局この作品で、十分に活かされることはなかった。

まず主人公と母の関係では、主人公は一九六四年生れ、母は、一九三九年生れ、一六歳のマリの電話を取ったのは、当時四一歳の母だった。現在四五歳の「私」は、当時、四一歳で、自らのアメリカに対するトラウマを解決できず、十分な考えもなく娘をアメリカに送り出した母を、赦すのか。断罪するのか。これは、現在四五歳の「私」が、当時四一歳だった母の苦しみを、理解し、それを自分で引きうけ、赦せるか、という問題である。しかしここに、現在四五歳の「私」が、当時四一歳だった母を、どう考えるか、という関係の意識は存在しない。あるのは、現在四五歳の「私」と、現在七〇歳の母の関係は、昔同様の擬似的な共依存関係にある、という事実だけである。また、家にまつわるもう一つの外傷は、一九八五年のプラザ合意に端を発する家の没落と父の病死であるが、自分が母によってアメリカへと放逐されたとき、父親は、これにどのように対したか、という父親への視線も、ここには存在していない。マリは、このときの父親を赦すのか、断罪するのか。父はほとんどこのような関係性のうちには、現れてこない。

もし、主人公が、自分の外傷関係からの回復をこの小説に賭けたのであれば、母との関係を描くことは不可避で、それは、四五歳となったいま、その自分が、当時の、自分よりも年下だった母を、どう考えるか、という問いになったはずである(「赤坂真理の『東京プリズン』について」)。

こうした問いを、私は、同じような母子間の問題意識に立って書かれた水村美苗の『母の遺産――新聞小説』(二〇一二年)と比較しながら、あげている。水村の作品には、最後に(母への)「赦し」ということばが出てくる。それは、このような関係が、作品のなかで踏まえられているということの指標だが、一方、赤坂の作品にそのような視線は見られない。かつての母の苦しみが、いまの自分より年下の一人の女性のものとして見えてくるとは、母が他者としての様相を取るということであり、いまの自分の文脈(バブル社会以後)と、かつての自分の文脈＝母の文脈(東京裁判以後)が交錯するということである。かつての母の苦しみは「対米従属」をひきずっているが、彼女よりも年上の「私」は、その関係性のなかに消費社会化(バブル社会以後)を生きたもう一つの身体性として現れてくる。もしここに「回路」が生じれば、私たちの誰もが経験してきた、二重の身体性をかかえ、二つの「戦後」を並行しながら、その「ズレ」を生きてきたという事実が、ここに像を結ぶはずなのだが、またそうであれば「父」との回路も生じうるはずなのだが、しかし、そういうことはこの小説では起こらない。この外傷をめぐる物語が、日本とアメリカを問題にしながら、なんら他者であるアメリカにも同じ「外傷」があること、またそれに苦しんでいることに関心を示さないことにも、同じ関係意識の重層性の欠如を指摘することができる。

日本のトラウマを見つめながら、一方で原爆を投下したアメリカに対する日本の「批判」と「赦し」、他方で自らが加害者である中国、韓国朝鮮への「謝罪」を考えるという重層的なまなざしがともに欠落していることが、ここでもこの作品を特徴づけているが、そこに出てくる「アメリカ」像が、あり方こそ対立的と融和的と対極的でありながらともに一面的かつ一方向的な日米関係の把握から生みだされている点、『東京プリズン』と『永遠の0』は、相同的なのである。

私はこうも書いている。

「私の家には、なにか隠されたことがある。／そう思っていた。」というのが、エピグラフである。この私の家には、家と国と、二つの意味があり、二つのタブーを語っていると思われる。家のタブーとは、母のアメリカをめぐるトラウマである。母がアメリカ的なものをめざし、憧れ、しかし、その夢をとげることができず、挫折した、その挫折と日本の敗戦とが重なっていた、そのため、その挫折体験が、母の中でトラウマとなった。その母のトラウマを、理解したうえで、自分で引きうけ、その上で、それを自分で解決できないまま、娘をアメリカに放逐した母を、赦せるかどうかが、このタブーと向かいあうということの意味である。しかし、このタブーを、国のタブーとダブらせることで、作者は、これと向きあうことを避けてしまっている。（同前）

その結果というべきか、『東京プリズン』の次に書かれた「戦後」の闇をめぐるエッセイ集『愛と暴力の戦後とその後』（二〇一四年）のエピグラムには、こうある。

私の家には、何か隠されたことがある。
ごく小さなころから、そう感じていた。

でも、こういうことだったのかもしれない。

——私の国には、何か隠されたことがある。

「家」の闇を作っていた「マリ」と「母」との関係のトラウマはどのように克服されたのか。それは小説には書かれない。肝腎の「家」の問題——母と子のあいだの外傷問題——は、こうして正面からその行方を問われることなく、横滑りして「国」の外傷問題へとすり替えられている。

前出の伊東は、二〇〇三年に前期の代表作『ヴァイブレータ』の翻訳の修正のため母と一か月以上に及ぶ協同作業を行ったことにふれて、赤坂が書いた「母と、一人の人間同士、認め合え、尊重しあえて、本当の親子になれた気が」したという証言を引いている（「春に思う 母そして米国」）。この時期、実質的な「和解」がなって、その後に『東京プリズン』が書かれた、というのが伊東の考える両者間の「順序」であり、連載時には書かれた「母殺し」の場面が単行本化に際し削除されたことについては、こう推測されている。

赤坂は斎藤環との対談で、『東京プリズン』で「母殺し」の物語を書こうとして書けなかったとして、その不可能性を語っているが（「母殺しの不可能性と天皇制」『文藝』二〇一二年秋季号）、（中略）赤坂が母殺しを書けないのはそれだけが原因ではない。赤坂が母親とのトラウマに踏み込めなかったのは、単に母との関係が「地獄の翻訳合宿」を通して和解しており、すでに解決済だからである。
（前掲「戦後論と小説のあいだ――赤坂真理『東京プリズン』論」後編）

伊東の指摘通りなら、ここでも親と子のあいだの錯綜した「闇」の行方は等閑にふされ、他方、日本とアメリカとのあいだの錯綜した「闇」は、もっぱらそれを覆う掩蔽幕として、用いられていることになる。

なぜ赤坂が、「母殺し」の場面を書けなかったか。私の考えをいえば、彼女のうちに、四五歳の「私」と当時四一歳の母の関係軸が見いだせなかったからにほかならない。それはまた、四五歳の「私」と「私」の書く一六歳の「マリ」のあいだの関係軸を、探しあぐねたということでもある。ここに顔を見せているのが、あの二つの「戦後」のズレであり、私たちの戦後の跛行性であり、また、「災後」と「戦後」のせめぎあいなのではないか。

そして、「災後」と「戦後」というこの二つの異なる時間を同時に生きなければならないところに、いまわたし達の困難と、最大の課題も、あるのではないか。

ここでも私は同じことをいわざるをえない。赤坂の作品では、「アメリカと日本」の関係とそこでの「アメリカの影」という問題系がそれ自体、彼女自身の問題、またその先にあるだろう「災後」の問題と彼女が向き合うことを回避するための隠れ蓑、ダミー問題となってしまっている。いわば「戦後」の紋切り型としての一面的な「アメリカの影」が、いまや都合のよい合符、遁辞に用いられているのである。

終わりに

いま、私たちに求められているのはどういうことだろうか。

人が生きることのなかには解決できない問題がある。解決に途方もない時間のかかる問題もある。「私」の問題、「私の家」の問題は、しばしば解決がつかない。人はときとして、終生それを担い続けなければならない。また、私が冒頭近く述べた三・一一以後の「有限性」をめぐる問題などは、解決に恐ろしく長い時間がかかる。自分の生涯というスパンを超えている。しかし、これらとは違い、自分が生きているあいだに解決を目指すべき、解決のできる問題もある。次代の人間に向けて、自分たちが死ぬまでに解決しておかなければならない問題もある。「戦後」をめぐる問題、「私の国」の問題とは、そうした原理的に解決のできる、そして、解決すべき問題にほかならない。

私たちの前にあるのは、これらの問題の「重合」であり、「共存」であり、そのあいだの「ズレ」であり、また、そこに生じる「跛行性」である。

それに向き合うにはコツがいる。

米国の神学者のラインホルド・ニーバーにこんな祈りの言葉がある。

神よ、与えたまえ、
変えることのできるものを変える勇気を、

変えることのできないものを受けいれる冷静さを、
そしてこの二つを識別する叡智を。

名高い言葉だから、アメリカに留学したこの小説の主人公マリなら、耳にしたかもしれない。(「冷静さの祈り("The Serenity Prayer")」)

すぐに解決できる問題とすぐには解決できない問題がある。解くことのできる問題と、解くことのできない問題がある。答えのある問題、そして答えの出ない問題。この二つを、腑分けすること。そして、解決できる問題には解決しようと立ち向かうこと。解決できない問題は、自分に納得が生じるまでその前にずうっと立っていること。この二つをごっちゃにして逃げないこと。

こういうことが大事である。

「アメリカと日本」の問題は、けっして「タブー」などではない。また、解決できない問題などではない。国の問題にはほんらい、「タブー」などないはずである。

政治とは解決すべき問題を解決する営為ではないだろうか。そしてここにいう「日本戦後」の問題もほんらい、解決可能ではないだろうか。だから、国の問題に対しては、解決できるものとして立ち向かうことが、大事である。

そうすることが、なによりも、解決に時間のかかる「災後」の問題、解決できない「私」の問題に向き合うために、必要なのである。

参考文献（初出）

赤坂真理『東京プリズン』河出書房新社、二〇一二年。

伊東祐吏「戦後論と小説のあいだ――赤坂真理『東京プリズン』論」前編・後編、『加藤ゼミノート』一二巻二号（一五九号）、二〇一三年四月一八日、一三巻一号（一七四号）、七月二六日、その後『シンフォニカ』二号、二〇一六年に収録・刊行予定。

加藤典洋「赤坂真理の『東京プリズン』について――現代日本小説講読より」『加藤ゼミノート』一三巻一号（一七四号）、二〇一三年七月二六日（「二〇一三年の赤坂真理『東京プリズン』」として『世界をわからないものに育てること――文学・思想論集』岩波書店、二〇一六年に収録）。

田中康夫『なんとなく、クリスタル』河出文庫、一九八三年。

同右『33年後のなんとなく、クリスタル』河出書房新社、二〇一四年。

百田尚樹『永遠の0』講談社文庫、二〇〇九年。


（東京外国語大学での講演「33年目の、「アメリカの影」――『33年目のなんとなく、クリスタル』『永遠の0』『東京プリズン』」二〇一四年一一月一三日。「33年目の、「アメリカの影」――『33年目のなんとなく、クリスタル』『永遠の0』『東京プリズン』」『ハシからハシへ』一一巻一二号（一二一号）、二〇一四年一二月一〇日号所収の草稿に講演後、大幅に加筆した。）

1.「日の沈む国」から

——インターナショナル・ニューヨークタイムズ・コラム集

天皇が着物を着る日
――If the Emperor Wore a Kimono 二〇一三年一一月六日

九月八日、二〇二〇年の東京オリンピック招致が決定した直後、日本の国技である相撲の最高位に位置する横綱の白鵬が、「開催決定を知って鳥肌が立った。これで新しい目標、夢ができた」と述べた。前回一九九八年の長野冬季オリンピックの開会式では時のハワイ人の横綱、曙《あけぼの》が日本の国際化と変容の体現者として土俵入りをしている。白鵬はモンゴル人だが、父親が六八年のメキシコオリンピックでレスリングの銀メダルを獲得している。自分もオリンピック開会式に関与し、ぜひ土俵入りをしたいと、名乗りをあげたのである。

時あたかも母国モンゴルから首相が日本を公式訪問する時期にあたっていたため、この発言は大きく取りあげられた。日本とモンゴルをつなぐのはいまや、中国を牽制するという共通の利害だけではない。相撲は興行のはじまった江戸時代から数えても三〇〇年を超える長い歴史をもつが、じつは今世紀に入ってからの四人の横綱はすべて外国人で、そのうち三人までがモンゴル人である。現在、日本の国技はモンゴルによって支えられているといって過言ではないのだ。

相撲の世界に最初の外国人幕内力士高見山が誕生したのは一九六八年のことである。以来、外国人力士の数は増加の一途をたどってきた。いまでは横綱、大関六人中四人、幕内力士四二人中一六人が外国人である。出身国もモンゴル、ブルガリア、グルジア、ロシア、ブラジル、中国と多岐にわたる。今年の秋にはエジプト出身の初の回教徒の十両力士(関取)大砂嵐《おおすなあらし》が誕生した。彼は、場所とラマダンの時期が重なったが、絶食しつつ場所をつとめ、勝ち越して故国に凱旋し、話題になった。

さて、日本の伝統の国際化という観点に立つとき、その意味はけっして小さくない。東京の下町のある寺社の境内に行ってみよ。そこには縦三・五メートル、厚さ一メートル、重さ二〇トンの巨大な横綱力士碑なるものがある。現在も新しく横綱となった力士はこの地を訪れ、厳粛な刻銘式に立ち会う。石碑は一九〇〇年に建立された。背面に、江戸中期、米国の独立からほどない時期から二〇一三年の現在まで、二二〇年以上にわたり、七〇人の横綱の四股名《しこな》が同じ字体でずらりと彫り込まれているさまは、壮観である。明治維新(一八六八年)、敗戦(一九四五年)といった歴史の激動も、ここには及んでいない。ある意味、天皇の歴史より堅固な文化の基底部がここにあるといってよいのだが、その由緒正しい国技の歴史の突端で、この一〇年間、日本人の名前が消えているのである。

とはいえ、外国人横綱のオリンピック開会式での土俵入りが、いまや新手のエキゾチシズムにすぎないという意見も、なくはない。一九七八年に「わんぱく相撲東京場所」で一人の少女が準優勝をとげた。本来なら蔵前国技館での決勝に出場できるのだが相撲協会はこれを拒んだ。当時の労働省婦人少年局の女性局長が激怒し、相撲協会の理事を呼んで「女は不浄だというのか」と詰め寄ったが、譲歩は得られなかった。国技館の土俵は、いまなお女人禁制のままだ。世界が日本に求めているのは、もう少し深い、本格的な変化だろう。

では、外国人横綱の土俵入りに代わるその指標は何か。今回の白鵬のアッピールは、私にかつて存在した一つの運動を思い起こさせる。「スキヤキ」の作詞家である永六輔が以前、ベトナム戦争に対する反戦運動がさかんなおりに機知を働かせて企図したその運動は、一見つましいもので、ある人物に着物を着させようというのだが、相手は外国人力士ではなくて、天皇である。
「天皇陛下に公式の場で和服(着物)をおめしいただこう」と呼びかけるその運動は、当時の反戦運動の団体「ベトナムに平和を！　市民連合」(略称「べ平連」)の名前をもじって、「天皇に着物を！市民連合」(略称「天着連(てんちゃくれん)」)と名づけられた。なぜこのような運動が起こるのか。理由は簡単だ。日本人は誰も和服姿の天皇を見たことがない。もし天皇が和服をまとって現れたら、何かが起こる。このことは日本以外では理解されにくいかもしれないが、和服姿の天皇以上に「市民化された」天皇のイメージは、近代以降の日本では、考えられない。

明治以来、天皇の正装は、フロックコートでなければ軍服と相場が決まっていた。戦後は、皇后こそ時に着物を着用したものの、天皇は、古式の儀式で古代の服装をまとう以外、すべて洋装で通してきた。なぜ天皇は伝統的な和服を着ないのか。それについて、国会で正式な質疑が行われた形跡はないのだが、和服は、江戸期の平民の服装なので、有職故実上、天皇は着ないことになっているというのが巷間行われている憶測的な解釈である。でも、私はあやしいと思っている。開国により、日本の伝統が洋式に取って代わられたのは服装だけではない。料理もそうだ。日本にくる賓客は、皇居での晩餐会ではフランス料理を供される。箸はおろか、スシもテンプラも出てこない。ここにあるのは、前時代な、日本の欧化熱の文化的神経症の名残りではないかというのが私の観測である。

近代期の天皇の伝統には新しいものが多い。私はかつて京都に天皇家の菩提寺を訪れたことがある。その寺、泉涌寺《せんにゅうじ》には巨大な仏壇があるのだが、それは江戸時代、京都の御所、つまり天皇の居所に安置されていたものを、明治維新から八年後、大急ぎでこの寺に移したものである。天皇は、じつは江戸時代までは仏教徒だったのである。その伝統は奈良時代にまで遡る。だとすれば、その頃、彼らがふだんは和服で過ごしていたとしても、誰も驚かない。

したがって私の提案は地味なものだ。二〇二〇年の東京オリンピックの開会式は、天皇が外国からの賓客を和服姿で迎える。そして、ゲストとともにスシ・ボックスをつまむ。巨大な外国人力士の土俵入りより強力なアッピールとなることは、まず間違いない。

脱成長の時代と日本
――Japan in a Post-Growth Age 二〇一三年一一月三日

このところ、小泉純一郎元首相の脱原発にむけた言動が日本のメディアを賑わせている。八月にフィンランドの核廃棄物最終処理施設を視察して、日本は脱原発に舵を切るべきだと確信したというのだ。

九月以降、その言動が公的にメディアに紹介されると、内外で大きな反響を呼び、その後行われた講演は満員、一〇月には主要三紙を含む多くの新聞がこぞって社説にこれを取りあげ、その大半が賛成の意を表明した。国会もこれを取りあげ、今月中旬に行われた日本記者クラブでの会見は、新聞、テレビのトップニュースを飾った。

私の友人の多くは、この動きにやや懐疑的である。元首相はかつて原発を推進してきたし、この間、市民の広範な脱原発の運動はことごとく主要メディアにネグレクトされてきた。なぜいまになって突然の、脱原発宣言、また大多数の新聞メディアの支持表明なのか、というのである。

この懐疑はもっともだが、私は、このメディアの動きに注目している。脱原発が日本社会で本当の意味のオルタナティブ(=代替策、次の目標)として受けとめられるには、そもそも、原発事故から二年半というくらいの時間が必要だったのでは、と思うからだ。

簡単にいえば、脱原発とは脱成長を前提とするが、日本で脱成長がオルタナティブになるには、まず成長神話再び、という第一のオルタナティブが頓挫することが必要なのである。

私の考えはこうである。これまで日本人の多くは、心の底で、「失われた二〇年」は何か̇の̇間̇違̇いなのではないか、という気持ちをぬぐえないできた。なぜ円高なのか。なぜ若者が貧困化し人口増加率がひどく下がるのか。おかしい。日本は長びく不況に萎縮してしまい、積極的な手が打てなくなっているだけなのではないのか、とそう多くの人が感じているところに、地震と原発事故が起こった。そしてすぐに脱原発をめざす運動がはじまったのだが、そこで国民が選んだのは、脱成長ではなく、この不審の念に基礎を置いた、もう一度成長にチャンスを与えてみよう、という、いわば二〇年越しの成長戦略への再チャレンジの選択肢=第一のオルタナティブのほうだったのである。

この二年半、世論調査はつねに脱原発の意見の優勢を伝えてきた。にもかかわらず二度の選挙で原発推進を掲げる自民党が大勝したのは、そのためだったろうと私は思っている。TPP、憲法改正問題など数多くの問題が提起され、争点が曖昧になったという指摘もあるが、大きな争点の枠は脱原発か成長戦略かの一つだった。これに、選挙民は、〝新顔〟の脱原発より、長いあいだ待機させられ、〝年季を積んだ〟オルタナティブである成長戦略のほうにまず期待し、これに票を投じたのである。

〝新顔〟といったがむろん、この国の反原子力運動には、広島、長崎にはじまり、一九五〇年代の第五福竜丸被爆以来、市民と知識人を中心に広範に展開されてきた長い伝統がある。しかしこれらは、その後、左翼政党がイニシアティブをとるようになっていったん衰退した。この運動が再生するには、もう一度、そのイニシアティブが市民の手に取り戻されなければならなかった。今回の国会包囲デモが子ども連れ、幼児をベビーカーに乗せての参加、多くの老人の参加で、これまでの政党主体、あるいは戦闘的なスタイルのものと全く違うといわれたのは、この運動が全く新しいタイプのものに更新、〝再生〟された証しなのである。

しかし、このことが、選挙では、一般市民のあいだに生きる二つの生活感覚、原発への忌避と再びの成長の渇望を選択肢にさせるように働く一因となった。こうして、生活感覚から生まれた〝新顔〟のオルタナティブが、同じく生活感覚に根を下ろした〝二〇年来〟の成長願望とぶつかったのが、この二度の選挙だったのである。

ここでのポイントは、「失われた二〇年」のあいだに、成長戦略が人々の生活感覚のなかでいわば見果てぬ〝夢のオルタナティブ〟に育っていたことだ。これまで二〇年間、いろんな方法で手綱をしぼってきた。ここで一気に成長戦略に転換すれば、円安になり、輸出が回復し、あの一九六〇年代の活気が戻るのではないか。人々はそう信じようとしたのである。

しかし、自民党の政権奪取からほぼ一年、財務省がこのほど、九月に発表した二〇一三年度上半期の貿易収支は、円安が原油と天然ガスの輸入額を押し上げ、過去最大の約五兆円の赤字。一か月約一兆円弱の赤字も一五か月間連続で過去最長の記録を更新中で、アベノミクスの先行きはバラ色ではない。これに加え、人々は、成長戦略を採用し、幸運にも東京オリンピック招致に成功したものの、でも、せいぜいがこんなものか、という不思議な覚醒を迎えつつある。同じ月の東京オリンピック招致決定直後の東京をフランチャイズするTVのアンケートでは、これを歓迎しないという数が僅かに歓迎するを上回った。同じくオリンピック招致決定にあわせ、着工が発表された東京・名古屋間を最速四〇分で結ぶ中央リニア新幹線も、沿線住民の反応は今ひとつ盛り上がらない。東京での大工事のしわ寄せで被災地の復興、原発の事故収束が後回しになるうえ、たった数十分の短縮のため、原発一基分に迫る電力を消費するモンスターのような新幹線が必要か、という声もあがっている。

選挙で「負けた」後、脱原発は一挙に古い話題となった。あたかも運動が消えたかのように、多くのメディアはこの話題から撤退し、新政権の成長戦略(アベノミクス)がこれに代わった。しかし、一年がたって、今度は成長戦略への幻滅がはじまっている。第一のオルタナティブが魅力を減じ、ようやく脱成長が、第二のオルタナティブとして浮上してきたのである。これが、いま、元首相の脱原発宣言が広くメディアと社会に反響を呼び起こしていることの背景なのではないだろうか。

元首相は、今後の動向を尋ねられ、新党結成も政治復帰も考えていないという。しかし、私の推測が正しいなら、彼は、今後ありうるアベノミクス破綻をみすえ、自民党の次の世代のためのオルタナティブの空き地を整地している。彼の息子は自民党の次世代の指導者候補の一人でもある。

とはいえ、日本社会におけるこのオルタナティブの交代は、こんな政略より、もっと深い社会の変化の胎動を伝えているというべきだろう。国民が無意識のうちに危惧しているのは、アベノミクスの破綻であるより、もっと長いスパンをもつ原発事故の後遺症の深刻化だからだ。

アベノミクスは海外では評判がよい。しかし、その魅力は、国内で失せはじめている。この二〇年間、自分たちは単に「失われて」いたのではなく、「脱成長」をこそ経験してきたのではないか。事故から二年八か月、汚染水と同様、原発事故からくる成長への忌避感が、じわりとタンクを越え、人々のあいだに浸透してきている。

ショック・ドクトリンと前方逃亡
――Japan's Forward Flight 二〇一四年一月三日

このところ、日本は「大問題」続きである。

一〇月、小泉元首相の脱原発宣言がメディアを賑わした。するとそれへのTVでの反論に続き、二日後の一〇月二五日には、安倍首相が突如、特定秘密保護法案を閣議決定し、潮目が変わった。あまりに問題を含んだ法案の内容に、国外から重大な懸念が示され、国内でも大反対が起こり、デモが何夜も国会を包囲し、この法が強行採決によって成立したのが、一二月六日である。気づいてみると、元首相の脱原発宣言は、社会に忘れられている。これと同じ日に、経済産業省が小泉脱原発宣言に対抗し、原発推進を明確に打ち出した「エネルギー基本計画」原案を発表したが、これに小泉元首相自身、何のコメントも行わず、彼もすっかり、もとの沈黙に戻ってしまった。

しかし、考えてみれば、こういう事態自体が最近の日本社会の特徴となっている。次から次へと「大問題」が現れ、メディアがそれにかかりきりになり、その問題に決着がつくとまた次の「大問題」が現れるのだ。私の観察では、日本社会と日本メディアがこういうサイクルに入ったのは、三・一一の東日本大震災と福島第一の原発事故以降のことである。

あれから二年九か月、新聞は小魚の群れのように、つねに群れをなして大きく右へ、左へ、上へ、下へと移動してきた。具体的には、こうである。原発事故のメルトダウンの危機に一段落がついて、五月、菅直人首相が危険な静岡の浜岡原発の運転を停止させると、ほぼ全メディアによる菅首相へのネガティブ・キャンペーンがはじまり、その辞職まで続いた（「菅おろし」二〇一一年五月―八月）。次には、グアム移転とパッケージになっているとして一二月の米国議会の審議切れを理由に普天間基地問題が大問題になった（同年九月―二〇一二年二月）。これが米国議会のグアム移転費削除決定を受けて静まると、今度は、野田首相が公約になかった消費増税を突如打ち出し（二〇一一年一二月三〇日、民主党税制改革素案決定）、メディアは消費税問題一色となる（二〇一二年一月―八月）。そしてこれが民主党を分裂させる形で八月に成立すると、次にはアメリカがオスプレイの八月の普天間基地への配備を通告してきたことから反対運動が全国に広がり（七月―八月）、さらに八月には韓国の李明博大統領の竹島訪問から韓国との国境問題が、九月には民主党政権の尖閣諸島国有化宣言から中国での反日暴動を誘発させ、中国との国境問題が激化する（八月―一〇月）。続いて、国会がＴＰＰ加入問題で紛糾、さまざまな問題が提示され、争点も明らかでないまま、一二月の総選挙で自民党が大勝し、政権交代が起こった。その後、年が改まると、メディアは新しい安倍政権の経済政策の行方を注視して平静さを取り戻したかに見えたが、六月、自民党の参院選での大勝後、八月、原発の汚染水問題が表面化、原発問題の深刻さが浮上し、同時にアベノミクスの先行きが怪しくなり、九月の小泉元首相の脱原発宣言で政権への支持がゆるぎかねなくなるや、その動きもこのたびの特定秘密保護法問題で、霧散して、現在の状況となっている。

しかし、最大の「待ったなし」の問題は、外に探しに行く必要はない。目をそらしさえしなければ、すぐそこにあるからだ。

災害から二年以上たったいまも、二〇一三年六月現在(復興庁発表で)東日本大震災、福島の汚染地域からの避難民約三〇万人が仮設住宅に住み続けている。これは当初の避難民数四七万人の約六四パーセントにあたる。また、メルトダウンを起こした福島第一の原発四基は、いまも廃炉へのめども立たず、一日四〇〇トンの汚染水を生みだし、その一部は海に流出している。短期的には災害からの復興の方向を決定し、原発事故の収拾を急ぐこと、中期的には今後のエネルギー政策と経済政策の方針を策定し、その是非を国民に問い、実行に移すこと。この二つが緊急の課題である。しかし、これとは裏腹に、どうしても今すぐ問題にしなくともよいことが、次から次へと政府によって持ち出され、それに社会が右往左往し、十分な論議もないままに民主主義の根幹に関わる問題が決められていく。なぜだろう。

特定秘密保護法案のプロジェクトチームが内閣にできたのは八月末。たった三か月で、自民党は、この問題にみちた法案を強行採決で成立させたが、直後、ツイッターを駆けめぐった話題の一つは、ナオミ・クラインの『ショック・ドクトリン』だった。

その一つはいう。イラク戦争のとき有名になった軍事作戦に「衝撃と恐怖("Shock and Awe")」作戦がある。ナオミ・クラインがいうように、これは、民衆に短期間に圧倒的な破壊力を見せて恐怖心を与えて制圧することを目的にしている。急激な衝撃と恐怖で民心を動揺させ、訳がわからなくなっているあいだに一気に既成事実化を推し進めるのだ。今回の特定秘密保護法はこれだ。安倍政権は、この後も、国家主義的な策動を打ち出すだろう。

しかし、私は、そのほかに、もう一つの要素があると思う。

一度、フランスの新聞に「前方への逃亡（"fuite en avant"）」という言葉を見たことがある。それは、たとえていえば、新たな問題を作ることで大事な問題の解決から前方に逃れ続けるという政府による民意攪乱の手法である。三・一一以来、日本政府は、「ショック・ドクトリン」を信奉しつつ、いわば「前方逃亡」しているのである。

何からの逃亡か。

三・一一の地震と原発災害による被害の規模と、そこからの全面的な回復、そして廃炉にいたる工程表は、いまも政府の手で、発表されていない。最終的な廃炉までどれくらいの時間と費用を必要とするのか、その全体像を網羅した工程表と指針は、どこからも出ていない。ウェブ上には、二〇年かかり、二〇〇兆円を要するだろうというような風説も流れている。しかし、きっと誰にもわからない。それが私たちの向かいあうべき真実である。

その真実から、日本政府は、また日本社会は、いくぶんかはそれとは意識もせずに、目を背け、逃げようとしているのである。

いま、日本の政府は、次から次へと新しい問題を作りだしては、メディアと社会の目を、一番大事なことからそらし続けている。それが、民主党政権から自民党政権に引き継がれた一貫した動きである。

年が明けると、消費税導入、ＴＰＰ加入、憲法改正、また尖閣列島問題とまたもや「待ったなし」

の問題が目白押しである。その頃には、元首相の脱原発の主張がそうだったように、もう特定秘密保護法のことも問題になっていないかもしれない。

しかし、いつまで逃げおおせるか。原発汚染水の問題、経済政策の破綻、巨大国債を抱えた経済問題など、追跡者たちの手は当分、ゆるみそうにない。

赤報隊のゆくえ

——Japan's Right-Wing Stirrings 二〇一四年二月一三日

この数年で、日本社会の右翼的な言説をめぐる状況はすっかり変わってしまった。以前は、「国内の反日分子を一掃する、殲滅する」というような言説は、秘密のテロ組織によってしか発せられなかった。いまは、それと同じ主張が、現役の首相のフェイスブックのコメント欄に「いいね！」の賛同クリックとともに公然と掲載されている。

日本で戦後、最大で最後の非公然の右翼テロ組織の名前は赤報隊という。このグループは一九八七年五月、報道が「反日的」であることを理由に散弾銃による支局襲撃を含む数次のテロ攻撃を朝日新聞に対して行い、記者一名を射殺、もう一名に重傷を負わせた。

朝日新聞社を襲撃したときの犯行声明文では、「われわれは日本国内外にうごめく反日分子を処刑するために結成された実行部隊である。（中略）朝日新聞社への行動はその一歩である。これまで反日世論を育成してきたマスコミには厳罰を加えなければならない」と主張していた。

一九八八年には中国、韓国への配慮から靖国参拝を取りやめた中曽根前首相に対し、今後標的にすると脅し、靖国参拝をしない当時の竹下首相に対しては靖国参拝を要求した。しかし、一九九〇年を最後に、活動を中止。結局事件は警察が犯行を起こしたテロの団体を特定することも逮捕することもできないまま、現在にいたっている。

その動向について、ある右翼組織のリーダーは、二〇〇二年に、「彼らは目的を達した」、それで活動を「止めた」、「一五年前は憲法改正と言っただけで、みんな反動だと叩かれた」、しかしもう今は状況が変わったと、その活動中止の理由を推測している。しかし、所期の目的を達したというよりは、社会が別の理由から変わり、右傾化した。その結果、もう秘密のテロ組織は活動の必要がなくなった、それがより大きな理由だろう。私はそう考えている。

じつは、私も一度、本物かどうかわからないが、赤報隊を名乗る右翼グループから脅迫の電話を受けたことがある。一九八九年のことだ。きっかけは、昭和天皇の死に際して、天皇に批判的な文章を新聞に発表したことである。当時勤めていたキリスト教系の大学が天皇絶対化の風潮に反対する声明を発表したため、全体として右翼の攻撃にさらされていたことも影響しただろう。文章の発表後、連夜の無言電話などさまざまな嫌がらせがあったが、最後に、赤報隊を名乗る人物から「厳罰を加える人間のブラックリストに加えたことを通告する」という電話が来たのである。

私はその文章で、昭和天皇の戦争責任にふれ、天皇への日本国民の態度を問題にした。しかし、内容とともに、たぶん、書き方も問題だったのだろう。文中で、昭和天皇を「彼」と呼び、敬語をいっさい使わなかった。そのうえ、論評のタイトルは「ヒロヒトと呼ばれた天皇の死に」。そこでも天皇を呼び捨てにしていた。

電話では、私の住む団地の様子はもう調べてあることがほのめかされていた。さすがに身の危険を感じ、近くの警察に電話をした。お巡りさんの対応は牧歌的なものだった。説明をしているうち、赤報隊を極左団体と勘違いしていることがわかった。家にやってきた二人の警官が電話機に簡単な受信録音の装置をとりつけていったのだが、それはその日のうちにわが家の猫の餌食となり、使い物にならなくなった。むろん記事を掲載した大手新聞社の担当の記者にもそのことを伝えたが、一歩引く気配があり、気の毒がられただけだった。頼りになるのは家族だけ。そういう孤独な状態で数週間、おびえた生活をしたおかげで、二人の小さな子どもが大の右翼テロリスト嫌いになったのが予期せぬ収穫だった。当時は、死んだばかりの天皇を遠慮なしに批判することと、そういう文章を発表する人間を匿名の電話で脅迫し、非公然に攻撃することと、その二つがともに、社会的には両極端の、孤立した少数派の行為だったのである。

しかし、それから二五年、世の中は変わった。赤報隊はどこに消えたのか。いま、どこにいるのか。私は先日、ウェブサイトである場所を訪問して、そのゆくえをつきとめることができた。

さてその場所が現職の首相のフェイスブックだったからといって、驚いてはいけない。赤報隊が登場してきた背景には一九八〇年代半ばの中曽根康弘政権の現実路線への転換があった。まず一九八五年に、自民党から出された国家秘密法案(スパイ防止法案)がメディアと社会の強い反対で廃案となり、八六年には、前年靖国公式参拝を行った中曽根首相が中国、韓国との関係を顧慮して参拝を中止、さらに彼は中国からの要求に応じて歴史教科書の記述の修正も行った。それで赤報隊は危機感を募らせ、中国、韓国との協調を説き、政府の復古的な姿勢を批判する新聞メディアにテロ攻撃を行い、当時の中曽根前首相に対しては、「日本民族を裏切った」と脅迫したのである。

しかし、いま、安倍首相が行っていることは、特定秘密保護法制定、靖国参拝、歴史認識での中国と韓国への強硬姿勢、すべてほぼ二五年前に彼らがテロによって首相に訴えようとしたことと同じ内容である。そしてそのことが、赤報隊の犯行声明文の主張と寸分違わない彼の施策へのフェイスブック中の「いいね！」の称賛のコメントに如実に示されている。曰く、「支那原人、チョン原人はさておき今後は反日マスゴミ(特に朝日系)との戦いです。(中略)特に影響ない中韓原人よりはるかに質が悪いのは国民の多くを洗脳し続ける日本のマスコミ。したたかで手強い敵ですがここからが正念場です。安倍総理頑張って下さい!!」あるいは、「胸がスッとする思いでした」。

これら中国、韓国に対する病的なほどの排外主義と、隣国との協調を主張する新聞・放送メディアに対する切迫した被害感と孤立感とを併せもつ右翼的心情の持ち主たちは、いま、ネット社会を温床に新しく生まれた反社会的右翼集団、「ネトウヨ」と呼ばれている。その勢力は、路上で中国、韓国系の住民の「在日特権」に抗議し、国外退去、排除を広言してデモ行進する、やはり新しく登場してきた「ザイトクカイ」系排外主義者らの運動と連動している。そしてその主張はともに、二五年前の赤報隊の犯行声明の延長線上にある。

しかし違いもある。彼らはいまや逃げも隠れもしない。実名も名乗る。理由は明らかだ。一国の首相を称賛し、支持を表明するのに、なぜ名前を隠さなくてはならないのか。

アンネ・フランクvs.ハロー・キティ
——From Anne Frank to Hello Kitty 二〇一四年三月一三日

東京を中心に、公立図書館所蔵のアンネ・フランクの日記が、一月以降、三〇〇冊以上、何者かの手でひどく破られていることがわかった。他にホロコーストに関する本なども被害にあっていた。事件の背景はいまのところわからない。しかし最近の在日韓国人、中国人に対する排外主義者たちのヘイトスピーチのデモにはこの一月、ハーケンクロイツをまとった参加者が目撃されていた。そしてこれは、昨年一一月来日したサイモン・ヴィーゼンタール・センターの副所長がこれらのグループの活動を民族差別を助長するものと批判したことへの反発とみられていた。

日本の右翼的な運動がデモなどを通じてナチズムへの傾倒を示すようになったのは戦後はじめてのことである。日本は湾岸戦争までは、まったく中東問題で「手を汚していない」例外的な国の一つという位置づけだった。イスラム教に対してもユダヤ主義に対しても、偏見、排斥の歴史をもたない少数の国の一つとして知られ、私の教える大学(早稲田大学)の校庭には、第二次世界大戦時、本国の訓令に反してビザを発給し六〇〇〇人の主にユダヤ人からなる避難民を救った、卒業生でもある反骨の外交官、杉原千畝の顕彰碑が建っている。

今回のことからわかる一つは、日本のウルトラ・ナショナリズムの方向が、冷戦期の反ソ連、反共産主義から、反中国、反韓国と方向を転じ、いま反米へと広がりを見せはじめていることである。しかし、この事件をより長期的な文化的政治的な展望のなかに置くと、もう少し深い、そして深刻な日本社会の変化が、浮かびあがってくる。

イスラエルの高級紙ハアレツ（*Haaretz*）が、やはりこの一月、フランス人ジャーナリストの出した『マンガの国のアンネ・フランク（*Anne Frank au Pays du Manga*）』という本をとりあげ、日本でのアンネ・フランクの受けとられ方の特異さについて述べている。それによると、日本はアンネ・フランクの日記が特によく読まれている国として知られているが、そのうち少なくとも四つはマンガであり、三つはアニメ映画だという。多くのヨーロッパ人にとっては、アンネ・フランクはホロコースト、人種差別政策の恐ろしさのシンボルとして受けとめられている。しかし日本では、主に戦争被害者のシンボルとして受けとめられており、日本人は、自分たちも戦争の被害者だと見なし、アンネに感情移入している。その反面、日本がナチス・ドイツの同盟国だったこと、自国の軍隊が中国や韓国で行ったことに、特に若者は驚くほど無知であり、自分たちの国が侵略先で「無数のアンネ・フランクを作り出していたこと」には思い至っていない、という。

ここで私の注意をひくのは、アンネ・フランクが、日本でのさまざまな矛盾と錯綜を抱えた歴史事実と同様、アニメ化やマンガ化を通じて「かわいくされる（cutified）」形で、いわばカフェインレスにされ、ノン・アルコール化され、無害化されていることである。

というのも、日本社会では、戦後この方、敗戦によって残された容易に答えのでない問題が、未解決のまま残り、一種「不気味な」領域を作ってきたのだが、やはりこれと同様の仕方で無害化されてきたという事実があるからである。たとえば怪獣映画『ゴジラ』は、一九五四年の第五福竜丸の事件を機に第一作が作られて以来、人気が出てシリーズ化され、日本では五〇年間にわたって二八作もつくられているが、そのことすべての理由を通説のまま、原水爆への抗議によって説明することは困難である。他の領域でこの抗議感情は拡散し、枯渇しているからである。一方、日本には、過去の「悪い」戦争のために死んだ兵士をどう「弔う」べきかがわからず、その問題に蓋をしてきた歴史がある。このことに着目し、私は一度、ゴジラは、戦後の日本で行き所を失ったそのような日本の戦争の死者の象徴なのではないか、と考え、エッセイを書いた。ゴジラはなぜいつも南太平洋から日本にやってくるのか。ハワイや香港などに寄らないのか。それは死んだ場所から「帰ってくる」のではないか。また、それが五〇年のあいだに、怪獣仲間の一つとなり、相対化され、家族をもち、市民化し、コミカルになり、子ども向けに卑小化され続けたのは、その「不気味さ」を飼い慣らすのに、それだけの時間が必要だったからではないのだろうか。

そこでの私の結論は、「不気味なもの」を無害化し、飼い慣らす一番よい方法は、それを「かわいくする」ことなのではないかというものだった。日本に「かわいい」文化が開花したことの背後にあるのは、こうした「不気味なもの」の馴致化の強迫なのだ、と私は述べた。それでエッセイのタイトルは「グッバイ・ゴジラ、ハロー・キティ」となった。

日本を訪れたことのある人はわかるはずだが、日本では、多くの通りにガードレールがあるし、駅に電車が入ってくるたびにわずらわしいほど警告の放送が繰り返される。社会による個人への保護の程度が非常に強いが、それが社会のイメージ形成のあり方にも反映されている。もっとも普遍的な変形は、衝突のストレスを緩和するためのソフト化であり、小型化であり、その最終的な姿が「かわいい」ものへの変形なのだ。口のないハロー・キティがその究極の象徴だ。一九八九年には、「崇高」

であるはずの昭和天皇も死ぬときは女子高校生に「カワイイ」と評された。二〇〇五年には、「人道に対する罪」ともいうべき原爆すらニューヨークで行われた日本のオタク文化主導の芸術の展覧会(村上隆による)では「リトルボーイ」と呼ばれ、「かわいく」されている。

ホロコーストを背景とするアンネ・フランクのマンガ化、アニメ化による変形もこの線上にある。イスラエルの新聞が語っている特異性の背後にあるのは、彼女とその日記も日本では、「かわいく」されることで「不気味な」歴史的な文脈を抜き取られ、その上で広く迎えられてきたという事実である。

しかし、このたびのアンネ・フランクの日記への凶行は、その「かわいくする」日本社会の馴致装置が、もはや限界に達したことを語っているのかもしれない。それが日本の「かわいい」文化、ハローキティの耐用期限と、時を同じくして起こっているということも十分にありうる。奇しくも二〇一一年、日本が三・一一の東日本大震災、大津波、原発事故の複合災害に見舞われているとき、かつて「リトルボーイ」展と同じジャパン・ソサイアティのギャラリーで開かれていた美術展のタイトルは、「バイ・バイ・キティ(Bye Bye Kitty!!!)」だった。

もう「かわいく」するだけでは足りない。私の見るところ、日本国内では、もはや制御できないところまでに、敗戦以来の矛盾が強まっている。「ハロー・ゴジラ、バイ・バイ・キティ」。いま日本の社会に必要なのは、「キティ」とのお別れ、そしてリアルな現実との向きあいである。

「あいまいな日本」の核政策

――Ambiguities of Japan's Nuclear Policy 二〇一四年四月一四日

一九九四年、日本人で二人目のノーベル文学賞受賞者となった大江健三郎は、一人目の受賞者川端康成の受賞講演のタイトルが「美しい日本の私」というものであったことを念頭に、受賞講演を「あいまいな日本の私」と題した。

確かにある観察者の目からは日本は「美しい」かもしれない。しかしその本質は別の目からみれば「あいまいさ」にある、と考え、この「あいまいさ」との戦いのうちに自分の文学は形成されたと語ったのである。

日本の本質を審美的に取りだすか、その審美性がもつ政治性のもとに取りだすかは、大きな論点である。しかし、こと日本の核政策に関する限り、その本質が「美しさ」ではなく「あいまいさ」に存していることは長いあいだそれに精通している人々のあいだでは、よく知られてきた。

日本は核をもたない。しかし、核政策はある。その根幹は、一九七〇年の核拡散防止条約(NPT)加盟に先立ち、秘密裏に策定された、「核兵器については、NPTに参加すると否とにかかわらず、当面核兵器は保有しない政策をとるが、核兵器製造の経済的・技術的ポテンシャルは常に保持するとともにこれに対する掣肘を受けないよう配慮する」という外務省の極秘文書「わが国の外交政策大綱」の文言に示されている。この秘密会議の内容は一九九四年八月、毎日新聞によってスクープされた。「あいまいであること」をカギとするこの日本独自の核抑止政策は、国内でカジュアルに「技術抑止」策と呼ばれている。

この政策の骨子は、核を製造しないし、もたないが、いったん必要となったらいつでも可及的すみやかに核武装できるだけの「経済的・技術的ポテンシャル」を保持することにある。この三月二五日に亡くなった核廃絶論者ジョナサン・シェルは、NPT体制の将来にふれた二〇〇〇年の論文(「軍縮の愚行("The Folly of Arms Control")」『フォーリン・アフェアーズ』二〇〇〇年九・一〇月号)で、このポテンシャルを「核能力」(Nuclear capacity)と呼び、核兵器を製造する「意志」と組み合わせ、たとえばスウェーデンは「能力」をもっているが「意志」はもっておらず、一方、リビアは「能力」はもっていないが「意志」はもっていると分類した。この分類に照らせば、日本のあり方はスウェーデンともリビアとも違っている。「能力」をもち「意志」をもつが、しかし実行しない。つまり日本のそれは、実行の「能力」も「意志」ももつがそれを潜勢態(デュナミス dynamis)にとどめ、この潜在力を他に示すことをもって抑止力とする、「技術抑止」という新種の核抑止政策なのである。

むろん、そのような政策はもろに顕在化されればNPTの精神にも、唯一の原爆投下国である日本の国民感情にも反するだろう。そのため、国内外からの反対により、それに「掣肘を受けない」よう、そのような意図をも「あいまい」にさせたまま遂行されなければならない。こうして、この日本型核政策は、表向きは核抑止政策ですらないものとして、一九六九年以来、(もっているかもっていないかを知らせない)イスラエルの核戦略にも匹敵する「あいまいさ」のうちに、表向きは後に述べる「非核三原則」のもとに、堅持されてきた。

さて、このたびの三月下旬のオランダ・ハーグでの第三回核セキュリティサミットが明るみに出した事態を、この「あいまいな」日本型核政策と安倍内閣の「あいまいでない」国家主義的な政策遂行のあいだに生じた軋みと受けとめることが可能である。

事の次第はこうだ。まずサミットに先立ち、一月、米国が日本に対し、かつて冷戦期に日本に貸与した研究用の高濃縮ウランと分離プルトニウムの返還を求めていることが明らかにされた。ついで、日本は三月二四日にとうとう、サミットを機にこの返還に合意する声明を米国と共同で行った。ところでこの動きは、日本の一部では、実は米国が四年後、二〇一八年に控える日米原子力協定の期限満了を視野に、この間の安倍政権の動きに対し、警戒の念を強めていることのシグナルを発したものと受けとられている。

背景はこうである。これまで日本のあいまいな核抑止戦略をささえてきた二つの軸は、一九七〇年代に定められた非核三原則に代表される中庸で平和的な外交指針と、一九五〇年代に定められた核燃料サイクル政策を中核にすえた原子力政策である。しかしこの二つが、ここに来て姿を消そうとしている。非核三原則は「核兵器を作らず、もたず、持ち込ませない」という宣言、核燃料サイクルとはプルトニウムを生産しうる核平和利用政策で、この二つは、これまで日本社会の反核感情に立脚してきた。歴代の日本の内閣は、前者を強調することで、日本が世界唯一の被爆国であることを国際社会に思いおこさせ、後者による例外的なプルトニウム保有を認めさせるだけの信用を涵養し、この組み合わせを一種の核抑止政策の隠れ蓑に使ってきた。これに対し、安倍内閣は、武器輸出三原則を緩和し、東アジアで対外強硬姿勢に転じ、いまやこの「隠れ蓑」路線を放棄しようとしている。それにともない、米中をはじめ、多くの国が日本の例外的なプルトニウム保有に、不審の目を向けるようになってきている。

これに輪をかけて事態を深刻なものにしているのが、三年前の原発事故である。これまでも、後者の核燃料サイクル政策は、高速増殖炉もんじゅの度重なる事故により、一九九一年の試運転開始以来、ほぼ正常運転ができないままに推移してきたのだが、原発事故以来、日本の五四基ある原発はほぼ一基か二基が稼働しているだけとなり、発電を目的とするのであればもはやこれを放棄すべきだとの世論が日増しに高まっている。これに対し、これまで「技術抑止」政策の可否を国民に問うことをしないで秘密裏に遂行してきた政府は、「技術抑止」のための核燃料サイクル政策維持の論拠を公的に持ち出すことができないことから、こじつけめいたエネルギー政策としての重要性を強調する以外になく、窮地に立たされている。

そしてそこにやってきたのが、先に触れたこの核抑止政策の土台をなす日米原子力協定の期限満了の問題である。期限の二〇一八年八月まであと四年となり、このところ、にわかにその先行きが不透明となってきている。今回の米国のプルトニウム返還要求は、その文脈で日本国内に懸念を生みだしているのである。

安倍晋三首相は、現在、「美しい国」日本を「取り戻す」ことを訴え、過去の栄光を追う「あいまいでない」政策に邁進している。しかし、一九六〇年の経済重視の政策への路線転換以降、これまで歴代の自民党保守政権が確立してきたのは、このような直情径行なやり方ではなかった。大江のいうように、国の内外に真の目的を知らせず、論議を避け、エリートたちが秘密の申し合わせにしたがって秘密裏に過不足のない中庸の道をめざす「あいまい」な政治方法こそ、彼ら伝来の手法であり、核

「技術抑止」戦略こそはその精華の一つだったのである。

これを可能にした一九八八年の日米原子力協定は、日本の外交筋ではひそかに戦後日米外交の金字塔といわれている。それまでは再処理の一々の行程についてアメリカの同意が必要だった。この包括協定によって、はじめて日本は再処理とプルトニウム保管に関する三〇年間のフリーハンドを手に入れ、高速増殖炉、再処理工場の建設に着手し、その「技術抑止政策」の土台を手にすることができた。

しかしいま、協定の期限満了を四年後に控え、こんな問いが浮上してくる。日本の「あいまい」な核政策と安倍内閣の「美しい」国家主義的政策とは両立できない。とするなら、こうはいえないか。このままいけば核燃料サイクル政策は破綻し、協定は解消され、いよいよプルトニウム保持の正当化が難しくなるだろう。それを避けるには擬装されたものであれ、平和的攻勢を示すしかない。その結果、日本の核抑止政策は、現在国内の誰も止めることのできない安倍内閣の暴走に対する、予期せぬ、抑止要因となりはしないだろうか。

沖縄の抵抗は続く
——The Battle of the Okinawans 二〇一四年五月一五日

オバマ米国大統領の四月下旬の訪日では、両首脳の共同声明発表を受け、翌日の新聞各紙がこぞってTPP交渉の難航と、尖閣問題をめぐる日米同盟の首尾の如何について取りあげたなかで、沖縄の主要紙の一つ琉球新報だけが、他紙とは一線を画し、一面トップ見出しに大きく、日米両国は「在沖米軍の恒久化」を「共同声明で示唆」したと白抜きで謳い、両国の姿勢を激しく非難した。

琉球新報が立ち止まったのは、本土の新聞のいずれもが見過ごした、声明中の小さな言明である。それは、米軍普天間飛行場の名護市辺野古移設計画にふれ、これらの「早期移設および沖縄の基地の統合」が、今後「米軍の長期的に持続可能なプレゼンス(存在感)を確かなものにする」と述べていた。それでは、この日本と米国という二つの国は、手を携え、戦後の六九年間われわれを蹂躙してきたあげく、さらにこの搾取を「長期的で持続可能な」ものにすることで、合意したというのか。

この見出しは、共同声明に関する評価の一点に関し、日本、米国を問わず他のすべての新聞のそれと隔絶した声をあげる。ひとり怒りにふるえている。この落差のうちに、虐げられた地域の絶望と、そのような地域をどこまでも足蹴にして恥じない二つの国の道義的な頽廃と恥辱が、顔を見せている。ここに、今後の日米関係を考えるうえで、日米安保条約の規定の内実、ＴＰＰ協議の行く末などよりはるかに重大な手がかりが顔を見せていると私は感じた。

この誰からも無視されて久しい、沖縄からの声に耳を澄ませることが、いま、日本が「東アジアの緊張」を考えるばあいにも、米国がオバマ政権のいう「アジア太平洋地域へのリバランス」を推し進めるうえにも、大きな手引きになる。なぜなら、沖縄とは、東アジアでもっとも長きにわたって大国、強国によって蹂躙され続けてきた地域の一つだが、そのような蹂躙され続けてきた被害者の地点に視座をおくとき、もっとも長期的な展望のもとで、何がこの領域でもっとも重大な要因かが、はじめて明らかになるからである。

そもそも、沖縄とは、日本にとって、また米国にとって、どういう存在か。沖縄はかつては日本と中国、台湾のはざまにある琉球王国という小国で、日本と中国とに「両属」していた。一八七〇年代に日本に組み入れられて以降、戦前は日本に圧伏され、沖縄戦では戦場となり、戦後は米国に軍用植民地として支配され、朝鮮戦争、ベトナム戦争という二度の戦争で発進、補給、後方支援基地に用いられた。そして一九七二年の日本への復帰後は、日本と米国という二つの国の共同の意志のもと、軍用の島という役割を押しつけられ、そのあげく、いま、尖閣諸島に隣接する地域として、再び軍事的な役割を割り振られようとしている。沖縄は日本と米国という二つの国をその罪深さによって結びつける共通の搾取の対象なのである。

そしてそこからもう一つの沖縄の意味がやってくる。二〇〇九年に政権交代を果たした民主党の鳩山首相が戦後はじめて東アジア圏に足場をおいた米国離れの政策をめざしたとき、それは、二〇〇二年のゲアハルト・シュレーダー・ドイツ首相の「ドイツの道」と呼ばれた米国離れの政策に続く、遅まきながらの旧敗戦国の旧戦勝国米国からの独立の動きを意味していた。そのときの焦点が、沖縄の普天間基地問題となった。この独立の試みは、日本の対米従属派および米国のジャパン・ハンドラーと呼ばれる勢力からの反撃と鳩山首相自身の臆病さによってもろくも頓挫したが、間違いなく両国間に今後も再び生じる、そしていつかは解決されなければならない問題のありかを指し示していた。沖縄は、日本と米国の共犯性のシンボルであり、かつ、その対立の先端的論点でもあるのである。

それは理由のないことではない。現在、日本の対米従属は、七〇年近い期間に及び、世界で突出したものとなっている。それは、二〇〇二年現在の概数で四四・一億ドルという同盟国・受入国による在外米軍の基地・施設負担総額中約五二パーセントを占める第一位の負担額、また五万三〇八二人とこれも第一位を占める駐留米軍兵士の数等に明らかだが、そこでの日本の負担を集中的に引き受けさせられているのが沖縄である。普天間基地の辺野古移設に向けた日本政府の施策を非難し、沖縄県民に連帯する緊急アッピールがこの一月、欧米豪加の知識人二八名によって行われた。その声明は、「在日米軍専用基地面積の七三・八パーセントが日本国全体の面積の〇・六パーセントしかない沖縄県に置かれ」、その「沖縄本島の一八・三パーセントが米軍に占拠され」ていると指摘する。日本の対米服属を、沖縄の対日服属がささえているのだ。

このような背景のもと、琉球新報の日米両国弾劾は、オバマ訪日とほぼ同時期に起こったもう一つの東京訪問へと、われわれの注意を向けさせる。

オバマ訪日の六日前、四月一七日に、沖縄の南端に近い人口四一〇〇人の竹富町から七〇代の教育長がやはり東京を訪問している。彼、慶田盛安三は、二〇一二年から竹富町の教育長として文科省の指導にそむき、従来通りの中学三年用の公民の教科書を使用してきたのだが、このたび、文科省がこれを放置できないとして、とうとう彼を東京に召還したのである。東京で教科書を法の定めるものに変えるよう圧力をかけられ、しかしこれに応じることなく、彼は、「町の思いが理解されず非常に残念だ」という印象深い一言を残して沖縄に帰った。彼の言い分は、文科省が採択を促すこの新しい保守的な教科書が、自分の地域で正当な手続きを踏んで決められたものではなく、また、内容としても、沖縄の歴史と現在の沖縄の基地体制の問題を正当に取りあげていない、というものだ。これを受け、オバマ訪日前日にあたる二二日、今度は沖縄県の教育長が同じ問題で東京に呼び出された。しかし彼も文科省の指導には応じず、「竹富町の意向を尊重したい」と答えて沖縄に帰っている。

町を構成するいくつかの島の一つである竹富島を私は訪れたことがある。たぶん日本でもっとも美しい島の一つだろう。いくつかの島からなる町の全体に八つの中学校がある。この教科書を使う三二名の生徒のために、沖縄県の教育長、竹富町の教育長と教育委員、そして教師たちが、国に対し、この二年近く抵抗を続けているのである。

ここからやってくるのは、一つの問いであり、教訓である。曰く、終わることのない、一方的な搾取と抑圧と服属は最後、人をどのような場所に連れていくのか。こういう勇気はどこからでてくるのか。

沖縄人を母にもつある本土の識者は、このままいけば、沖縄からは、再び沖縄独立論が起こってくるだろうと、警告を発している。彼はいう、日本政府と内地の日本人は、沖縄の人々が日本にもっと認められたがっているだけだと考えているようだが、それは間違っていると。しかし、それは、何も日本と沖縄のあいだのことだけではないだろう。同じことが、もう一つの服属関係である米国と日本のあいだにもいえるからである。

日米両国は、その未来を、沖縄から展望するとき、もっとも遠くまで見通すことができる。チャルマーズ・ジョンソンは、二〇一〇年に、LAタイムズに寄稿し、普天間の海兵隊部隊を米本土に戻すべきだと主張し、その候補地には自分の住むサンディエゴのキャンプ・ペンドルトンも含まれると述べた(「新しい沖縄の戦い("Another Battle of Okinawa")」ロサンゼルスタイムズ、二〇一〇年五月六日)。基地を維持することに取り憑かれ、受け入れ国のことを顧みない自分の国の傲慢さを批判して、米国は「普天間を返還するとともに、沖縄の人々に対して六五年間もの辛抱に感謝すべきだ」と書いた。これを、その数か月後に逝去した彼の遺言と私は受けとりたいが、日米両国がともに目標とすべきことは、現在、たとえどのように非現実的だとみえようと、このような勇気ある一歩を踏み出す選択肢を、失わないことである。

首相に「一目おかれたい」新聞人たち
――Abe and the Fourth Estate 二〇一四年六月一三日

昨年一二月の特定秘密保護法強行採決の前後、奇妙な広告が現れた。日本の主要紙の一つである朝日新聞が、白紙の広告で、新聞を手に再学習をめざす元ボクサー演じる老年の庶民の図に重ね、キャッチコピーに「総理大臣に一目おかれる国民になりたい」とうたったのである。

日本新聞協会の倫理綱領はこう述べる。「高い倫理意識を備え、あらゆる権力から独立」したメディアの力が「民主主義社会をささえる」。このコピーはその倫理綱領の趣旨を否定していないか。そういう疑問の声がただちにあがったが、朝日新聞はこれに明瞭には答えなかった。

このブラックジョーク的な椿事がいまなかば不気味に思い出されるのは、その頃を境に、日本の新聞メディアに「権力からの独立」を疑わせる事態が立て続けに起こり、メディアの崩壊を印象づけ、現在にいたっているからである。そのもっとも明瞭な指標が昨年一二月二六日、安倍首相の靖国参拝の夜に現れている。朝日、読売、毎日といった代表的な新聞の政治部長が、なんと靖国参拝を行った安倍首相とその夜、会食していた。しかもそのことが明るみに出た後も、参加者の誰ひとりとして新聞人としての釈明を行わなかった。

しかしこれは氷山の一角にすぎない。日本の新聞には首相動静という小さな欄があり、毎日の首相の活動を辿ることができるが、それを手がかりに首相のメディア関係者との公邸外での会食数を調査すると、次の事実が判明する。

安倍首相は、就任から現在までの約一七か月間の在任中、全国紙、地方紙を含む膨大な数の新聞社、通信社の社長、論説委員長など上層のメディア関係者と公邸以外での会食を、三六回行っている。平均すると月に二回。これを二人の前任者と東日本大震災以降の首相動静で比較すると、安倍首相の特異さが浮かび上がる。すなわち、二〇一一年三月以降九月まで、約半年間の在任期間中で菅直人首相は一度もメディア関係者と会食していない。次の野田佳彦首相は安倍首相の現時点までの在任期間より一か月短い約一六か月間で、メディア関係者と六回会食しているが、それでも平均すると二か月半に一度である。安倍首相のメディア関係者への働きかけは突出しているのだ。

驚くべきことがここには、二つある。一つは安倍首相、もう一つは日本の新聞ジャーナリストの振舞いである。

第一の安倍首相の突出したメディア戦略は、就任直後から注目を浴びていた。一年前にも「安倍とメディアの醜悪な「蜜月」——官邸にひれ伏す新聞・テレビ」と題する記事が書かれ（『選択』二〇一三年五月号）、メディア攻略にさとい首相ブレーンの存在と、高支持率を前にしたメディア側の弱腰が官邸のメディア攻勢の要因にあげられている。今年、内閣のメディア対策費は前年度比二一億円増の六五億円に増額されたが、働きかけも以前に比べ、はるかに直接的で露骨になっている。

ちなみに、ジャーナリストたちの振舞いに関し、それまでの新聞社社長たちとの会食とは異なる、新しいタイプの首相の会食が目につくようになるのは、去年（二〇一三年）の一二月、特定秘密保護法案上程前後以降のことである。一二月六日の特定秘密保護法強行採決から一〇日後(一二月一六日)、第一線に立つ朝日、毎日、読売、NHKなど主要メディアの論説委員、政治部長、解説委員らと首相との二時間に近い会食が中華料理店で行われている。その後、上述の一二月二六日の靖国参拝の夜の報道各社政治部長との日本料理店での会食があり、この動きは、今年に入ってからの消費税増税実施翌日(四月二日)の各社政治部長経験者との日本料理店での会食、そして先月、集団的自衛権検討が公式表明された五月一五日夜の寿司店での会食と続くが、この最後の寿司屋会食の顔ぶれは、一二月一六日の中華料理店会食の顔ぶれとほぼ同じである。実質的に読者に影響を与える第一線のジャーナリストたちとの会食がらみの懇談が、重要な節目ごと、行われている。

事実、会食の効果だろう。靖国参拝の翌日の主要紙に政治部長名の論評は影をひそめた。例外は毎日新聞だったが、首相の靖国参拝を「失われた国益大きい」と批判しながらも「日本のために命を犠牲にした英霊に尊崇の念を表する首相の動機は大事」と述べる前田浩智政治部長名の論評は、同紙の同日社説の舌鋒鋭い批判に比べ、はっきりと生ぬるく、温度差があった。

しかし、日本の新聞ジャーナリストたちはなぜ新聞の倫理綱領に反する行為、少なくともそのような疑念を呼ばないでいない行為を、このような危機的な時期に行い、何ら恥じないのだろうか。私の考えをいえば、こうなる。自分が体制寄りと見られることを彼らは欧米諸国のジャーナリストたちのようには恐れない。つまりは、彼ら自身が「総理大臣に一目おかれる」こと、リスペクトされることをよしとしているのだ。その背景に、日本のジャーナリズムの閉鎖性の象徴として悪名高い明治期以来の記者クラブ制度があることは、まず疑いえない。

記者クラブとは、日本の報道機関が政府との合意のもと国家形成期に作りあげた独自の組織である。政府機関から地方の役所まで日本には約八〇〇の記者クラブがあるとされるが、所属する機関の記者には記者室や光熱費提供、取材優遇の便宜が与えられる一方で、それに属さないフリージャーナリスト、外国報道機関のジャーナリストは記者会見への参加制限など、有形無形の不利益を蒙る。この庇護制度のもとで、日本のエスタブリッシュされた報道人は、他の国に比べ、どうしても体制に融和的になるきらいがある。事実、そのこともあり、日本では官僚とともにメディア関係者となることが、政治家への近道とされてきた。安倍首相の父親の安倍晋太郎元外相も毎日新聞の記者の出身である。戦前の日本の新聞の政府協力の温床が記者クラブにあると考えた占領軍は、一度その廃止をはかっている。しかし頑強な抵抗に遭い、成功しなかった。

そのため、日本では、意志して抵抗しなければ、有能であればあるほど、ジャーナリストは知らず知らず体制順応派となる。ちなみに上記の首相との会食のメンバーの一人が、この五月末に、秀逸な週に一度の政治コラムを評価され、今年の日本記者クラブ賞に輝いている。日本では名誉ある賞だ。このジャーナリスト山田孝男毎日新聞特別編集委員は、五月中旬の首相との会食の後、二度まで集団的自衛権問題を取りあげた（五月一九日、六月二日）。最新の六月二日のコラムでは「オトナになりたい」と題し、自分はいつまでも国際社会のなかで子供のままではいたくないという趣旨を述べ、安倍首相の集団的自衛権志向に理解を示した。

しかし、山田氏は、首相との会食の事実を知った読者の目に、彼の言葉がそれ以前と同じように読まれるわけがないことを、どう考えているのか。ノブレス・オブリージュ。私は時に心憎い筆致で読者の心をつかむ彼に、次のコラムでは、ぜひとも首相との会食と新聞の倫理綱領をめぐり、書いてもらいたいと希望しておく。それが彼にとっても日本のメディアにとっても、集団的自衛権と同等に、大事で切実な問題であることは明らかである。

日本の平和主義の終わり
――Japan's Break With Peace 二〇一四年七月一七日

安倍首相は誰もが驚く強引さと迅速さで憲法解釈の変更による集団的自衛権行使の閣議決定を実現させた。多くのメディアが反対し、数万人規模の反対の官邸包囲デモも行われ、焼身自殺による抗議を試みる市民まで現れたのだが、その目論見は数か月で成就した。成功をもたらしたのは、いま日本社会に訪れている、戦後はじめての変化である。

各種世論調査で、安倍内閣の行使決定への反対は賛成より多いのに、安倍内閣への支持は不支持を上回っている。その傾向は昨年末の特定秘密保護法、靖国参拝以来、今回の集団的自衛権と続く安倍内閣の国家主義的政策の強行によっても一貫して変わっていない。そこに顔を見せているのが、その変化である。

朝日新聞が六月下旬に行った世論調査では、集団的自衛権行使に反対が五六パーセント、賛成が二八パーセントだが、安倍政権への支持は前月より六ポイント減とはいえ、なお四三パーセントで、不支持の三三パーセントを一〇ポイント上回っている。毎日新聞が閣議決定直前に行った調査でも行使反対が五八パーセント、賛成が三二パーセントだが、安倍政権支持は前月より四ポイント減とはいえ四五パーセントで、不支持の三五パーセントより一〇ポイント多い。共同通信が六月下旬に行った調査では、同傾向のうえ、支持が五二・一パーセントと三三パーセントの不支持を一九ポイント上回っている。

メディアの多くは国民の反対が多く、今回支持率が下がったことを強調している。しかしポイントを見損なっている。昨年一二月の特定秘密保護法の強行採決、靖国参拝、さらに今年四月の消費税増税実施のいずれかの直後、不支持が支持を上回ったら、どう考えても、今回の閣議決定はなかっただろう。そのことを考えれば明らかだ。これまでにない強引なやり口にもかかわらず、それでもなお、堅固な内閣への支持が不支持を上回り続けた。これが、今回の行使決定を可能にさせている、これまでにない変化なのである。

この変化の背後にあるのは、日本の戦後を導いてきた平和主義の枯渇だ。第二次世界大戦での日本人の戦没者数は三一〇万人で、当時の人口のほぼ四パーセントにあたる。アメリカの南北戦争の死者六二万人が当時の人口の二パーセントにあたることを考えれば、けっして少ない数ではないとわかるだろう。敗戦から七〇年近くがたち、彼らのことを知る戦争体験者と戦没者の遺族がほとんどいなくなった。記憶の抑止力が消え、過去の戦争が若者に対し容易に美化されるようになった。今年に入り、二〇一〇年来のベストセラー小説である特攻隊員の物語(百田尚樹『永遠の0』)の売り上げが四八〇万部を突破した。その映画は観客七〇〇万人を動員している。

一九五五年の結党以来、自民党は一貫して、米国によって押しつけられた平和憲法の改定をめざし、文科省による教科書検定を通じて国家主義的な教育に向けての努力を続けてきた。それでも歴代の自民党内閣が憲法改正にまで踏み込むことをためらったのは、国民のあいだに、国への不信と軍国主義への反感を伴うこの平和主義が根強かったからである。安倍政権とそれ以前の自民党政権を隔てるのは、何よりこの変化だ。平和主義の遺産が敗戦から六九年たって、とうとう「剝げ」はじめたのである。

この安倍政権の決定に対し、中国は「平和発展の道を変えるのか」と非難し、韓国は自らの「要請ないし同意がない限り、決して認めない」と留保の声明を行った。他方、米国は、「同盟をより効果的にする」と歓迎の声明を出している(ヘーゲル国防長官、七月一日)。しかし私は、米国も韓国と同様、反対はしないまでも、両義的な、より慎重なコメントを出すべきだったろうと考える。短期的には米軍の負担が減るかもしれないが、これで東アジアの日中間の危険度は高まる。長期的には米国が日本の暴走に引きずられ、不利益を蒙る恐れが格段に強まったからである。

東アジア地域はこの三十余年のあいだでまったくその性格を変えた。GDPで中国が日本を抜いた二〇一〇年八月以降、尖閣問題という形で誰の目にも明らかになったのが、三十余年来続いてきた旧態からのこの変化にほかならない。いまやこの地域は、さまざまな利害を抱える対等な複数の国家からなる、世界でもっとも枢要な経済圏の一つである。

三四年前、一九八〇年の名目GDPは、日本が一兆八七〇億ドル、韓国が六四四億ドル、中国が三〇三四億ドルで、日本だけが突出し、後はまだ経済成長のはじまりの段階にあった。それが、二〇一四年には、日本の四兆八四六三億ドルに対し、韓国は一兆三〇七九億ドル、中国は一〇兆二七六億ドルと急激な成長を遂げる。この時期のアメリカの名目GDPは、二兆八六二五億ドルから一七兆五二八四億ドルへの成長だから、この間、日本の四・五倍、アメリカの六・一倍に対し、韓国は二〇・三倍、中国は三三・一倍である。

中国は日本を追い抜いて二倍の差をつけ、韓国も驚異的な成長を遂げて、三者の関係は、いまでは同じトラックでの「横並び」の競走状態にある。先端技術、金融などを視野に入れれば、台湾、香港もここに入る。日本、韓国、中国の名目GDP合計で約一六兆ドル。この三国だけでGDP一七兆ドル台のアメリカ、EUの経済圏に、優に匹敵するのである。

ここに実現しているものが、じつは一九世紀末以降、ヨーロッパ以外に成立した、自立し、成熟をとげた初の大経済圏であることに注意しよう。一〇〇年前の大国イギリスと新興国ドイツと衰退するフランスの組み合わせが、現在のアメリカと中国と日本に重なる。領土問題もあれば、ナショナリズムの勃興もある。昨年来、東アジアの緊張を一〇〇年前の第一次世界大戦にきっかけを与えたサラエボ事件勃発時のヨーロッパに重ねる見方が目につくようになった。それを後押ししているのが、この独立巨大経済圏の出現なのである。

ここで、いま寿命を終えようとしている日本のいわば「戦後精神」としての平和主義を、日本の敗戦が日本社会に贈った一種のイデオロギー的な抑止力と考えてみよう。すると、東シナ海の両岸で、第二次世界大戦後に中国と日本にやってきて、以来、二つの国を動かし続けた二つのイデオロギー、つまり共産主義と平和主義の抑止力が、ともに有効期限をすぎて、それぞれの国内に一つの「空白」が生まれた、ないし生まれようとしている、という図が得られる。

一九九一年、七五年にわたる共産主義イデオロギーの抑止力が消えたとき、東欧の旧ユーゴのサラエボを襲ったのは狭隘なナショナリズムの嵐だった。イデオロギーや国民的エートスの消滅は、道義的な空白を作りだすが、それは巣穴になって簡単に狭隘なナショナリズムを孵す。今回の安倍政権の一歩は一つの指標である。次のサラエボ事件は海の上で起こるかもしれない。

原爆の犠牲者たちは「ホーム」をもたない
——Atomic Bomb Victims Stand Alone 二〇一四年八月一四日

七月末に、原爆を投下した「エノラ・ゲイ」の最後の搭乗員セオドア・バンカーク氏が死去した。行年九三歳。「モラルと戦争を同日の談に語ることは難しい」、また、「コベントリー爆撃、ドレスデン爆撃、バターン死の行進、南京虐殺、真珠湾攻撃のどこにモラルがあったか」。これが本紙に引かれたバンカーク氏最後のコメントの一つである。

氏が述べるように、原爆の投下は、たしかにモラルとともに語ることの困難な戦時下の理不尽なできごとの一つだ。しかし、原爆の被爆者たちはこれら理不尽な暴虐の犠牲者たちの運命に加えてもう一つ、過酷な条件を課されてきた。例のない惨劇の犠牲となった後、もう一度、例のない孤立のもとに置かれてきた。そしていまもその孤立のなかに置かれ続けている。

ドレスデン爆撃、バターン死の行進、南京虐殺、真珠湾攻撃、あるいはナチスによるユダヤ人絶滅の企て、日本軍による慰安婦強制連行。これらを含めたすべてが現在、国際社会で、不法で二度と繰り返されるべきでないという点で圧倒的な合意を見ている。これらに反対するような人は国際社会のスタジアムで圧倒的多数からブーイングで迎えられる。彼らに対してなされた悪を憎む国際世論は、これら犠牲者たちの味方である。彼らはいま、いわば彼ら自身のホームスタジアムを手にしている。

これに対し、原爆投下だけは、いまなお国連の安保理常任理事国をなす最有力の核保有国を中心に、それを無条件の非人道的な悪とみなす見方に根強い反対がある。世界の大多数の人々がこれを非人道的と考えているにせよ、彼ら犠牲者たちの無念が国際社会で公的にはらされるまでにはいたっていない。場外にサポーターこそ多いものの、彼らは、ホームスタジアムをもっていないのである。

こうした原爆の特殊性は、毒素兵器、生物・化学兵器についてはすでに使用禁止条約があるのに、核兵器の使用禁止条約だけがまだないことのうちにはっきりと顔を見せている。「核兵器の使用・威嚇」の一般的な人道法違反を決定するうえで画期的だった一九九六年の国際司法裁判所による勧告的意見を例に取ろう。それさえ、核兵器使用をいかなる条件下でも違法だとは言っていないのである。

しかし、それはある意味で当然のことだ。国連の安保理常任理事国はすべて核保有国である。もし核兵器使用を禁じられれば、国連自体がいまのままでは存続できない。核兵器の「使用と威嚇」は、どんなに非人道的だとしても現在の国際秩序の基礎なのだ。

さらに被爆者たちにとって悪いことに、日本政府の恥ずべき無責任な態度がある。戦後、日本政府は一度も原爆投下に対し、米国に抗議を行っていない。米国が原爆投下を不法なことと認めず、いまだ投下国に対し謝罪しないことにはたぶんそれなりの理由があるのだろう。それはその意味で理解できなくもない。しかし、被投下国が、たとえ相手が「同盟国」であろうと、国際慣習法に反する無差別殺戮のもとで死んでいった自国民の側に立ち、その非人道的な兵器使用について抗議の声をあげないなら、犠牲者はどこに自分の居場所、足場、ホームスタジアムをもてばよいのか。彼らの犠牲の不当性はこれまで国連にも、国家にも、裏書きされたことがない。その孤立と無念はいまも他と一線を画して深いのである。

そのことを考慮しないと、なぜ次のようなことが起こったのかが、理解できなくなる。

まず、なぜ二〇〇九年四月の米国オバマ大統領の初の核廃絶にむけたプラハ演説が、原爆投下の当事者である被爆者に強く、激しく訴えたのか。その直後に、広島では中学生から大人までを含み、広くオバマ大統領を広島に招待しようという運動が起こった。その声に加わるとして七月、本紙に寄せられた服飾デザイナー三宅一生の忘れがたい文章「閃光の記憶(〝A Flash of Memory〟)」(『ニューヨークタイムズ』二〇〇九年七月一三日)は、その背景をこう記している。

曰く、自分はじつは原爆が落とされた日、母とともに広島にあり、オバマ氏が四月の演説で「一条の閃光」と呼んだものの下にいた。七歳だった。母は被爆がもとで三年後に死んだ。しかし自分はこれまでそのことを人に話さないできた。自分の仕事は美を追求することだ。享受者には、その美に何の先入見もなく向きあってもらいたい。しかしオバマ氏が演説で米国大統領としてはじめて核削減をではなく核廃絶をめざすと述べたのを聞き、自分も発言しようと思った。いま広島には八月六日の平和式典にオバマ大統領を呼ぼうという運動が生まれている。自分も、被爆者の一人としてその列に加わる。平和公園の前に架かる橋は日系アメリカ人の彫刻家イサム・ノグチが設計した。二つの国の友好を証し立てるその橋を渡り、米国大統領たるオバマ氏にぜひ平和式典に参加してもらいたい。

また、なぜ日本で被爆者たちが長年、原子力平和利用の積極的な支持者となってきたのか。

一九五五年、日本ではじめてできた被爆者の団体ができたとき、その結成宣言には、核兵器の廃絶を訴えると同時に、「破壊と死滅の方向に行くおそれのある原子力を決定的に人類の幸福と繁栄との方向に向わせるということ」こそが、「私たちの生きる限りの唯一の願い」だと述べられた。そしてそれ以降、被爆者の団体は、概して原発推進を後押ししてきた。これに対し、二〇一一年の原発事故の後、こうした被爆者団体の方針を誤ったものと批判し、その錯誤を五〇年代の米国主導の「アトムズ・フォー・ピース」キャンペーンの宣伝工作に騙された結果だとする説得力ある指摘が研究者の手でなされた。たぶん、そのことは一部真実だろう。しかし、それだけだと、やはり被爆者の当時置かれていた孤立と絶望の深さが見過ごされる。

こう考えてみよう。彼らには、当時、近い将来、国連が核兵器使用を禁じるだろうとも、日本政府が国際社会に核の非人道性を訴え、米国に抗議を行うだろうとも希望する外的条件が奪われていた。つまり完全な「アウェー」のなかにいた。そういう彼らが、原子力平和利用は、核の悪の力を一挙に善の方向に転じるものであるという宣伝文句に最後の希望を見出し、「弱みにつけいられ」、「騙された」。そうだとしても、しかし、彼らをそこまで孤立させた私たちのうちの誰が、それを責められるだろうか。

日本では今年はじめて被爆者の数が二〇万人を切った。三月現在の生存者は一九万二七一九人で、その平均年齢は七九・四四歳である。原爆投下の当事者が、太平洋の両岸で誰もいなくなる日が刻々と近づいている。にもかかわらず、日米両国が原爆の問題について何の対話も行わないのは、バンカーク氏を含む原爆投下の両当事者たちに対する侮辱以外の何物でもないだろう。

八月六日と九日、今年も広島と長崎では平和式典が開かれた。米国からはキャロライン・ケネディ大使が前年のルース大使に続いて参列した。安倍晋三首相も出席し、挨拶したが、その挨拶文は、広島、長崎ともに去年と同じ出だしと終わりをもつ半分以上同文の「使い回し」であった。オバマ大統領は二〇〇九年、ノーベル平和賞を受けるにあたり、「私は、この賞を行動への呼び声として――二一世紀の共通課題に対処せよと全国家に求める声として――受ける」と述べた。二期目を務める氏には、まだ二年半の猶予が残されている。

静かな「茶会《グリーン・ティーパーティ》」運動、日本会議
――Tea Party Politics in Japan 二〇一四年九月一三日

安倍首相は、あてが外れたのではないか。

九月三日、初の内閣改造で女性閣僚を三人増やして五人とし、内外に清新さのアッピールを狙ったが、メディアが注目したのは別の方面の人数増だった。今回の内閣改造で、閣僚中、「日本会議」という民間団体のメンバーが改造前の一三人から二人増えた。その結果、一九人中一五人がこの団体のメンバーであることが明らかになった。アッピールされたのは、新閣僚の八〇パーセントまでがこれまで余り知られない右派組織のメンバーだという、この内閣のこれまでに国の内外に知られない不気味な一面のほうだった。

二〇一四年二月の米議会報告書は、この団体、日本会議を、「日本は西欧列強から東アジアを解放したことを評価されるべきである、極東国際裁判は違法である、南京虐殺は誇張ないし捏造である」等の「修正主義的な」主張において安倍を後押しする右派団体の一つにあげている。その評価は概ね正しいが、つけ加えるなら、日本会議は、伝統的な自分の国の価値観の再興に向けた「草の根」の「国民運動」をめざしている点、米国におけるティーパーティ運動と似ている。しかし、さほどメディアに露出せず、その大きさに比して、なぜか一般の人々にそれほど知られていない点が、ティーパーティ運動とは大きく違う。

とはいえ、フリーメーソン的な秘密めいた組織だというのではない。趣旨に賛同し、年会費を支払えば誰もが加入できる(その価値観に従い、男性一万円、女性は半額)。主張も一見したところ簡明で、皇室を中心とした「美しい日本」の伝統的な価値を再建し、「教育の正常化」を推進し、改憲を通じ国の「自主独立」をめざす。一方、女性天皇即位、夫婦別姓法制化、外国人参政権付与法などには徹底して反対する。しかし、この団体は、つい一か月半ほど前までは、なぜか、ほぼ国内のどの主要メディアも本格的に取りあげたことのない、地味で、知られない団体として存続してきた。

日本会議は、保守勢力の危機意識の産物であるという点でも、ティーパーティ運動に似ている。日本会議も、自民党の単独政権崩壊という逆境のなか、一九九七年に宗教系の復古的団体と改憲派の保守政治家、知識人の政治団体が合体して生まれた。また、二〇〇九年の民主党政権成立後、やはり保守派が野に下った時期に、二〇一〇年以後の尖閣・竹島問題勃発以降の排外的意識の高まり、二〇一一年の東日本大震災以降の社会不安を背景に大きく全国に勢力を拡大し、現在、会員数は三万五〇〇〇人に達している。

四七の都道府県本部のほか、二二八支部を擁し、同時に立ち上げた日本会議国会議員懇談会は自民党を中心に保守派野党の議員を糾合して総数二八九名を数える。この数は衆参両議員総数のなんと四〇パーセントにあたる。改憲の発議には両院で三分の二の賛成が必要だが、二〇一六年を期してそれをめざすというこの団体の運動目標は、いまや絵空事とはいえない段階にあるといわなければならない。

日本会議国会議員懇談会の特別顧問は、安倍首相と麻生太郎副総理で、幹事長は衛藤晟一首相補佐官である。今回入閣した議員たちの多くが役員に名前を連ねる。新内閣で日本会議に所属していないのは、連立与党である公明党からの一閣僚を除けばわずか三人にすぎない。

その日本会議が、つい最近、内閣改造に先立ち、二つの新聞で立て続けに大きく取りあげられた。きっかけは、一つの記事のばあいは、このところ女性蔑視やじや、ツイッター上での差別的表現など、復古的な振る舞いで「世間を騒がせた地方議員」に日本会議のメンバーが少なくなかったこと、もう一つの記事のばあいは、日本会議の地方議員が各所で「草の根」レベルで憲法改正を求める請願運動を展開しはじめたことである。

日本会議をとりあげたメディアはこの団体を「国内最大級」の「右派組織」と呼ぶ。この団体の危うさはどこにあるだろうか。

一つは任意の民間団体でありつつ、政権、自民党・保守野党と融通無碍な関係を保っているため、たとえば政党と違い、その活動に有権者のチェックが及ばないことである。そしてもう一つ、あげなければならないのが、その政治的主張の核心のところにモザイクがかけられていることである。

私の見るところ、日本会議の主張の源泉にあるのは、米国の議会報告書が見抜いているように、敗戦からもたらされた新しい戦後の社会秩序、国際秩序への根強い拒否感情である。しかし、彼らはそれを国際的にはっきりとは口にしない。政治団体であるにもかかわらず、批判されると、反論せずに、言を左右する。

それは、安倍首相の選挙でのスローガンであった「日本を取り戻す（"Take back Japan"）」が米国のティーパーティ運動のスローガン「アメリカから取り戻す」を踏襲したものでありながら、誰からという部分にモザイクがかけられていた点と同じである。ティーパーティ運動ではそれは「オバマから」であった。では安倍政権では、日本会議では何からか。

そこに語られない一語をあげれば、この団体の役員を務める保守政治家の石原慎太郎が一九八九年に出した本のタイトル、『「NO」と言える日本』の場合に正確に重なる。いうまでもなく「NO」の相手は戦後の国際秩序を日本に課した米国である。「日本を取り戻す」、その相手も米国である。石原は、いま国内で反中国論者の急先鋒として名高いが、それは米国に「NO」が言えず、引き下がらざるをえなかったことの代償作用である。しかしそれがいつまた米国への「NO」に変わるかは誰にも予測できない。そして同じことが、現在の日本自民党政府、日本会議についてもいえる。

次にやってくるのは何か。その予兆がこんなところに見つかる。日本会議の広島支部はこのところ例年、八月に極右として知られる田母神俊雄元自衛隊航空幕僚長を呼んでいる。彼は核武装論者として知られている。これに並行して傘下の被爆者団体「平和と安全と求める被爆者たちの会」が八月六日付けで、やはりこのところ、例年、「私たちの平和宣言」を掲げているが、そこに次のような、ショッキングな文面（日本語・英語）がある。曰く、「風化させてはならないのは、一般市民の無差別殺戮、そして被爆直後の死に臨む犠牲者達が発した「兵隊さん仇を討って」「アメリカのばかやろう」

などの末期の心情」である——。

日米間にはこのようないつ暴発するかしれない不発弾がまだいくつか残っている。日本会議はその弾頭の露出部分である。こうした不発弾をしっかりと地表に取りだし、信管を外し、関係者が互いに協力して処理しなければならないが、それには、どうすればよいか。その作業は、まだ手をつけられていない。

昭和天皇と中村康二
——The Journalist and the Emperor 二〇一四年一〇月一四日

九月九日、一九八九年に死去した昭和天皇の公的事績記録が二四年をかけた編纂をへて完成し、宮内庁より公開された。新資料のほか、宮中に明治時代からクリスマスの風習があったことなど興味深い新事実も明らかにされ、出版界はひととき昭和天皇の話題で賑わった。全六一巻。膨大な記録だが、この昭和天皇の記録公開は、私に、対照的にメディアがほぼ取りあげないできた一人の日本人ジャーナリストのことを思い出させる。

本紙九月二九日のOp-Ed欄に『昭和天皇』の著者ハーバート・ビックスがこう書いている。日本の最大の新聞の一つが彼にこの実録についてコメントを求めてきた。しかし天皇の第二次世界大戦における「役割と責任」についてはふれないでほしいという条件が付いていた。それで彼は要請を「丁重に断った」と(ハーバード・P・ビックス「ヒロヒトは操り手にして操り人形にあらず(“Hirohito: String Puller, Not Puppet”)」)。日本のメディアにはいまも天皇をめぐるタブーが生きている。しかし一度だけ、そのタブーが衆目環視のもと、公然と一人の日本人ジャーナリストの手で破られた。その当事者が、ここに取りあげる中村康二である。

ビックスの著作に、このときのやりとりはこう描かれている。一九七五年一〇月三一日。この月、二週間余の訪米を終えた天皇夫妻の皇居での初の公式記者会見の席でのこと。「一人の日本人記者」が突如、「不適切」で居心地を悪くする質問を天皇にぶつけた。「天皇陛下のホワイトハウスにおける「私が深く悲しみとするあの不幸な戦争」というご発言がございましたが、このことは、陛下が、開戦を含めて、戦争そのものに対して責任を感じておられるという意味と解してよろしゅうございますか。また陛下は、いわゆる戦争責任について、どのようにお考えになっておられますか、おうかがいいたします」。

天皇の答えがこれに続くのだが、それは「そういう言葉のアヤについては、私はそういう文学方面はあまり研究もしてないで、よくわかりませんから、そういう問題についてはお答えができかねます」という驚くべきものだった。三年前、ある雑誌の特集で、歴史に残されるべき昭和期の「言葉」をあげよという問いに、私はこのときの天皇の回答をあげた。そこでの「文学方面」という言葉の用法がじつに興味深く、昭和期を象徴するものと感じられたからである。しかしその文章を書いているうち、答えよりも質問のほうが重要だと思うようになった。

なぜなら、もしこのとき、この質問がなかったら、日本国民は、誰ひとり、天皇にその戦争責任を「面と向かって」問いただすことがなかったことになる。結局この後、天皇の記者会見は開かれることがなかった。そしてこれが唯一の機会となった。とするなら、むしろこのジャーナリストこそ、歴史に記憶されるべき昭和期の日本人なのではないだろうか。

そう思い、調べてみると、彼はほぼ完全に誰からも忘れ去られていた。というか質問直後から、次に記す英字紙一紙を除き、ほぼ彼の存在は無視、ないし黙殺されていたのである。質問から七年後、彼は日本社会にほぼ知られることなく、この世を去る。

中村康二の質問を例外的に取りあげたのは、記者会見に参加した「唯一の外国人」である「ザ・オーストラリアン」紙記者、デイヴィッド・サープ(David Tharp)である。彼は、「デイリー・マイニチ・ニュース(Daily Mainichi News)」紙に寄稿し、こう述べた。「これまで日本の新聞界における最大のタブーは天皇の戦争責任を問題にすることに対する明文化されていない禁止であった。しかし、ロンドン・タイムズ紙記者としてこの天皇記者会見に出席した中村康二が、天皇に直接これを質問することで、劇的にこのタブーを取り払った」、「記者たち全体がこの質問に凍りついたようだった。ペンがメモ用のノートの上で動きをとめ、しばらくなす術を知らぬように宙に浮いている。それから、誰もがひそかに聞こうと考えていた問いがとうとう発せられたためだろう、安堵のようなものがその場を領した」。

私はこの一か月間、中村の生きた痕跡を追ってみた。サープ記者とは連絡がつかなかった。現在南アフリカに住む当時のロンドン・タイムズ東京支局長にもメールしたが、返事を貰えなかった。日本人のロンドン・タイムズの元同僚、以前の職場の元部下、知人のうちの何人かには会って話を聞いた。中村に結婚の仲人を頼んだことのある作家の村松友視には電話で話を聞いた。前半生の履歴もわかった。古武士然とした紳士が、結婚式場の応接室で談笑する写真も見ることができた。

彼らは口をそろえて、中村について、「硬骨漢」で「ダンディー」で「皮肉屋」であったと述べた。これは中村の死後、一度だけ二〇〇六年に朝日新聞が天皇に戦争責任を問うたジャーナリストとして彼を七行とりあげた際の寸評に、そのまま重なる（その記事では残念ながら彼の名前が誤記されているのだが）。

中村康二とは何者か。

彼は、一九一八年の生まれ。一三歳で給仕として毎日新聞社に雇用され、働きながらYMCA外国語学校、神戸パルモア英学院で英語を学んだ。一九四二年、同社の準社員としてフィリピンのマニラに派遣され、創刊された現地新聞に勤務。卓越した英語力と優れた取材報道能力が認められ、一九四四年、社員に登用された。

この経歴からだけでもその異色ぶりが見えるが、さらに彼は、敗戦後、英語にうとい戦犯に問われた兵士を「世話」しようと引き続き四年間フィリピンにとどまる。一九四九年に帰国するが、その後書かれた文章に、その地では、戦犯裁判の通訳のほか、「絞首台のある特別獄舎」で「処刑の直前に」遺書が書かれると、それを訳し、彼らの「遺言を書きとめること」が自分の「役目」だったと記している。なぜマニラで悪名高い「マニラ大虐殺」（日本兵による比島市民殺戮、一〇万人が殺害されたといわれる）が起こったのかと問い、ゲリラ戦が広まったことのほか、何より、「人間の価値、生命の尊さ」を重んじる価値観が「天皇」に根源を置く「軍隊思想のなかに存在しなかった」ことにその「最大の原因」がある、と書いている（中村康二「悲しき宿命」、塩尻公明編『祖国への遺書　戦犯死刑囚の手記』一九五二年）。それが彼の――個人的な経験に裏打ちされた――結論だった。

その後、毎日新聞メルボルン特派員、外信部副部長、カイロ支局長等を歴任し、一九六一年、上司と意見衝突して同社を退社。一九六七年に高級週刊新聞「東京オブザーバー」紙を日本の戦後メディアの伝説的ジャーナリスト大森実らとともに創刊した。一九六九年、同紙をやめた後は、ロンドン・タイムズ、ファー・イースタン・エコノミック・レビュー等の特派員、寄稿者となる。一九七五年に天皇に戦争責任について質問した後も、特派員の活動を続け、一九八二年、六三歳のとき、胃がんで死去している。

「東京オブザーバー」紙で部下だった竹下正美は、一九七五年の記者会見で質問の手を挙げる中村の顔を一瞬、ブラウン管に見た記憶がある。そして、ああ、中村さんらしいと思った。一九六七年、沖縄の米軍基地が核兵器を保有していることを示すスクープ写真を同僚が撮ったことがあるが、それを、「公然の秘密」で新しいニュースでもないと考え、そう口にしたところ、中村にこっぴどく叱られたことがあった。誰もが知っているあいまいな「公然の秘密」をはっきりと「公共化」すること。それこそが重要なジャーナリズムの役割ではないかと、そのとき、中村は述べた。

質問から二週間後、中村は、ファー・イースタン・エコノミック・レビュー誌に小さなコラムを載せている。見出しは、「ヒロヒトの回答に国民の疑心晴れず（"Hirohito keeps his country guessing"）」（第九〇巻四六号、一九七五年一一月一四日号）。そこに二八年間、フィリピンに近いグアム島にひそみ、一九七二年に帰国したもと日本兵、横井庄一の「戦争で死んだ者は陛下のためにと信じ、戦って斃れました」、陛下には「完全に欺された気がします」という言葉を引いている。

質問したとき、中村は外国紙の特派員であり、日本のジャーナリズムの人間ではなかった。ビックスがその著書に彼のことを「日本人記者(a Japanese newsman)」とあいまいに書いたのはたぶん、そのためである。しかし、中村がもし、戦争期の激動を生き抜いた一人の日本人(a Japanese)でなかったなら、天皇への質問はなかっただろう。今回完成した昭和天皇の記録は一万二〇〇〇頁と膨大だが、その対極にはほんの数行、中村の天皇への質問が置かれていて、いまなおそれとつり合っている。

2. あれからの日本

謝罪と原発

外務省の藪中三十二事務次官（当時）が二〇〇九年一一月のオバマ大統領訪日に先立ち、広島を訪問しないほうがよいと助言していた。最近のウィキリークス発の報道である。

これによると、米大使との会談で、藪中氏はオバマ氏の広島訪問は反核勢力を利する、「原爆投下を謝罪するために」行くのはもちろん「謝罪なし」ですら「時期尚早」だと述べている。

この年の四月、米大統領はプラハで「米国は核兵器を使用した唯一の核保有国として、行動を起こす道義的責任がある」と言明している。核廃絶の訴えで一〇月にはノーベル平和賞を受賞。翌一一月の訪日で広島訪問が実現すれば、「謝罪」への糸口となった可能性が十分にあった。

私は藪中氏の考えに反対である。理由を次に述べたい。

原爆の問題を考えるうえでの原点は、被爆者の人間的尊厳ではないだろうか。それを守るにはどうしても「米国」の謝罪が必要である。だが、先の原爆判決が示したように、それを国際社会で要求できるのは国だけである。国は、国民である被爆者の人間的尊厳を守るため、ほんとうは米国に「謝罪」を要求しなければならない立場なのである。

今回の福島での原発事故で、多くの被爆者がこれまで核の平和利用に積極的に賛成してきたことがわかり、核の非道さと悲惨さを知るはずの彼らがなぜ賛成に回ったのか、と疑問視された。

彼らは、一九五三年の米国の核平和利用政策に巧みに乗せられ、だまされたのではないか。

しかし、ある被爆者は、核が「平和のために転用される」という考えが「気持ちを落ち着ける面があった」と述べている(田中利幸「「原子力平和利用」と広島——宣伝工作のターゲットにされた被爆者たち」)。そう思ったのは彼らだけでない。核の平和利用の夢を託された「鉄腕アトム」を私たちは同じ理由で歓迎している。「アトム」が登場したのは、五一年である。米国の宣伝工作以前のことだ。すべてだまされてのこと、というのではなかったのだ。私たちは、そうでもしなければやりきれない、つまりそうでもしなければ、被爆者の人間的尊厳は守られない、と思ったのである。

そして被爆者たちが長年、そう考えてきたのも無理はない。これまで、日本を含め、さまざまな国が戦争で「悪」を行ってきたが、国際社会がそれを非難、糾弾せずに放置した例はなかった。国連の安保理が非難決議しない場合でも、総会や国際司法裁判所や国連の付属機関がこれに「NO」をつきつけ、国際社会の総意としてこれを「非難」してきた。従軍慰安婦問題のように、相手国が謝罪しない場合でも、国が自国の被害者の尊厳を守るため相手国に謝罪の要求を行い、NGOの女性国際戦犯法廷などが日本と天皇の責任に明確な有罪判決を下すことで、被害者の尊厳が最低限、守られてきたのである。

しかし原爆はそうではない。国連の常任理事国が核保有国に占められている現在、核使用の違法化にめどが立っていない。九六年の国際司法裁判所判決も、原爆の使用を「悪」として断罪し、使用禁止を命じるところまではいかなかった。

しかし最大の問題は、何といっても、日本政府が米国政府に謝罪要求していないことである。韓国政府が従軍慰安婦問題で日本政府に謝罪要求してはじめてこの問題が正式な国際問題になったことを考えれば、これが被爆者の尊厳を守るためどれだけ重要な要件であるかがわかる。ところが、「謝罪」へと動き出そうという米国に、日本国の高官が、それも反核勢力を利するというささいな理由から、ストップをかけていたというのだから、驚く。

原発をどうするか、という問題の原点も、ここにある。なぜ被爆者たちが平和利用に夢を託すほかなかったたか。原発事故が明らかにしたのは、その根源に、国の態度があったということだからである。

このことが語っているのは、日本政府には核に対する定見がないということだ。核兵器の使用を否定する。原爆投下に抗議し、米国には謝罪要求する。そのうえで、核の平和利用を行うのか、そうでないのかが、はじめて国民に問われうる。

原爆投下から六六年。私たちはまだ最初の一歩を踏み出せていないのである。

（共同通信、二〇一一年一〇月配信）

ガラスに入った海——ツイッターと万葉集

二〇一一年の私の新しい経験は、ツイッター。新しいインターネット言論の世界に身を投じたことである。これは、誰もが自由に投稿し閲覧できる短文のサイトで、一四〇字以内で書き、投稿すると、そのツイート(つぶやき)がフォロワー(読者)の画面に届く。これに誰もがめざす内容で検索して自由に到達できて、どんな発信元の読者にもなれる。東日本大震災、中国での政府批判、中東での民主革命などで力を発揮し、普及した。

日本でも元総理、駐日米国大使から著述家、市井の人、匿名の極右、脱原発の活動家、学生、はては小学生まで、多様な声が行きかう。電子言語による異次元、かつ新生の言論世界である。

私が思いついたのは万葉集だ。あれは六世紀、はじめて書き言葉という未知のメディアが生まれた時、その興奮が作りだした、古代のツイッターだったのである。その興奮が五七五七七という一定の形式のツイートとなる。そこから天皇、貴族から無名の防人、庶民の東歌にいたるまでを網羅する、多様な書き手の出会う場が生まれたのである。

やってみると、濁流に投げ込まれた笹舟よろしく、激しく身を揉まれ、反転した。それからあれよあれよというまに時が経って、半年。いま、思うのは、短歌もきっと最初はこんなだったのだろうということである。

それから現在まで、一三〇〇年余。

原子炉のとろ火で焚いたももいろの電気わが家のテレビをともす

短歌の世界では、一九九一年の歌集にこう詠った歌人が、二〇年後、こう詠む。詞書きに「津波は多数の遺体を沖につれさつたといふ」とあり、

〈花束〉は太平洋をただよへり一つ一つの〈花〉に分かれて（高野公彦）

この成熟した言語の宇宙に比べれば、インターネットの世界は、はるかに粗野、無秩序である。「玉石混淆」で、暴力的。しかし初原期の万葉集の熱気も、こうだったのではないだろうか。そこで人はどういう、これまでにない経験をするのか。

以前、料理の達人である道場六三郎が、思想家の吉本隆明に、料理人の修業の世界には「鼻を打つ」という言葉があると語った（「食の原点に還って」）。金魚鉢のなかを泳ぐ金魚は遠くを見つめて泳いでいる。すると思いもかけない手前で、見えないガラスの壁に、コツンと鼻をぶつける。しかし、「鼻を打ってこないと職人というのはいけないんじゃないのかな」。

インターネットの言論世界にはさまざまな人がいる。大切な、射程ある、心のこもった言葉を語ろうとすると、思いもかけないところで、きわめて粗野な対応に出会う。それは、日々精進を心懸けて

いる修行中の料理人が、余り味のわからない半可通の客に、悪口を浴びせられるようなことである。料理人は、何だこのシロートが、と一瞬、頭に血が上る。しかし相手は客。はい、すみません、と頭を下げなければならない。

道場によれば、そういう経験を数多く経ないと、よい料理人にはならない。ふだんは、成層圏のようなものに包まれているため、人はそういう粗暴な経験から守られている。それが「社会」というものの一つの機能でもある。でも、そのエアの緩衝帯がなくなる。痛い。しかしそういう経験だからこそ、人を鍛えるのである。

そういう点でも、短歌の経験は、参考になる。万葉集の世界は、その後、洗練の度を加える。切磋琢磨の場が生まれ、やがて滑稽味が加わると、半分にちょん切れて俳句を生む。他方で連歌などという遊びも生みながら、最後、結社社会となって現在にいたっている。何がこの共生と変転と活力を支えてきたのか。

現在、インターネットの世界は豊漁の海である。寒流もあれば暖流もある。得がたい糧が手にできる一方、荒々しいことこのうえない。しかしこの海は薄いガラスの器に入っている。そこでの営みを大きく育てあげるのに必要なのは、この海に身を投じている人々の、海のガラスが壊れやすいことへの配慮、危機感なのだと、いまのところ、私は思っている。

（共同通信、二〇一一年一二月配信）

津波てんでんことラグビー

「津波てんでんこ」という言葉がある。岩手県の三陸海岸地域に伝わる津波防災伝承で、「津波が来たら、取るものもとりあえず、肉親にも構わず、各自てんでんばらばらに一人で高台に逃げろ」という意味だという。

実は、以前から私は私利私欲（＝自分勝手、ジコチュー）を否定しない公共性（＝利他心、人のため）の考え方が大事ということを、さまざまな場所で言ってきた。そのため聞いたとき、この言葉が耳に残った、という事情がある。

この伝承の底にあるのはどんな考えだろう。そう思っていたところ、最近、テレビを見ていて目を開かされた。書いてみたいのはそのことである。

大震災と大津波は去年、東北地方に多くの悲劇をもたらした。そんななか、注目されたのが、釜石市の小中学校の児童生徒がこぞって的確な避難行動を取ったことで、なかでも、釜石小学校は下校後だったにもかかわらず、児童が各自、的確な避難行動をして全員無事だった。私が見たのは一月一七日のNHK番組「クローズアップ現代」の「子どもが語る大震災」。背景に日頃から防災教育の取り組みがあったことが紹介されている。

キャスターが、「どうやって肉親との「絆」を断ち切るんでしょうね」と質問した。それに、防災教育を指導した群馬大学大学院教授の片田敏孝さんが、こう答える。

「絆」を断ち切ることはないんですよ。「津波てんでんこ」を支えているのは、地震が起こったら、母も必ず一人で取るものもとりあえず高台に向かうから、そのことを「信頼」して、あなたも同じようにせよ、ということです。お互いに自力で避難活動を行うことの「信頼関係を築きあげておく」、そのことが「絆」なんですね。

「絆」が「信頼」で補強されているのである。

一人ひとりが「絆」を捨て私利私欲に走るけれども、そのことを非難しないようにしよう、というのと、一人ひとりが自立して自助の行動に出る、そのことを「信頼」して各自、速やかに避難しよう、というのとは、意味が違う。でも、違うようでまた、両者はひとすじつながっている。

釜石と言えば、松尾雄治らの活躍で記憶される新日鉄釜石（現・釜石シーウェイブス）。ラグビーの町として名高いが、その元日本代表監督の平尾誠二さんがある場所でこう述べている。

日本ではチームワークというと、みんな念頭におくのが野球だが、ラグビーやサッカーのような「ゴール追求型スポーツ」では、違うチームワークの考え方をしないと勝てない。野球は「ピラミッド型あるいはコントロール型の組織」で「上意下達の世界」だが、ラグビーでは、ゲームの核心はボールを手にする側が代わった際の「ターンオーバー（攻守交代）」にある。

「攻守の入れ替わりが不規則に、しかも速く、激しく、今、攻めていたと思ったら、次の瞬間には守らなければいけない」。そこで「攻守の切り替え」が全員の意志が共有される形で瞬時に起こらなければ、負けてしまう。「上意下達」では、絶対に勝てない。

先の片田先生は、児童生徒に、ハザードマップを信頼するな、その時点での自分のベストを尽くせ、と教えた。平尾さんも、ラグビーでは「個人の能力をいかに高めるか」で、「モデル」には頼れないと、同じことを言う。大事なのは個人の「自発性」。「これからのコーチング、すなわち「人」作りにおいては、「個人」の自発性を促すのが大変重要なポイント」と強調する。

津波てんでんことラグビー。二人の話が共に教えることとは、ここにリスクがあり、一つの挑戦があること。それを子どもたちと選手たちが「一人の判断」で跳び越えている、ということだ。一人ひとりが、相手をもう「成熟した個人」なんだと「信頼」する。それがその「賭け」、跳ぶことの中身である。

「絆」は、このような「信頼」に裏打ちされるとき、ちょっとやそっとでは切れないものとなる。「信頼」するのは私である。その私の素が「私利私欲」。つまり足場は「私」で、信頼されているという自覚が、先の「私利私欲」を「私」に育てあげている。それが今回、釜石小学校の子どもたちが私に教えてくれたことである。

（共同通信、二〇一二年二月配信）

ネコ、光の館、「やまなし」——越後妻有で考えたこと

去年の夏、住まいの近くで家人が死にかかったドロドロに汚れた野良猫を拾った。体重は一・八キロ。ガリガリに痩せ、まるで福島の空のよう。ソラと名づけた。

件の猫はいまではすっかり太り、毛並みを光らせ、家の主人然として私になど見向きもしない。いまやなくてはかなわぬ家族の一員である。

いま、このネコがいなくなったら、家族がどんなに嘆き悲しむか。病気になったら、出費を惜しまず、介抱するだろう。しかしそもそもの発端は無料《タダ》。そう思うにつけ、「関係」の不思議を思わずにはいられない。

その「価値」の創造はどこからくるのか。この謎を解明する経済学はまだ作られていないような気がする。

この春、なお雪深い新潟県妻有地域の「大地の芸術祭の里」を学生たちと訪れ、光と空間の芸術家として名高いジェームズ・タレルの作品「光の館」にグループで泊まり、その謎の一端にふれた気がした。そこには、「美しい」モノはない。モノを「鑑賞」するというより時を「過ごす」ことが芸術の本体である。

日没時、日の出時、ボタンを押すと、居間の天井が開き、微妙な室内の光の明度、彩度の変化と相

まって、信じられないような空の深さとの「対面」が実現する。夜には漆黒の闇となる浴室で、湯のなかに身体を沈めると、その身体部分だけがぼうっと光に浮かびあがり、わあっと声があがる。台所用具、食器、寝具、部屋のつくりの隅々にまで、芸術家の意思が貫徹されている。「美」を経験するより、「なにもないこと」を経験することが、めざされている。

妻有ではほかにブエノスアイレス生れのタイ人の芸術家のカレーの話も聞いた。今度やってくる芸術家のリクリット・ティラヴァーニャは、タイ・カレーを作り、振るまうことで世界をあっといわせた。そこでは料理を作り、一緒に食べることが芸術行為である。はい、これで終わり。そういわれ、鑑賞者は度肝を抜かれた。芸術の概念をひっくり返すこと、それも芸術であることを教えられたのである。

ここにあるのは、モノからコトへ、という動きといってよいだろう。「光の館」のばあいも、そこで一日をすごすこと。価値はそこから生まれてくる。建物はそれをささえるためのしくみにすぎない。そして、そこからなぜ価値が生まれるかといえば、建物が人とモノ、人と人の出会いの機械だからだ。そのしくみは、偶然に猫を拾ってしまうことが、かけがえのない価値の源泉となることと、同じ原理からできている。

大事だから世話をしたのではなく、世話をしたことが、ネコを大切な存在に変えた。それと同じく、美しいためにそこに立ちどまったのではなく、立ちどまったことが、目の前のモノを美しく変える。そもそもの発端は無。タレルはその逆転を、泊まる人に感得させるのである。

妻有には去年の夏、東日本大震災罹災家族を主対象とした林間学校に教師として参加したのが「関係」のはじまりである。五歳から八〇歳までの四〇人余りが受講者と知らされ、悩んだあげく、宮沢賢治の童話「やまなし」を二百数十の文章にほぐし、「生徒さん」に、その一つひとつの文章になってもらった。

各人に、担当の文章、三つ、四つを思い思いの色、筆記具で画用紙に描いてもらう（小さな子は親御さんに手伝ってもらう）。それを一人ひとり前に出てきて前に掲げ、順番に読み上げる。それを録音し、みんなで最後、自分たちの作り上げたパッチワーク版の童話「やまなし」を聞いて楽しんだ。次の日、それをＣＤにして皆さんに配った。

何か知識を「教える」ことを断念し、むしろただみんなが楽しい時間にしよう、「何も教えない」、と思い切った結果だったが、四半世紀に及ぶわが大学教員生活でもベスト３に入る授業となった。

何かを創造、生産することが芸術だし、知識を伝えることが、教育の基本である。しかし人生を生きていると、それが逆転してしまうことがある。

ネコの場合は、出会ったとき死にかかっていて、これはまずい、となったことだった。そのことから「関係」が生まれた。「関係」から、「価値」が生まれた。

（共同通信、二〇一二年四月配信）

産業という生命体

五月には広い範囲で金環日食が日本を覆った。次に同様の現象が起こるのは、三〇〇年後だと言う。その頃私たちは、どのように空を見上げるだろうか。私には、想像もつかない。

わずか五〇年前、人類の未来はバラ色だった。六〇年代、人工衛星から月面到達までが一〇年で成し遂げられた頃、私たちは人間の無限の可能性を信じ、次は火星だと思っていたのである。

でもいまでは、私たちの多くが、たぶん人類は火星には行かないだろうと思っている。そして、それはそれでいいんじゃないかと、感じている。

ふつうこの変化は、地球の有限性の問題と言われている。一九七三年の石油危機をへて、環境汚染、資源枯渇、人口爆発などの形で人々の意識に上るようになった「成長の限界」問題である。

しかし、ここにはもう少し深い、文明史的な変化が平行しているのではないか。ヒントになるのはドイツの社会学者ウルリッヒ・ベックの、リスク近代という産業事故をめぐる考え方である。生産と事故リスクのバランスでは、ある臨界を超えると、産業が成り立たなくなる。それに対処するには生産主体からリスク主体へと考え方の基軸を逆転させなければならない、とそれは言う。

いままで言われてきたのは、現在の産業システムは外部の「自然」の無尽蔵を前提にしてきた。しかし資源環境に限界がある以上、このままでは頓挫する、という見通しである。そのため、この難局を打開《ブレークスルー》する技術革新が求められてきた。

しかし、ベックの考え方は、ここに新しい要素を加える。この内部的な技術革新は、産業システムの大規模化、高次化を伴うが、その結果、必然的に高リスク化をもたらす。そのため、産業システムは、自然の限界がなくとも、成長を続ける限り、高リスク化を避けえず、いわば内在的にその限界にぶつかる。

つまり、資源環境という外部的な地球の有限性が、リスクという内部的な世界の有限性の問題に変わるというのである。

ウェブで、たとえば世界史上最悪事故のベスト10を取り出してみると、そのほとんどが、化学薬品工場爆発、海洋油田原油流出、スペースシャトル機墜落など、右の産業の大規模化、高次化を背景とした、一九八〇年代以降の事故であることがわかる。原発四基の過酷事故をふくむ三・一一の福島第一原発の事故は、間違いなくその頂点に来る。それは、意外にも一般の産業事故として見るとき、文明史的な意味を明らかにするのである。

今年一月、福島第一原発にかけられていた保険が保険会社グループによってはじめて契約の更新を打ち切られた。保険とは近代以降、産業社会が用意してきた最強のリスク回収システムなので、このことは、もう産業システムが超巨大産業事故のリスクを自分の内部に回収できなくなったことを示している。たぶん世界史上初のことかもしれない。

私たちは、これまである意味で、私たちの自由にならない地球は有限だが、私たちの自由になる産業技術は、無限だと考えてきた。リアルからヴァーチャルへ、生産から消費へ、というポストモダンの考え方は、その無限性への信頼をよく示している。産業への信頼。それが、地球の有限性を警告されても安心してきた私たちの、楽天性の秘密だったのである。

しかし、たとえ地球が悲鳴をあげなくとも、私たちの産業は、このままだと「リスク」を支えきれずに破綻する。外部が有限だという以前に、まず内部が有限だったのである。

ではどうすればよいか。

世界人口が七〇億。この数を支えるのに産業からの退却をめざすエコロジーでは対応できない。このこと一つを取ってもこれが新しい未知の課題であることがわかる。

この世界の有限性にどう向きあうか。私はいま、そんなことを考えている。答えはまだ、わからない。

私たちはもう、世界を(だから産業と技術を)これまでとは別なふうに考えなくてはならないのかもしれない。

たとえば、システムとしてではなく、生き物として。産業もまた壊れやすい一つの生命体であり、リスクとはそもそも、その生命に対するリスクかもしれないのである。

(共同通信、二〇一二年六月配信)

八月の日常性

子供たちは、ここから消えて、あそこに現れたのではなかったか。

炎天下、私にそんな想念が浮かんだ。説明すると、こうである。

小説家の川上弘美に「神様」という短編がある。ある日、私のマンションに新しい隣人として熊がやってくる。その熊と私が川原に散歩に出かける。

川上の出世作として名高い作品だが、川上は去年(二〇一一年)、原発事故の後に思い立って、その短編を書き換え、旧作と並べて雑誌に発表した。話としてはほぼ前作と同じ。ただ彼らの住む世界が「あのこと」以来、放射能に汚染されている。

同じく去年、原発事故を受けて『恋する原発』という小説を発表した高橋源一郎が、作中でこの改作を取りあげ、そこに、前作と違い、「なにより、「子供」がひとりもいなくなって」しまっていると指摘した。

八月はじめ、私は友人を訪ねようと、福島駅でレンタカーを借り、南相馬市に向かった。一年四か月ぶりの再訪となる今回は、福島からのアクセスで、飯舘村を通る初ルートである。

飯舘村は思ったよりも遥かに広い。道路の両脇に家の建ち並ぶ様子は他の地域と寸分違わないが、見ると、草がビニールハウスの内側に繁茂している。この村は無人なのだ。そう思ったら、冒頭の感想が頭に浮かんだ。

この村の人々、そして「神様」の川原で遊んでいた子供たちは、どこに行ったのだろう、と思ったのである。

この感想には前史がある。

その二日前、やはりようやく時間が取れて、ほぼ四〇年ぶりに、国会周辺のデモに参加してみた。そこに繰り広げられていた光景は、私が学生の頃に経験したデモの様子とまったく違っていた。老若男女、てんでに参加した人々がうちわとペンライトを揺らしている。最大の驚きはそこにベビーカーも多数まじっていたことで、家族づれの語らいに、子供の声が多く聞かれた。夕暮れのなかで、子供たちをまじえた国会近くの喧噪は、私に、幼い頃の夏祭りを思わせた。お巡りさんたちも戸惑い気味である。道を尋ねると、丁寧に教えてくれる。その物腰は「神様」の熊さんと似ていなくもない。

一年四か月前、この村、そしてあの作品から姿を消した子供たちが、一夕、国会近辺の歩道にどこからともなく集まり、家族づれで、キャンドルを揺らしている。そのとき感じたことをいま言葉にすれば、こうなるだろう。

ここからあそこへ。二つの場所を動いたのは、子供であると同時に、人々の暮し、日常性の感覚である。デモに行く直前、私は帰りにどこかで落ち合い、ビールでも飲もうと友人にメールした。しかし友人は折悪しく旅行中。それで二時間ほどぶらぶらし、ひとりで帰ってきた。デモの行路脇にはファミリー・エリアというものが点在している。できるだけ警備の指示に従うよう、主催者が誘導する。

その細心の配慮には驚嘆すべきものがある。

それは何に向けての配慮なのか。大きな災禍を、深い日常性で受けとめようとする配慮と私は感じた。メディアの一部は、この多様な集まりをデモの「脱政治化」と捉えている。単なる素人の集まりだと。しかしそれは、原発をめぐる現在の日本の「政治不在」に対する、徹底して非暴力的＝日常的な、「政治回復」の現れなのではないだろうか。

日常性とは何か。それは飯舘村の住民が失ったものである。一方、原発事故以後、大きな災禍が、見えないまま、私たちのまわりで日常化している。非暴力に徹し、日常性を保ち、子供たちが声をあげ、大人が通勤帰りに立ち寄る。日常性に根づいた、なかなか終了しない、新しいタイプのデモが生まれようとしている。その対極に、なかなか終了しない、日常性を奪われた、被災住民の避難生活のもう一つの日常がある。

この二つの日常性は、遠く隔てられている。しかし、いまわずかに、互いに、手を差し伸べようとしている。それが、私の見た二つの光景が、私に教えてよこすことだ。

南相馬市では、原発から二〇キロ圏内で最近立ち入り禁止が解除されたばかりの小高地区にも入った。ガスも水道も、未開通。夜、一軒だけ開いている喫茶店でビールを飲みながら、友人が言う。体重が六キロ増えたと。そこかしこで、日常性が傷ついている。しかし回復の兆しも、なくはない。

（共同通信、二〇一二年八月配信）

少しだけズレていること——荒瀬ダム撤去の教訓

日本で初。代替建設なしの本格的なダム撤去工事が熊本県で開始されていたことを、九州に旅した帰り、新聞で知った。

撤去されるのは荒瀬ダム。八代海に注ぐ球磨川中流にあり、水力発電を目的に一九五五年に建設されたが、当初の役割をほぼ終えていた。

一方で、せき止められた水が淀んでヘドロとなり、名物の尺アユ(大ぶりのアユ)の捕獲量が減っていた。赤潮の悪臭とダム放水時の振動にも周囲の住民は苦しんできた。

もうダムはいらない。美しい川に戻したい。人々の願いが県を動かし、ようやく今回の撤去となった。一年半前の一部水門の開放以来、川には清流が戻る兆しが見られ、河口周辺のカニなどの生息域の回復も著しい。外国からの注目度も高いが、調べてみると、いま話題の原発廃炉の工程についても、多く教訓が含まれている。

撤去にいたる道のりは一筋ではない。まず二〇〇二年に地元村議会が意見書を採択、ダム撤去を要望。これに対し、県は存続の方針で、当初態度を明確にしなかった自民党を支持母体とする潮谷義子知事が、二か月後、撤去を表明した。七年後の解体開始をめざし、対策検討委員会、撤去工法専門部会などを立ち上げるも、〇八年、やはり自民党の支援を受け、蒲島郁夫が知事に当選すると、今度は一転、存続に転換した。ついで民主党に政権が交代すると、迷走の果て、再度、撤去へと転換し、現在にいたる。

この経過を見て、やってくるのは、ダム撤去を可能とした要素は「目立たない」もの、という感想である。

二〇〇二年の出発を促したのは当時の田中康夫長野県知事による「脱ダム宣言」で、最後の段階で追い風となったのは「コンクリートから人へ」を標榜した民主党政権のマニフェストである。

そこからなぜ、長野県ではなく、また民主党政権でもなく、熊本県で、しかも自民党の支援を受けた二代の知事のもと、ダム撤去が実現しているのか、という疑問が湧く。

考えられる理由の一つは、熊本県がこれまで、水俣病、川辺川ダム建設という二つの問題を長年抱えてきたことで、そのため、かねてから環境への関心が高かった。しかし他に、もう一つ、田中康夫元長野県知事と前原誠司元国交相という二人、潮谷義子、蒲島郁夫という熊本県知事の二人。目立つ二人と目立たない二人という指導者の対照へと私の心は誘惑される。

前の二人は政治的に旗幟鮮明、主張も明瞭である。しかし、後者の一人、特に潮谷前熊本県知事は、控えめ。仕事ぶりを見ると自らの意見は述べずにもっぱら聴く。川辺川ダム建設、荒瀬ダム撤去の問題では、ともに住民討論集会を設置し、これにほぼ毎回顔を出し、辛抱強く住民の意見に耳を傾けた。一度、怒った住民らが退場しようとしたときに、「議論は終わっていません。背を向けないで」と叫んだと、〇三年の記事に出てくる。

川辺川ダム建設推進の支持母体自民党との関係から、思い悩み、〇八年に退任しているが、今回のダム撤去の最大の功労者は、私の見るところ、この「目立たない」女性元知事である。

またもう一人、蒲島郁夫知事は、余り格好がよくないこと、失敗の愚直ぶりで教訓を残す。就任早々の一方的な方針転換は完全な失政だが、その後、その失敗から逃げなかった。最後、住民に謝罪し、一方、川辺川ダムは白紙撤回し、それなりに是々非々主義を貫く。大義からも支援政党からも少しだけズレていることが、この二人の共通点である。

何がここからの教訓か。

まず確固たる意思。ついで、素朴な結論だが、住民の生活上の心配を第一義に置くこと、前任者が行った小さな約束の一々を遺漏なく重く受けとめること、失敗したらそこから逃げないこと。こうした謙虚な態度の積み重ねが、ダム撤去、ひいては原発の廃炉のような「大きな目標」の完遂には必須であることがわかる。この二人が、大義から、支持母体から、すこしだけズレていたこと。そこに彼らの強さが表れている。

（共同通信、二〇一二年一〇月配信）

国か、それとも、国民か——第三極ではなく第二の軸を

総選挙は予想通り、自民党・公明党連合の大勝で終わった。でも次の参院選をも視野に、一つのことを述べておきたい。

今回の選挙は初物づくしだった。まず多党乱立の結果、私の選挙区には投票したい候補者も政党もなかった。また、だからといって他を探しても、まあここか、という政党こそあれ、積極的にこという政党は見つからなかった。

私は先の選挙では民主党に投票した一人である。健全な二大政党体制に向け、政権交代を望んだからだ。でも今回は、国民経済の疲弊と原発事故の後処理のずさんさを見て張本人の自民党と民主党にだけは「絶対入れない」、これが一番の気持ちだった。今回の選挙は私にとっては「懲罰選挙」である。その結果私の票は「死に票」となる。戦後最低の投票率も、充分に想定の範囲内だった。

なにゆえのこのていたらくか。そう思い、投票前のある一日、資料を集め、ひっくり返し、戦後の全二四回の総選挙の動向を眺めて考えた。私の結論はこうである。

敗戦後から一九九〇年前後まで、大きく日本の「対立軸」は二つあった。六〇年までの第一期、反米愛国の時代は「アメリカにつくか、独立するか」である。それが六〇年以後の第二期、経済成長の時代に入ると「生活を豊かにするか、社会的公正を充実させるか」へと変わる。環境、男女差別、対

米対等関係の実現、日米摩擦の調整などが広義の公正の中身である。

しかし九一年以後の第三期、「失われた三〇年」の時代、この対立軸が見えなくなる。政治と社会、政党がそれを見つけられないまま浮遊を続け、原発事故を機に闇雲に再編に動いた。これが今回の選挙だった。

私の考えでは、九〇年代初頭のバブル崩壊以後、新しく生まれた事態とは、「国民」と「国」がともに足場を崩され、新たに一つのパイを取り合う「対立関係」に入ったことである。「国民の生活を守るか、国が国際競争を勝ち抜くか」。つまり国民か国かという新しい対立軸が、そのとき新たに生まれている。

成長の時代が終わり、外からも利潤を得られにくくなり、今度は国が国民の富を取り崩して国の経済成長に資そうとした。それが中曽根民活に始まり、郵政民営化、労働環境規制緩和の小泉・竹中路線で絶頂期に達した新自由主義路線である。そのとき、護送船団方式で知られる従来の国主導の国民経済保護路線が一転、国による国民経済の掘り崩し、搾取、食い荒らしへと、転じている。

第二期の(国主導のもと)「生活を豊かにする」が、第三期になると(国の国民生活搾取に対して)「国民の生活を守る」へと変わる。二〇〇九年にはそこを一流の勘で押さえた小沢主導の民主党が大勝した。

しかし、その対立軸が「国民か国か」にあることを理詰めで考え抜いてこなかった民主党は政権交代後、長年「国」中心に発想してきた官僚の壁にぶつかり、逆に洗脳され、最後に暗愚の野田首相を戴き、原発でも外交でも消費税でもＴＰＰでも一方で「国民」といいながらその実「国」主導へと転じ支離滅裂となり、最後、自壊し自滅する。

国民経済を強化して国際競争を生き抜く「国民」か、それとも国民経済を取り崩して国の経済の体質強化をめざす「国」か。ここに新しい対立軸があると見ると、今回の日本維新の会の石原、橋下合流の意味もよくわかる。両者は政治家主導で「国」の競争力を強化し、日本を救おうという。分権化による権力構造の改造、道州制の主張で一致していた。

また自民党は、露骨なまでの「国」主導に血路を見出そうとしているがこれは彼らの築いてきた保守路線の否定である。本来「国」と「国民」の協調こそが彼らの保守主義の足場だからだ。

一方日本未来の党は、自らのよってたつ主張がどのような対立軸と長期的展望のもとにあるかを押さえきれなかった。「国」主導ではなく「国民」主導で、どのように安全な国民生活と「かしこい成長」の基礎を築けるかが、実は脱原発のカギでもあっただろう。

対立軸がないは泣き言である。それはある。ただそれが見えなくなっている。しかし、政治とはそもそも見えないなかから新たな対立軸を見つけだし、作りだし、それを選挙民に訴えることで社会を変える技術ではないのか。問題は第三極ではなく、「国民」を「国」に対置する第二の軸の構築なのである。

（共同通信、二〇一二年一二月配信）

戦後を終わらせるために

戦後も数えて六九年目となる。五〇年目にあたる一九九五年に「敗戦後論」を書いたとき、私の前にあったのは憲法、天皇の戦争責任問題、戦争の死者との関係など、さまざまな初期矛盾を抱えながら、それに向き合うことなくきた戦後の閉塞状況だった。

これを打開してどのようにアジア隣国への謝罪をしっかりと行えるようになるかと考え、いくつかの提言を行ったが、それが当時、どれだけ正確に受けとられたかはわからない。

あれから一九年。私の立場は変わらないが、いま何が戦後問題の核心か、またその打開に何が必要か。三・一一をへて、こう考えている。

つい最近、古代歴史のことを調べていて、世界宗教の発生の契機となった紀元前六世紀のユダヤ民族のバビロン捕囚の期間が五八年で、日本の戦後がそれを既に超えていることを知り、息を呑んだ。バビロン捕囚では、国の滅亡後、住民がバビロンに連行され、世代をへて名前も文字もバビロニア化する。大規模な民族流謫の例として名高いが、日本の戦後とは、現代のバビロン捕囚ではないか、との思いが頭をよぎったのである。

戦後六一年目にアメリカの研究者が日本の戦後の特徴は「長く続いている」ことだと書いている。それから八年、私は、いま日本の戦後問題の核心は、なぜいつまでも「終わらない」のか、ということだと思っている。

なぜ終わらないか。私の考えはこうである。

いまや過半を占める日本の非革新の政治家は、アジア近隣諸国に過去の侵略について謝罪することができない。そのため東アジア圏で確固とした信頼関係を築けず、アメリカとの関係が切れると世界に居場所がなくなると思っている。そのため、アメリカへの依存を断ち切れない。

他方、アメリカは日本に原爆投下についていまなお謝罪することができていない。日本政府はこのことを抗議すらできていない。両政府間には原爆投下をめぐる一切のやりとりがなく、ここには大きな政治的空白がある。そのため、いったん両国の関係がおかしくなれば、アメリカにとって日本は唯一「原爆投下による正当な報復」を恐れなければならない危うい国となる。それでアメリカはいまなお、日本だけは服属関係から手放すことができない。

一九九一年のソ連崩壊後、ドイツの駐留米軍の数は約一七万人減った。ドイツは統一後、九三年のEU成立にむけ中軸的役割を果たし、米ソ服属から脱却した。一方日本は東アジアに居場所をもたず、世界の米軍駐留兵力の経費総額の半分強を負担し、いまではその対米従属ぶりは世界に突出している。

なぜこうなるのか。

私の考えをいえば、戦後が終わらないのは、日本が過去の侵略をアジア隣国に謝れず、アメリカが原爆投下を日本に謝れないからである。二つのトラウマがここにある。

なぜこうなのか。

アジアへの謝罪でいえば、なぜ世代をへるにつれ、いよいよ謝れなくなってきているのか。これが現在の問題である。また原爆投下についていえば、私はこう考えている。アメリカが謝罪するには、まだ時間がかかる。でも日本には、まずアメリカに抗議し、そのうえで謝罪できないアメリカを、一方的に赦す、という選択肢もあるだろう、と。

（毎日新聞、二〇一三年八月一六日）

「孤立」はなぜ――敗戦の「ねじれ」に向かって

安倍首相の靖国神社参拝から三か月半。これだけの短期間で日本の孤立が深まった根本的な原因は、日本が先の戦争について、アジア諸国に心から謝るだけの「強さ」をもっていないことです。

日本が東アジア諸国と安定した関係を築くには、謝罪し続ける以外の道はない。これは戦後の世界秩序のなかでは、どうあがいても変えられません。ところが、日本が本当の意味で東アジア諸国に謝罪したといえるのは、従軍慰安婦に関する一九九三年の河野官房長官談話、侵略戦争と認めた九五年の村山首相談話と、それを継承した〇五年の小泉首相談話ぐらいです。

河野談話については、政府が見直しはしないとしているが、作成過程の検証に乗り出している。村山談話も安倍首相が昨年、「そのまま継承しているわけではない」と発言するなど、政治家は繰り返し疑問や反発の声を上げてきました。これではどうしたって日本が本気で謝罪する気があるようには見えない。

自らが生きる東アジアで関係を築けない以上、米国との関係に依存するしかない。だから米国に「失望した」と言われたとたん、孤立してしまう。同じ敗戦国のドイツが謝罪を繰り返し、今やEUで中心的な役割を担っているのとあまりにも対照的です。

なぜ、謝れないのか。それは、敗戦で日本が背負った「三つのねじれ」に正面から向き合ってこなかったからです。

戦争は通常、国益のぶつかり合いから生じるもので、「どちらが正しいか」という問題は生じない。しかし、先の戦争は「民主主義対ファシズム」というイデオロギー同士の世界戦争の一環でもあった。民主主義の価値を信じる限り、「日本は間違った悪い戦争をした」と認めざるを得ない。

だが、たとえ間違った戦争であっても、戦って死んだ多くの日本人を追悼したい、という気持ちは自然だし、それを否定しては日本という共同体が成り立ちません。「悪い戦争を戦い、亡くなった自国民をどう追悼するのか」という、世界史上かつてなかった課題に私たちは直面したが、その解決策をいまだに見いだせていない。これが第一のねじれです。

第二のねじれは憲法で、現在の憲法は明らかに米国から押しつけられた。ひどい憲法なら作り直せばいいが、実は中身は素晴らしい。押しつけられた、よい憲法をどうやって選び直し、自分たちのものとするのか。護憲派もこの難題に向き合うのを避けてきた、そのため、憲法が政治の根幹として機能していません。

第三のねじれは、天皇の戦争責任をあいまいにしてきたことです。昭和天皇と戦争については多くの考慮するべき事情がありますが、それでも私は昭和天皇は戦争について道義的責任があるし、戦後、存命中にその責任を明らかにすべきだったと考えています。それがなかったため、戦後多くの政治家は「自分たちも戦争責任を真剣に考える必要はない」と居直り、戦争で苦しんだ人々の思いを受け止める倫理観を麻痺させてしまった。

これら三つのねじれはいずれも、現在の課題と直結している。第一のねじれは靖国神社参拝、第二のねじれは集団的自衛権をめぐる憲法解釈の見直し、そして第三のねじれが従軍慰安婦の問題です。特に元慰安婦への対応は「個人の受けた苦しみや屈辱に国家がどう応えるか」という普遍的問題で、世界中が注視している。孤立化に最も影響を与えるでしょう。

陳腐な言い方になってしまいますが、根本は「苦しんだ人への想像力をもてるか」「それを相手に届くように示せるか」ということです。人も国もそれができなかったら、信頼を失い孤立するしかない。

西ドイツの首相だったヴィリー・ブラントは一九七〇年、当時共産圏だったポーランドでユダヤ人強制収容所の記念碑を訪れた際、思わずひざまずきました。ドイツ国内では「屈辱外交」と非難され、ポーランド側さえとまどった。ですが、そうした「政治家の顔が見える、本当の心をともなった謝罪」だけが、苦しめられた側に届く。それを判断する感性が、政治家だけでなく日本社会全体で弱くなっていることを危惧しています。

（朝日新聞、二〇一四年四月一一日）

憂鬱な春――後藤健二さんたちの死に

もうすぐ春。

随筆なので何を書いてもよいといわれているが、どうしてもいっておきたいことがある。石ころみたいにごつごつとした、無粋なことである。

今回の日本人人質事件では、一月二四日に湯川遥菜さんが、同三一日に後藤健二さんが殺害された。このことから感じたことが二つある。

一つは、わからないことが多すぎる。それなのに、時をおかずちゃんと調べて報道してくれるメディアが、ほとんどない。

たとえば昨年(二〇一四年)一一月にイスラム国(「IS」)側から後藤さんの妻に身代金要求のメールが届いていたと政府関係者が明らかにしている(「毎日新聞」二〇一五年一月二一日)。一一月には外務省自身が水面下で身代金交渉を行っていたという報道もある(「週刊ポスト」二月六日号)。

衆議院総選挙の告示日の一二月二日、選挙への影響をおもんぱかってか、その外務省がこの事件について「後藤さんの奥さんとシリア人の現地ガイドに厳重に〝口止め〟をしていた」という。これはジャーナリスト常岡浩介氏の証言である(「女性自身」二月一七日号)。そしてこうしたことを外務省は「官邸に逐一、報告していた」(「週刊朝日」二月六日号)。

もしこれらが正しいとすると、国会解散総選挙を決めた一二月二日に安倍首相は「ＩＳ」国の人質事件を知っていた。身代金請求も知っていた。北朝鮮拉致事件に次ぐ大問題が秘匿されたまま、総選挙が行われたことになる。拘束が「正式にわかった」のは一二月一九日？　この菅義偉官房長官の国会答弁は、本当か。

私はこれらの真実が知りたい。しかし、新聞もテレビも及び腰である。何か怪しげな政府の「検証」とそのぬるい報道の双方に、不信感が拭えない。窓の外は桜でも、とても春どころではないのである。

もう一つは、日本社会が、自分で「線」を引けなくなったこと。日本は七〇年前に世界を敵とした戦争に負けた国である。その自覚をもとう。当然他の国とは違うのだ。中東についても、宗教的な対立の歴史は皆無。ユダヤ人差別の歴史も、もっていない。それが、国会に無断で政府はいつの間にか米国中心の「有志連合」に入っていたという。どうなっているのか。いまこそ「われわれは違う」と「一線」を引き、他国との「違い」を示すべきなのである。

もう自分で誰の手も借りずに自分の未来を切り拓いていかなくてはならない時期だ。クリスチャンの西欧諸国と八百万の神の日本では、対応が違うのが当然なのである。

ＴＰＰ問題ではカナダが現在の協議から一時「脱落」するらしい。しかしそれを私は、「離脱」と呼ぶ。昔、三年半近く、この国に住んだことがある。どう米国と違う国を創るかを、彼らは考えてきた。でなければどうして「自分」でいられるか。自分で自分の姿の「線」を引くことの大切さを、大国に隣接する彼らは、よく知っているのである。

（共同通信、二〇一五年二月配信）

やむにやまれないときには

いまの安倍政権の暴走ぶりとそれに反対する若い人々の新しい動き、また、それに対する既存の社会の反応を見ていると、いろんな思いがわいてくる。

私はこのところ七か月ほど戦後の本を書いてきた。それが自分なりの関与の仕方かと思ったからだが、そのためだいぶいま起こっていることにうとくなった。

若い知人に、こうした運動があると教えられ、先日、若い人々の運動組織ＳＥＡＬＤｓ（「自由と民主主義のための学生緊急行動」）の公式サイトに入ってみたのだが、そこでの文面にふれ、「一粒の麦もし地に落ちて死なずば一粒のままにてあらん、死なば多くの実を結ぶべし」という、かつて自分が年長の戦後派の人に投げかけたコトバを、想起させられた。

私は、戦後が再び大きく生まれ変わるには、「どう伝えるか」から「どう受けとるか」に問いの主体が代わらなければならず、そのためには、リレー・バトンが一度土の上に置かれることが必要。だから戦後には一度、死んでもらいたい、と戦後四〇年目にある場所で啖呵を切ったのだが、そのときは戦後がまだ、元気だった。

それから三〇年がたって、戦後は死んでいる。あるいは死につつある。ほとんど戦後の平和主義の果実、遺産は、灰燼に帰した。でも、その精一杯戦ったうえでの「死」は、そこから「多くの実」を結びつつある。公式サイトはいう。

「私たちは、戦後70年でつくりあげられてきた、この国の自由と民主主義の伝統を尊重します」。

「政治」がそこでは何か新鮮な「詩」のように聞こえる。

先日とあるブログが、現在の社会の「反安倍」の動きをあまりに非論理的ではないかと揶揄していた。安倍政権がこう進むとは最初からわかっていたはずである、なぜ今頃になって反対するのか、では、なぜ去年の参院選であのように安倍自民党に圧倒的な支持を与えたのか。遅すぎる、というのである。

お説ごもっとも。でも、そういう人は、運動というものがどんなものであるかを、知らない。先日亡くなった鶴見俊輔さんは、運動なんていうものは、いつももう遅すぎるタイミングではじまるものだ、それは、「追い込まれて盛り返す」のだ、といっている。運動は論理的ではない。でこぼこしている。しかし、やむにやまれずにはじまるものがそうなのは、冷静に考えてみれば、当然ではないだろうか。

やむにやまれないときには、どうしたらいいかわからない。それが答えである。私が学生たちの新しい運動に強い印象を受けるのは、一度死に、そこからもう一度生まれたものの過去との断絶の深さが、そこで、無知とすれすれに、希望のよりどころになっていることである。

いま、私たちはどうすればよいのだろう。時代が大きく変わり、何とかしたいと思う。そういうときには、これまで一度もしたことのないことをしてみるのが、答えかもしれない。

（信濃毎日新聞、二〇一五年八月一四日）

対米自立は実現できる――国連中心の平和主義を

安倍内閣が進めてきた安全保障関連法案が参院で強行採決された。狙いは自衛隊の米軍協力に道を開くことで、野党の抵抗は予想以上だったものの、安倍晋三首相が四月に米国議会で「約束」したことが、国民の反対を無視して、実現されたわけである。法案採決までの動きを見ると、これはひどい、と誰もが思う。戦後、ここまで品性と政治家の尊厳のかけらもない政権はなかった。しかし、これだけの「連続ビンタ」にようやく日本の社会も目が覚め、若い人を先頭に多くの人々が再び街頭にあふれデモを行うようになった。何が問題なのかも、大方の国民の目にはっきりとしてきた。

私はこのところ、自分なりの戦後論をまとめたところだが、そこからいうと、今回の安保法制がごり押しの末に成立したことは、戦後七〇年の日本にとって「終わりの劇」の第二幕の開始を意味している。

第一幕は、二〇〇九年に実現した日本の戦後初の本格的な政権交代と、そこで成立した鳩山由紀夫民主党政権の対米自立路線が、国内外の従米的な反対勢力によって見るも無残にたたきつぶされたことである。今回の安倍政権の徹底した従米路線と国民への冒瀆は、その第二幕である。

先日の参院特別委員会で山本太郎議員が、在日米軍の特権的な法的地位を定める日米地位協定を

「売国条約」と呼び、与党議員をうろたえさせた。彼は発言撤回を強いられたが、この先にくる争点は、もはや対米従属からの脱却、これしかない。来年の参院選の争点は、沖縄を犠牲に対米従属を続けるか、沖縄を先頭に対米自立をめざすか、となる。いや、そうすべきだろう。

いまや対米自立をはからなければ、こうなるほかない、というのが、今回の強行採決の私たちへの教訓だからである。

対米自立に際しては、安全保障をどうするか、核の傘をどうするか、米軍基地をどうするかという三つの難題がある。しかしそれは憲法九条の平和条項と「国連中心主義という初心への回帰」をカギに考え抜けば、けっして解決不可能ではない。

まず九条の「戦争の放棄」を定めた第一項の後に、「前項の目的を達するため、外国軍基地を認めない」と書き込む。同時にそこに「非核条項」も加える。さらに国際社会に向けて、核大国に有利な現行の核拡散防止条約の廃止と、新たな核の国際管理案を提案する。そして安全保障の要として、「国連警察軍」構想を提案して、国連の再編と強化に、日本がイニシアティブを発揮するのである。

これは思われるほど非現実的なことではない。憲法への書き込みによって米軍基地を撤去する方式は、矢部宏治氏が近著『日本はなぜ、「基地」と「原発」を止められないのか』で指摘するようにフィリピンに前例がある。国連中心主義に舵を切るのは、ドイツにおけるEU中心主義に範をとる、孤立することなく対米自立を実現するための「信頼圏」創設の便法である。

自衛隊については国連の指揮下への移行も視野に論議し、あくまで戦争放棄の平和主義を堅持する。東アジア圏で善隣外交をめざし、米国とも対等の関係で連携しつつ、世界の国々と共に生きていくのだ。

私たちの国が進むべき道は、安倍政権が掲げている国家主義的な「誇りある国づくり」ではない。国際主義的な「誇り」への道を新たに開くこと。若い人々に希望を残すために、いま私たちのやらなければならないことがこれなのだと思う。

（共同通信、二〇一五年九月配信）

3.「戦後」の終わり

『戦後入門』をめぐって――戦後七〇年目の戦後論

Ⅰ 『戦後入門』について

はじめに

今日は最近刊行した『戦後入門』を手がかりに、戦後問題について考えていることの一端をお話しします。

会場にはこの本をお読みになっていない方も来られているとのことなので、はじめにこの本でどんなことを書いたのかについて話し、その後、本を出した後、読んだ人からの感想などを受けて、こういうことも書くべきだったかと思ったことなど、補足したい点を述べます。最後に会場からのご質問を受けるという流れで話してみます。

配付資料を用意し、項目をあげていますので、それに従ってお話しします。

対米従属と世界戦争

まず、この本に何を書いたか。第一のポイントは「対米従属」です。戦後が七〇年続いたという。結局、この間変わらずに続いてきたのは何だったのか。その中身を何だといえばよいのか。これが、この本を書くに際して私の手にあった最初の問いです。その答えが、私のばあいは、対米従属ということでした。

それがどんな現れをもってきているかを、二〇年前に書いた『敗戦後論』などとの連関でいうと、一つは憲法の問題です。もう一つは、戦争の死者の弔い、また侵略相手国への謝罪の問題です。現在の政治課題にそくしていえば、この二つは憲法と、靖国・従軍慰安婦問題となります。あともう一つは、沖縄の問題です。これは日米安保条約と米軍基地との問題から、直接出てきます。

ほんとうはもう一つ、『敗戦後論』で扱ったものとして、天皇の戦争責任、とりわけ戦後責任という問題があるのですが、今回は、問題を絞るために天皇の問題は注意深く切り分け、別置しています。いま、眼前にある政治の危機的状況をどうすればよいかに、問題を限定するためです。

さて、これらを自分たちの力で解決するにはどうすればよいか。そもそも、そうすることは可能なのか。考えてみたら、そういう日本の対米自立を可能にする政策モデル、思考モデルが、皆目ないのです。この日本で、誰もそこまでのモデルは用意していないのです。そうであれば、このようなものを作ることまでを目標に入れて、考えてみよう。やってみる価値のあることだと思うようになりました。

そうすると、憲法、靖国、沖縄。憲法のなかには自衛隊、沖縄のなかには日米安保条約、米軍基地の問題が入りますが、それに核の傘、核政策の問題が加わってきます。この「核」の問題は、自衛隊をどうするか、自衛権・交戦権の放棄の問題をどうするか以上の難題で、誰も踏み込んだ対案を出せていません。では、そのすべてを含んだ三六〇度全方位の対案を考えよう。「道場破り」の気分ですね。そうしたら、考えていくうち、第一次世界大戦にまで遡及せざるをえなくなりました。

ここから出てくるのが「世界戦争」という概念で、これが第二のポイントです。

二〇〇五年に大学を変わり、以来九年間、外国からの留学生をまじえた学生を相手に、英語で授業を行うようになったのですが、そこで、日本の戦後を日本人じゃない人間に話すことの意味は何か、という問題にぶつかりました。彼らがとりたてていま日本の戦後を学ぶことの意味はどこにあるのかと考えて、何度か講義を繰り返していくうち、世界戦争という入り口にたどりついたのです。

世界戦争というと、第一次と第二次の世界大戦、あと戦後の東西冷戦があります。東西冷戦は、よく三つ目の世界戦争に擬されたりしています。このうち、第一次世界大戦ではおよそ一五〇〇万とも言われる人が死んでいます。第二次世界大戦で死者の数は五〇〇〇万から八〇〇〇万ともいわれています。先の本、『敗戦後論』では、日本の死者数である三〇〇万、より厳密には三一〇万と、あと被侵略国のアジアの死者がおよそ二〇〇〇万といわれています、その二様の死者の関係をどう考えればいいかと述べたのですが、今回は、これに、この二つの世界戦争の膨大な死者たちが、新たな参照項として加わった形です。これだけの人が死んだ。そして現在がある。この二度の大きな世界戦争をへた世界という枠のなかで、新たに日本の戦後を考え直してみようと思ったのです。

するという、一つの問いが浮かんできます。

第一次世界大戦では、一五〇〇万の人が死んで、生き残った者が、もう戦争はやめようと考え、二一年後に第二次世界大戦が始まるまで、二〇年間、何とか平和を世界にもたらせないかと互いに話しあい、努力しました。一九二八年のパリ不戦条約などはその成果です。しかし、第二次世界大戦では五〇〇〇万から八〇〇〇万という人々が死んでいるのに、その後、残された人間がもうこういうことは絶対に繰り返すまいと国際政治の舞台で動いた期間は、約一年半しか続きませんでした。その後すぐに東西冷戦、第三の冷たい世界戦争がはじまったからです。

なぜこうなったのか。

大きな違いの淵源をなしているのが、原爆です。この新兵器の登場で、じつは、第一次世界大戦から第二次世界大戦に向かう過程で、歴史の時計の針がだいぶ逆に戻されています。奇妙な後退が起こっているのです。そして、これを隠蔽すべく、いくつかの新しい現象が生じました。そしてそのことの影響を、日本は原爆投下国、敗戦国として、もろに受けます。そしてその受けた打撃を起点に、日本の戦後は始まっています。このことにより、第二次世界大戦の戦後は、戦時中からはじまったこの奇妙な後退を隠蔽、あるいは取り戻すべく、奇妙な「ズレ」を抱え込むことになりました。

「ズレ」とはこういうことです。

世界戦争の特徴は、複数の国家グループ同士の戦いだということです。ですから、その戦争の理由は、もはや国益ではないもの、国益を超えたイデオロギーでなければなりません。それで、第二次世界大戦、東西冷戦は、一般に、理念、イデオロギー上の対立として受けとられています。しかし、そう考えてみると、第一次世界大戦、第二次世界大戦、東西冷戦のうち、東西冷戦こそ、自由主義陣営と共産主義陣営のあいだのイデオロギー同士の戦いだというのはわかりますが、先の二つの世界戦争を、冷戦＝世界戦争の雛型とみるのは、一種の遠近法的倒錯ではないか、という疑問が生まれてきます。それらをもイデオロギー同士の戦いというようにみなしてしまう結果、右の「ズレ」が隠蔽され、本来の第二次世界大戦の実相が見誤られているのではないか。これがこの本で述べている「世界戦争」の問題です。

第一次世界大戦のイデオロギー性は、さほどではなかったのですが、それでも戦後、ヴェルサイユ会議では、敗戦側のドイツ皇帝が戦争責任に問われるということが起こりました。これは世界史上はじめてのことです。第二次世界大戦となると、自由と民主主義とファシズムのイデオロギー的な戦いとされ、戦後にはドイツと日本で「文明による裁き」といわれる国際軍事裁判が開かれて敗戦国の指導者の思想、イデオロギーを裁きました。

しかし、その実相を見ると、第一次世界大戦は、国益を追求する個別国の同盟関係同士の対立が主で、イデオロギー、理念が現れるのは、一九一七年のソ連邦の出現以降のことにすぎません。第二次世界大戦のばあいも、自由主義国間のイデオロギー的武装こそ英米を中心に宣言された大西洋憲章という形で示されたものの、これに対するファシズム陣営の「同盟」関係にはじつはさほどの実体はありませんでした。たとえばヒトラーの対ソ開戦も日本の真珠湾攻撃も、「同盟」国への事前通告はありませんでした。枢軸国間に特段の大規模な戦争共同作戦もありませんでした。さらに、「防共」以外に日独伊三国同盟の当事国間に共通のイデオロギーもなかったのですが、その点からいえば、英米仏も多かれ少なかれ同じ「反共」の立場で、その共通点から三八年の英仏によるヒトラー容認のミュンヘン会談での姿勢が生まれてくることを考えれば、「防共」は当時、ファシズム三国を特定するイデオロギーではなかったのです。

逆に国際秩序の反逆者ということでいえば、国際連盟の脱退国、除名国である日独伊プラスソ連が共通していました。一九三三年から三七年にかけて脱退した日独伊三国に続き、三九年にはソ連も国際連盟から除名されています。これら四国対国際秩序の盟主である米英仏三国という対立のほうが、よほどイデオロギー的にはすっきりしていたのです。事実、ある時期まではその構図で進む気配がありました。それが崩れたのは、ヒットラーが無謀にも一九四一年六月、独ソ不可侵条約を一方的に破棄して突如、ソ連に進軍を始めたからです。

第二次世界大戦を自由主義陣営とファシズムという見方で振りかえると、見えにくくなる事実があります。それは、第二次世界大戦は、途中から原爆という超兵器を手に入れた米英側、とりわけ米国が、それをもとに戦後の世界覇権を視野に入れた戦略に舵を切った時点で、性格を大きく変えることになったということです。その結果、「理念」が現実を動かす力から、現実を動かす力を隠す表向きの看板、つまり「大義」へと変質し、原爆という「ハードウェア」を使用可能にするための「ソフトウェア」的対処の手段に変質しました。途中から、厳格な秘密のもとに「原爆」の製造というプロジェクトがはじまり、それが国際政治を変質させるのに続いて、原爆が投下され、その未曽有の力を世界中に知らしめると、今度はその占有をめぐって世界の政治が動きはじめます。それが第二次世界大戦の戦後、「平和希求」の時期が一年半しか続かなかった理由です。原爆の独占とそれへの対抗をめぐり、戦後一年半にして早くも米ソ超大国の対立ということが起こり、冷戦となるのです。

ポツダム宣言と無条件降伏

第三のポイントとしてあげた「ポツダム宣言と無条件降伏の落差」も、ここから出てきます。

ふつうは米国を含む自由主義諸国とソ連のあいだに亀裂が入り、冷戦が起こると見られていますが、よく観察すると、そうではありません。戦後、最初に起こるのは、米国と米国以外の線引きであって、ソ連を含む連合国とのあいだに、すぐさま米国の側から一線が引かれるのです。その根本理由は原爆の独占です。

原爆製造計画はそもそも英国主導ではじまっています。その後、米英協力で進みますが、製造のメドが立つと、米国は情報提供をしぶるようになり、戦後は、一切、科学技術的情報が来なくなります。しょうがなく自力開発に切り替えた英国が核実験に成功するのはソ連のあとの一九五二年のことです。

そのことをもっともよく示す例の一つが、日本のポツダム宣言のケースです。ポツダム宣言は、連合国と日本のあいだで取り交わされた降伏協定でした。ですから、基本は、江藤淳が指摘したように、対等です。ただ、そのポツダム宣言受諾がいつのまにか無条件降伏の根拠にすり替えられてしまいます。

江藤は、一九八〇年前後の占領期研究で、無条件降伏は占領軍が日本を「骨なし」にしようとして考えたもので、戦後文学はそれに乗っかった虚妄の産物なのだ、と主張し、これを批判したのですが、この主張も、じつを言えばこのときめざされたことの全体像を捉えたものではありませんでした。

問題はもっと根が深く、広がりも日本を超えたもので、米国は日本降伏のおよそ一か月後に、他の連合国の参加国を排除して、自分と日本との関係だけで閉塞的な関係軸をつくる「日本の囲い込み」ということをめざしたのです。ポツダム条約では、対等ですから、問答無用の無条件降伏政策は施行できない。それを可能にするため、自分以外の連合国の関与を、日本占領から排除することがめざされた。ポイントはそこにありました。江藤が見るような日米二国間の問題ではすでになかったのです。

そこから、天皇の活用をめざし、天皇を人質にとる形で、早く憲法をつくらないと、極東委員会ができますよ、極東委員会ができると天皇は処刑されてしまうかもしれませんよ、と日本の憲法策定が米国主導で推し進められました。そして米国が憲法制定権力となることで、ほかの連合国諸国、ソ連からの影響力を最終的に遮断したその後の占領体制が確立されることになります。

ほんとうは、極東委員会こそが、ポツダム宣言の規定する敗戦国日本の相手＝カウンターパートであるはずで、それが連合国が日本を共同して開かれた形で保障占領し、米国の暴走を食い止める唯一の「歯止め」だったのですが、うかうかと日本政府は米国の口車に乗せられて、急げ急げと、米国主導の憲法を受け入れさせられ、その「歯止め」を無力化するのに手を貸してしまうのです。気がついてみれば、ポツダム宣言は名目化し、日本は実質的な無条件降伏のもと、米国との単独の関係、いわば属国としての枠組みに「囲い込まれ」ていました。

なぜそんな「囲い込み」が必要だったか。江藤、あるいはいまの櫻井よしこがいうように、理由は日本精神を根絶やしにすること、日本人の精神的武器の解除、などではありません。当時のトルーマン(大統領)、バーンズ(国務長官)など、米国首脳は、そんな児戯めいたことは考えていません。戦後の米国の覇権のカギは原爆の可能な限りの長期の独占と、それが崩れた後でのそれを中心にした覇権体制の維持です。ですから、原子爆弾の製造、所有と使用が、戦後の国際秩序のもとで不法化され、使用不可能となったり、道義的に非難されるものとなることは極力避けなければなりません。もしそれへの糾弾の声があがるとしたら、またその糾弾に説得力が伴うとしたら、日本からの声です。ですから、日本を「野に放つ」ことは絶対に避けなければならない。そのため、日本との関係は「無条件降伏」でなければならず、日本は米国の勢力圏内に「囲い込まれ」なければならなかったのだと思います。

原子爆弾の登場と投下

第四のポイントはその「原爆」です。

第一次世界大戦を起点にすると、現在まで、時代状況を革命的に変えた二つの爆弾があります。一つは理念的な爆弾で、ロシアの共産主義革命から出てくる宣言です。一九一七年、レーニンは「平和に関する布告」で、無併合、無賠償、秘密外交の廃止を宣言し、一方的に全参戦国に講和の商議の開始を呼びかけて、世界を震撼させます。それ以降、これに対応できるような理念的な提言でないと、もう使い物にならなくなります。旧大陸の諸国家の守旧的な秘密外交のやり方では、もはや対応できなくなり、米国大統領のウィルソンが、一四カ条の平和原則を発表し、ようやくこれに対抗します。ヨーロッパの頭越しにソ連とアメリカという新しい国が理念的に対峙する構図がこのときに生まれる。同時に労働者、市民に基礎をおく国際社会が成立し、旧外交から新外交への転換が起こるのです。

そして、もう一つが、文字通りの新型爆弾である原子爆弾です。

この破壊力のすさまじさには投下された日本だけではなく、全世界が息を呑みました。これが一九一七年、無併合、無賠償、秘密外交の廃止という先の理念の爆弾がもたらした動きを、国際社会で一八〇度逆転させ、歴史の時計の針を逆戻りさせるもう一つの爆弾となります。

秘密外交の復活、世界覇権の可能性、無条件降伏の提示、という第一次世界大戦のときには考えられなかった動きが、原爆を手にする可能性にふれた米国から、このあと生まれてくるのです。

レーニンの「平和に関する布告」への対抗の意味からウィルソン大統領は一四カ条の平和原則の第一項に秘密外交の廃止を掲げています。しかし、原爆が登場した結果、米国は一挙に完全な秘密外交へと後退します。その秘密漏洩に対する疑心暗鬼がこのときから米国の宿痾になり、戦前からの反共体質とあいまって、戦後、五〇年前後のマッカーシズムにつながります。この秘密がどんなに徹底していたか。原爆製造計画は大統領の周辺と軍事指導層の六名の最高政策グループに限られ、国務長官のコーデル・ハルにも知らされませんでした。そのプレッシャーがいかばかりのものだったか。ルーズベルトは一九四五年四月一二日に六三歳で公務中に脳卒中で斃れ、そのまま死去しています。私が三五歳ではじめてこの問題を取りあげ、『アメリカの影』に書いたときには、これは、四期目の任期に入り、一三年間も連続して大統領をやったので、老齢でもあり、激務で倒れたんだろうぐらいに考えていました。しかし自分が実際に六七歳になってみると、えっ、若いじゃないか、と見える(笑)。調べてみると当時、チャーチルが七〇歳、スターリンが六六歳で、ルーズベルトはなかで一番若い。ここでは詳しくは述べませんが、原爆製造の秘密を抱えての任務のプレッシャー、それがもうすぐ完成する、それをどうハンドルすればよいかという重圧が、彼をそこまで追い込んだというのがいまの私の考えです。現に原爆投下の翌日、八月七日の早朝、当時ルーズベルト以後の中心人物だった七八歳の陸軍長官スティムソンが心臓発作で倒れています。それほどに、「秘密」が世界の政治の中心にどっかりと腰を据えることになりました。

原爆は投下以降も、大きな課題を米国につきつけます。原爆の独占は一時的に世界に覇を唱えることを可能にしますが、その期間は限られています。そのあいだにどのように自分の優位を固定的なものにするか。これは国際協調とは逆行する姿勢です。また、先にふれたようにどう原爆の使用を国際法違反にならず国際社会から指弾されないようにするかも、きわめて重要で、ここから無条件降伏の「囲い込み」政策が出てきますが、これも民主原則からの大変な逸脱です。原爆は米国をすっかり変えてしまうのです。

この問題を考えるうち、原爆を投下することについては、投下するほうと、されるほうと両方からみていくことが、重要だとわかりました。日本では、投下されることだけで、投下する相手の経験にはほぼ目が向けられていない現実に気づいたのです。原爆は、投下までに、ルーズベルトのもと、政府中枢の体質を大きく変えますが、投下後は、それを知らされた社会を、同様に、深く変えています。

つまり、四五年の八月六日以降の一年半、アメリカで起こっていたことは、非常に大きな動揺と懐疑で、ラインホルド・ニーバーをはじめとする分厚いアメリカの宗教界、保守派、革新派の言論人から深刻な自問の声が上がります。その情報は、GHQが敷いた厳しい統制のもとで日本に入ってこないように統御されます。一九四五年九月には、原爆は国際法違反ではないかという鳩山一郎の意見を載せたことがきっかけで朝日新聞が刊行停止になり、それと同時に同盟通信にも手が入り、以後、海外からの情報がGHQのチェックなしには入ってこなくなります。それが無条件降伏政策の最初の適用のケースですが、そこでも一番の動機は原爆で、「そうか、原爆投下は民主主義的に見ても国際法違反で非難されるべきことなんだ」「そうか、原爆投下はいまアメリカの言論人、宗教人をも動揺させているのか」と日本人に知られるのを恐れたということだったろうと思うのです。出力のほうでも、広島、長崎の惨状を世界に完全にシャットアウトして、「南日本地区」には一切ジャーナリストを入れない。一度だけオーストラリアの記者が、その禁を破って報道しますが、水も漏らさない原爆情報の禁圧が以後、双方向的に徹底されます。

六〇年の骨折——現実的平和主義と護憲派の浮上

第五のポイントは、配付資料にある「一九六〇年の骨折」。国内的な憲法論議の文脈で一九六〇年を境に見られる断絶です。

一九五五年体制とよくいわれるんですが、対米従属の観点から見て重要なのは、五〇年の全面講和論の文脈が六〇年の安保闘争＝日米安保条約の更新をへて「骨折」し、大きく後退してしまうことです。そして以後、忘れられていくことです。五五年体制という区切りはそれを見えにくくしています。

五〇年の国論とは、全面講和か片面講和か、独立後の日本は対米自立の国連中心でいくのか、対米従属の日米同盟基調で行くのかということです。つまり連合国(国際連合)かアメリカかというポツダム宣言か無条件降伏か以来の対立の構図が、もう一度現れる。それが五〇年の全面講和、片面講和の問題だったのです。革新派は全面講和、保守派は片面講和でした。しかし、この構図が見えていた人は当時ほとんどいませんでした。ですからこの対立が親ソと親米の冷戦構図に流し込まれた。政府は片面講和を選び、日米安保条約を結び、対米従属・協調路線に進みます。五〇年代は反米愛国、民主と愛国が唱えられます。しかし、親ソでない国連中心の中立志向は政治勢力とならない。一方、保守派の国家主義にも未来はありません。その結果、日米安保条約の改定を迎える六〇年の安保闘争をへて、革新側が挫折すると、保守側も屈折するのです。政府自民党は「政経分離」策をとり、五〇年代の政治課題——国連か米国か——を凍結し、対米協調の既成路線を不動の前提として、むしろ経済発展を追求することでナショナリズムの高揚という政治的課題にも応える新路線に転換します。保守本流の「親米・軽武装(平和主義)・経済発展」を基調とする高度経済成長路線で、後に吉田ドクトリンといわれるものがこれです。ところで、これに応じる形で、革新派も、日米安保条約を前提に、いつの間にか、「国連か米国か」の選択肢を「護憲か改憲か」に変えてしまう。これが私のいう「一九六〇年の骨折」です。

五〇年代初頭は、まだ国連にも入っていません。だからということもありますが、このときには、とにかく国連に入った暁には、これをテコに、日本が米国に対して全面講和、世界平和外交を展開していけるのではないかという希望がありました。そして在日米軍基地を撤廃して、独立を回復するという構想が革新側の柱でした。これに対し、もう一つは、現実的に日米関係でいこうという。これが対立の基軸だったのですが、この国連か米国か、全面講和か片面講和かという選択肢の基軸が、社会主義か自由主義かという冷戦の構図のもとで見えにくくされ、五二年の片面講和のあと、最終的に六〇年の安保闘争の挫折で消えているのです。

いまからみると、五〇年のときには吉田茂が南原繁を「曲学阿世の徒」と罵倒して、これに南原がまっこうから対立し、二人のシゲルがぶつかり合うんですが、その両方が、実は片面講和、全面講和の主張について、マッカーサーの承認を受けているという状況がありました。マッカーサー自身のなかにその二つがあったからです。彼は、占領途中で政策を冷戦に合わせ逆コースに転換していますが、そもそも「マッカーサーノート」で自衛権をも否定する完全な平和主義的路線の道を開いたのは、マッカーサーです。そこには戦争直後の平和志向の「火花」的な回心の時期の影響もあったと思われます。そのマッカーサーのなかの二つの方向が南原、吉田という二人のシゲルに分担された時期が、この五〇年前後だったのです。五〇年代の終わり、五九年に、坂本義和が国連軍を日本に進駐させ、日本の安全保障を米国から切り離すという中立的防衛構想を打ち出します（「中立日本の防衛構想――日米安保体制に代るもの」）。それがいまでいう護憲派、平和主義陣営から主張されたと聞くと意外かもしれませんが、五〇年に続く論議の流れからいえば当然出てくるべき主張だったのです。

しかし、こういう構図が崩れます。六〇年以後、日米安保条約体制が不問の「前提」となって「国連」カードが消え、選択肢が、革新派から見ると、日米安保下での改憲・再武装・国家主義化か、日米安保下での護憲・非武装・平和主義維持かに変わるのですが、じつはこれは五〇年代の自民党タカ派対六〇年代の護憲派という仮象の対立構図にすぎなかった。六〇年代の自民党は、五〇年代の自民党路線からさらに日米安保下の憲法堅持・軽武装・経済主義化へと進化をとげていたからです。これが政府自民党主流、いまでいうと自民党ハト派の路線で、このとき、この路線は、革新側から見た対立構図、自民党タカ派対護憲派という選択肢の天秤をささえる支点の位置、メタレベルに位置していましたから、「護憲」派はどうしても「高度成長」の経済ナショナリズム派にからめとられる運命だったのです。

いまから見ると、ここで指摘されなければならないのは、こういう新しい現実を前にしての護憲派の知的怠慢と、自民党ハト派の現実路線をささえる論理の堅固さです。五九年当時の論壇は、平和理念派として国連との同盟を坂本義和が主張するのに対し、平和現実派として高坂正堯が親米経済ナショナリズム路線を主張するという若手論者二人の一種のライバル関係のうちに展開しています。そのことに、遅まきながら、この本を書き終わる頃に気づいたのですが、今回の本を執筆しての一大発見は、個人的には高坂正堯と永井陽之助というこれまであまり知ることのなかった未知の二人の論者の著作にふれたことで、とりわけ、高坂正堯という政治学者がいかに頭のいい男であったかがよくわかりました。一方で、坂本義和の仕事が後半から晩年にもった孤立した後退戦の様相も、身に浸みました。

意外ですが、「護憲派」の語が新聞に出てくるのは、六〇年代以降です。それ以前は「護憲」という言葉こそ出ていますが、「護憲派」という政治的立場は、「一九六〇年の骨折」のあとで、「国連」

という選択肢が革新派から消え、日米関係が主軸となり、それへの現実的対案が消えた空隙を縫って浮上してくるのです。そして、それと同時に、新しく創出され、支配的になるのが、高度成長のもとでの親米・軽武装(平和主義)・経済中心からなる新路線で、この経済ナショナリズムを現実的平和路線としていわば理論化するのが「現実派」(現実的平和主義)の高坂正堯であり、永井陽之助なのです。

これについては、いろんな評価ができます。一つは、この「現実的平和主義」はこのとき、しっかりと仕事をしたということです。もう一つは、これに対立できるだけの論理的堅固さをすでに失っていたとはいえ——坂本などを除きそれに気づいている人も少なくなっていたと思いますが——「理念的平和主義」としての護憲派も、この「現実的平和主義」を補完するものとして、それなりに位置を占め、仕事をしていたということです。自民党ハト派路線は、革新派の平和主義を米国の再武装要求に対する防波堤として組み込んでいました。

ですから、先回りしていうと、この自民党ハト派の「現実的平和主義」が力を失うと、「護憲派」も、いままでのままでは、力をふるえないことになります。いまは、そういう状況ですから、「護憲派」はここでひとがんばりして、五〇年代の論理的堅固さを回復しなければならないのです。

戦後の「顕教・密教システム」はなぜ崩壊するか

さて、話を戻すと、そこから出てくるのが、今回の本で「吉田ドクトリン」の「顕教・密教システム」と名づけたあり方で、これが第六のポイント、このシステムがなぜ「崩壊するか」につながります。

ここで簡単に説明しておくと、「顕教・密教システム」というのは、久野収と鶴見俊輔による『現代日本の思想』のなかで久野収が提示した古典的な仮説です。明治に入り、近代資本主義を導入することになったときに、それまで前近代的なムラ社会のなかに生きてきた日本の基層民、人民大衆がこのドライなシステム、近代化の衝撃に耐えられるかという問題が生じました。その衝撃を緩和するために、伊藤博文が近代天皇制という生き神様信仰と近代君主制の双方をかねたシステムを発明した。これが民衆思想史家渡辺京二の説その他を加味したここでの「顕教・密教システム」説の理解です。

その教育システムでは、まず初等教育で、基層民、庶民層に対して、天皇は神様だと教えます。ついで高等教育に進むと、そこまで進んだ一握りのエリートに対して、今度は天皇はじつは近代国家における一つの機関なんだと教えます。顕教はいわば「タテマエ」、密教は「申し合わせ」です。このタテマエと申し合わせの併用システムで、日本は、近代化の衝撃を緩和し、実現したと久野は述べたのですが、戦後、特に対米従属を基調とする片面講和の吉田茂の政治路線が主流となると、自民党内に、これに似た問題が生じてきます。

ここで緩和されなければならない衝撃として受けとめられたのが、対米従属の現実です。これをあまりに露骨に前面に出したら、戦後の日本人は耐えられないのではないか。そこから、平和憲法を口実にできるだけ米国の軍事産業の利得がらみの再武装要求をそらし、堅実な日本の経済復興を基調に、軽武装、親米路線で経済成長を第一目標とし、豊かになることで経済的に国民の自尊心を満たし、ナショナリズムの自足感に代えるという軽武装・親米・経済成長の経済ナショナリズム路線が作られます。

その上に立って、自民党ハト派は、内部では、「じつは対米従属・しかし米国に対しては戦前との連続性をできるだけ確保し・国民に対しては憲法九条を前面に出し対米従属（米軍基地の存在）を感じられにくくする」という戦後従米・保守的な現実認識を「申し合わせ」として共有しながら、対外的には「（国民に対しての）対等な親米パートナーシップ・無条件降伏による戦前との断絶／否定・（米国に対しての）憲法九条の平和主義」を「タテマエ」とする新発明の経済ナショナリズム政策を追求することになりました。（矢部宏治さんが近著『日本はなぜ、「戦争ができる国」になったのか』（二〇一六年）で戦後日本政治の本質としての「密室政治」ということをいっています。それはこれと同じ理由から生まれてくるこのシステムの補完物です。吉田茂首相が一九五〇年代前半に二度にわたって口頭で行った「指揮権密約」、佐藤栄作首相が一九六九年に行った「沖縄核密約」などがその例ですが、あまりに過酷な対米従属事項であるため、このシステムに収まりきれず、「申し合わせ」のなかでも最高機密事項、つまり「密約」として、自民党主流のなかにあって首相とその周辺だけで保持されなければなりませんでした。――後記）

これをもとに、苛酷な対米従属の現実を見えにくくし、繁栄によりナショナルな自尊心を手当てし、平和主義により政治的な優越感を保障し、堅実な非軍事的経済の育成をめざすことができる盤石の基本路線を確定したのです。しかし、米国が大国でゆとりがあり、日本が経済的に米国に脅威を与えないこと、かつ日本が経済成長を順調に持続していること、さらに国内に戦争体験にねざす平和主義の土壌が濃厚に存在すること、かつ外部に冷戦が接続していること――これらが、このシステム存続のための前提条件でした。

ところで、明治の顕教・密教システムは、世界恐慌によって日本の経済状況が困難に見舞われ、国内的に軍部の独走が強まると、「顕教」による「密教」の征伐という形で崩壊していきます。具体的に起こるのは一九三〇年代の国体明徴運動という動きです。天皇は神聖不可侵な生き神様のはずじゃないか、その天皇を一国の「機関」だなどと呼ぶとは不敬ではないかと、初等教育の「タテマエ」(顕教)が高等教育での「申し合わせ」(密教)の糾弾をはじめると、もうこれに対する歯止めはなく、一気に日本は「神国化」していきます。

それと同じく、米国のゆとり、日本の経済繁栄の持続、社会の平和主義的土壌、冷戦の存在といった右にあげた成立条件が後退すれば、戦後の顕教・密教システムも崩壊せざるをえなくなります。

そもそも、この自民党ハト派の「顕教・密教システム」には致命的な内的矛盾がはらまれていました。五〇年代から六〇年代にかけての「骨折」からやってきた矛盾です。そこでは、「じつは対米従属・しかし米国に対しては戦前との連続性をできるだけ確保し・国民に対しては憲法九条を前面に出し対米従属(米軍基地の存在)を感じられにくくする」という戦後従米・保守的な現実認識が「申し合わせ」事項とされています。しかし、実際に自民党主流のハト派がさらにその内部で申し合わせていたのは「米国に対しては戦前との連続性をできるだけ確保し」ではなく、「米国に対しても憲法九条を前面に出し再武装に抵抗し」という平和志向の考えでした。「戦前との連続性をできるだけ確保し」は、彼らの本来の路線とは矛盾する、保守合同による自民党結党時の五〇年代のイデオロギーを奉じる党内守旧派=タカ派をなだめるためのいわばプチ・タテマエにほかならなかったのです。ですから、このシステムを堅固に運用しようとすれば、自民党主流派=ハト派は、ある時点で、五〇年体制を脱し、六〇年以後の自民党としてタカ派から分かれ、独立すべきでした。そうでなければ、今度は、タカ派によって、その矛盾をつかれ、党内クーデタ的に、五五年の結党時の主張は「戦前との連続性」重視ではないかと、批判されざるをえない運命だったのです。

九〇年代に入ると、冷戦が終わり、先にあげた外的なシステム存続の前提条件が崩れていきます。まず、九〇年代前半に社会党があっというまに溶けて微小化し、その動きが二〇〇〇年代初頭の加藤の乱の自民党ハト派の溶解・消滅へと進んでいきます。そのあげくに、とうとう二〇〇九年に政権交代が起こります。しかし、誕生した民主党鳩山政権が拙速な対米自立の追求により無惨にも押しつぶされ、次の菅内閣が国内の経済産業体制に手を加え脱原発に進もうとしてこれも引きずり下ろされると、それへの国民の幻滅をバネに、これまで自民党内部で周辺に追いやられていた頑迷愚昧なタカ派部分が、政権奪取に成功し、「対米従属の徹底・国家主義の復活・憲法九条の廃止改正」というそれ自体矛盾を含んだ「ホンネ」の密教部分をすべてさらけだす形で、暴走をはじめます。「対等な親米パートナーシップ・（無条件降伏による）戦前の否定・九条の平和主義堅持」という戦後の日本社会の「タテマエ」的主張は、ことごとく「失われた二〇年」の不況・失意・不満をまえに駆逐されます。戦前とは逆に、これまで押さえ込まれていた自民党反主流・タカ派の五〇年代の結党時の「ホンネ」（申し合わせ）たる密教部分が噴出し、六〇年代以降、これを緩和し穏健化していた、金持ち喧嘩せず的な従来型コンセンサスの「タテマエ」（顕教）部分を一気に「征伐」してしまう。これがいま、私たちの前に起こっている、安倍政権の暴走という政治現象なのではないか。この本の現代日本政治の分析から、このような見立てが浮かんでくるのです。（これに加え、昨年〔二〇一五年〕の集団的自衛権行使の安保法制化が教えるのは、——これも同じく前掲、矢部著の指摘ですが——これまで隠されていた日米間の最高機密の「申し合わせ」部分（＝「指揮権密約」）までが、いまや公然化し、憲法を「征伐」してしまったということでしょう。——後記）

憲法制定権力とその打開

第七のポイント。この本の執筆を通じてのもう一つの発見は、「憲法制定権力」です。

米国は極めてラディカルな憲法を日本のためにつくってくれました。しかし、その憲法を制定した力は米国にあります。その米国が、その後、西部劇の「シェーン」のように立ち去ってくれれば、ルソーのいう「立法者」のように伝説の外部存在となってちょうどよかったわけですけれども、そうではなく、その後も日本に居座った。それが日米安保条約の締結と日米地位協定、米軍基地の存続、その他さまざまな密約の存在が、語っていることです。

そこから、憲法を制定した権力が、自らつくった憲法を守らなくともよい、という非常に困った事態が生じました。日本の戦後の憲法問題の根本にあるのは、このことなのだというのが、今回のここでの発見でした。

本当であれば、憲法というのは、これを作った存在が、国家にこれを守らせる、そして当然自分もこれを守るわけです。立憲主義ですね。それが憲法なのですが、日本国憲法では、憲法をつくった人間が、憲法を守らなくていい。憲法をつくった人間は、自分の国のアメリカの憲法とアメリカの国益を守る必要がある、そちらに忠誠義務がある、という変則的な事態が生れています。彼らは日本の憲法の施行におけるアクターなのですが、その彼らに、日本の国益と日本の憲法を守る忠誠義務はまったくない。そのため、戦争を放棄する平和条項を九条として定めたけれども、冷戦になり、状況が変わって、日本に軍隊をもたせたほうが米国の国益に適うとなれば、これを変えろと言って、実際に自衛隊を作らせる勢力が日本の国内に存在することになりました。憲法が米軍基地を認めていないと日本の裁判所が判決を出すと、法の番人たる最高裁長官を使っても、これを破棄させる勢力が日本の権力の中枢に存在し、そのことが明らかになっても誰も正面から問題にできない。そういう空虚な憲法との関係が生れてしまったのです。

一九五七年の伊達判決がその最先鋭のケースです。砂川裁判で、伊達秋雄という東京地裁の裁判長が、日本の憲法が米軍基地の存続を禁止しているから、それに関わる事例の被告は無罪だとしたのですが、そしたら、ときの最高裁長官である田中耕太郎が、米国の大使、日本の外務大臣と密議し、連絡をとりあいながら、これを実質的に破棄するように動きました。これは近年、米国の公文書によって明らかになった驚くべき事実です。しかし皆さんもよくご存じのように、国会もメディアもこれを大きく取りあげ、自ら事実をただすということはしていません。

護憲論者のなかには、いまもって憲法は外から来るのがよいのだ、護憲のままでいい、と主張する人がいますが、外来の憲法制定権力がいまもどっかと居座り、憲法を有名無実の存在にしているのですから、どうそれを排除するかがいわれないと、問題は解決しない。そういう言説は無力です。私は二〇年前の『敗戦後論』では、自ら憲法の制定権を回復するため、「憲法の選び直し」を提唱しましたが、いまは、制定権の回復だけでは足りない、そのためには現在も居座る憲法制定権力を日本国外に放逐する以外にないのではないか、と考えるようになりました。

そのことをあらためて私たちの目に明らかにしたのが、二〇〇九年の政権交代後の政権の瓦解劇です。政権交代後の鳩山由紀夫民主党政権が、自分たちの国に置かれた外国軍の基地をより安全な場所に移そうとして、制定権力の国外放逐の企ての一環とみなされ、国内の従米勢力、米国の妨害により、一気に押しつぶされました。現在の安倍政権の徹底従米路線は、明らかにその反動の企てなのだと思います。

どこが反動かというと、国内の外国憲法制定権力を放逐する気配を示せば一気につぶされるとわかって、ちょうどその逆に出ようとしたところが、そうです。今度は徹底した従米路線で行く。しかし、対米自立の目標は隠したまま持続する。そしていつか時期が来たら、米軍勢力を駆逐して対米自立を実現しよう、というのです。

では、なぜこの目標の追求を、安倍政権のやり方で続けていってはだめなのでしょうか。理由は二つあります。第一は、この安倍政権の追求する対米自立では、国民が幸せにならないからです。なぜ対米自立がいま、必要なのかといえば、日本国が日本国民の幸福追求を最優先に国策を策定するうえで、米国からの拘束が障害となるからです。もっと平和裏に東アジアの隣国と信頼関係を築き、互恵的な経済通商関係のもとで経済の繁栄をめざしたいし、今後の産業技術についても他国からの掣肘なしに持続的な環境重視の産業構造に転換したい。また平和主義をもう少し、自律的で展望のあるものにし、それこそ憲法前文がうたうように国際社会に名誉ある地位を占めたい。そのために対米自立が必要なので、国家の一部の指導層や保守層が望む戦前型の国家主義・封建主義的な日本への回帰のための対米自立がめざされているわけではありません。しかし、安倍政権の考えている対米自立は、この国家主義への回帰をめざすものです。彼の言う「美しい国」というのはそのことです。そのような対米自立なら、百害あって一利なしでしょう。

第二は、この安倍政権のやり方自体が、基本的に大きな矛盾をはらんでいるからです。安倍政権は、いまのところは対米自立、反米という姿勢は堅く封じています。安倍首相は一度、A級戦犯を合祀する靖国神社をA級戦犯に「誠を捧げる」ために公式参拝し、その胸中深く秘めた思いを吐露したこともありましたが、それが米国の忌避を招いてからは、自粛しています。安倍政権としても、いっさい、反米・国家主義的な言動を慎んでいます。その一方で、彼は、中国の脅威をさかんにいいたて、その安全保障のために緊密な日米同盟が必要だと主張するようになります。そのため、集団的自衛権行使を閣議決定し、徹底従米路線を敷いて、有事の際の米国による防衛の約束実行をよりたしかなものにしようとしています。しかし、自民党が五五年策定の「政綱」に自主憲法の改正、再軍備の理由としてあげているのは、五〇年代のイデオロギーである敗戦後の国家の独立、もっといえば、対米自立、米軍基地の撤去による戦前型ナショナリズムの復興なのです。現行の米軍への協力をやりやすくするための憲法改正の追求、また米国の日本防衛を確実たらしめるための徹底従米路線は、それが実行される段階で、この対米自立の国家主義志向とまっこうから衝突せざるをえません。安全保障としての現行の徹底従米路線は、自主憲法の制定をめざす自民党の国家主義志向からの完全な逸脱なのです。

いまの安倍政権は、この安全保障と国家主義のあいだの矛盾を政権の徹底従米路線と支持母体の日本会議の国家主義とで分担することで、分離共存させるかたちで、緩和しています。日本会議の目標は国家主義的な方向での「誇りある国づくり」ですから、安全保障は徹底従米の安倍政権、ナショナルな誇りは国家主義の日本会議というのがそこでの役割分担なのです。しかし「誇り」の再興のほうは、戦後の国際秩序を否定することによって日本の戦前のあり方を名誉回復するという国家主義の再興ですから、どうしても戦後の国際秩序への挑戦になります。最終的には、自民党の「政綱」が述べるように米軍の撤去を求めなくてはなりませんから、米国ともぶつかります。日本の孤立、それも米国だけでなく、中国、ロシア、韓国、その他の国々すべてを含む国際社会のなかでの孤立がそこでの帰結でしょう。それでも構わないと、現在の矛盾を抱える段階から一歩を進め、鎧の上の衣をかなぐり捨て、安倍政権が日本会議と一体化する国家主義的政策に進むのであれば、もう一度戦争を起こして、現在の戦後国際秩序の転覆をめざす以外にありません。結果は国家の破滅以外にない。どう考えても危険極まりない袋小路の路線なのです。

では、もう対米自立はあきらめて、現状の日米関係を緩和するかたちで持続する護憲主義でいけばよいのでしょうか。しかし、ここにはもう八〇年代末までは存在した自民党ハト派路線の「顕教・密教システム」の前提条件はありません。現実に働きかけようにも「現実的平和路線」という媒介項が失われています。対米自立をあきらめた現状維持の護憲主義では、「理念」的にも、たとえば「一国的平和主義」ではないかという批判に、それでいいじゃないか、という以上には答えにくくなります。それでは若い人には訴えかけません。平和とは、たとえばシリアの難民をどう支援できるか、という他者に働きかける原理でもあるからです。ですから、いまの対米自立のプログラムをもたない護憲論には、安倍政権の暴走に対してこれ以上の事態悪化に歯止めをかけるという以上の展望がない、という問題があるのです。

一方、憲法九条の理念を生かせというが、では自衛隊を解体するのか、といえば、そこまでをいう論者は護憲派のなかでもごく少数です。大部分の人は護憲を旗印に、自衛隊を個別的自衛権に限定させることを考えていますが、では米軍基地の存続についてはどうなのか、といえば、それを認め、本土負担を増やすことにより沖縄の負担を軽減するという護憲派から、地位協定を変えていくという積極派まで、答えはまちまちです。核の傘はどうするのだ、とまでいわれると、それに正面から答えられる護憲論者は、見つけるのが難しいでしょう。

むろん、すぐに事態を変えることはできません。どんな主張に立つどんなやり方でも、漸進的に一歩一歩進めていくしかありません。沖縄の問題も、その負担を減らしていくことが第一歩です。しかし、最終的に、その一歩が、どこを目指す一歩なのかはどこかで誰かによって語られている必要があります。その「どこ」を示す言説がない。六〇年代以降、護憲の主張が、自らの「出自」をしっかりと確認することを怠り、現状維持に甘んじてきたツケがここにきてすべて現れているのです。

憲法制定権力がまだ日本に居座っている。そのことに目をつむって平和を唱える。護憲をいう。そのことの最大の問題は、それではこれからの日本に生きる若い人々になぜ平和主義でいくのがよいのかを、とうてい説得的に語れないということです。対米自立のことを真っ正面から考えないと日本はこの後、とんでもないことになる。しかしこの目標を護憲の枠内で主張することにはどうしても無理がある、と私が考えるようになった理由が、こういうものでした。

国連中心主義

さて、ここから先が、本の最終部分、提言の部分です。では、どうすればよいのか。私の提言の第一の柱は、米国との同盟に代えて国連との同盟を選ぶこと。その方針を宣揚することで国際社会に受け入れられる対米自立のあり方を追求しよう、というものです。第二の柱は、憲法にそれらのことを書き込むことでこのことは可能だ、というものです。ここでは、核の問題は脇においておきます。

国連中心主義については、ロナルド・ドーアさんの『「こうしよう」と言える日本』を参考にしました。東西冷戦終結の後、ドーアさんは、日本が新しい役割を国際社会において果たす状況が生まれたと判断し、大胆な国連中心主義に舵を切ることを提唱しています。それを実現するため、憲法九条を変えることを提案しました。

また、米軍基地をどう撤退させて、しかも、その後、友好的な米国との関係に軟着陸していくかということについては、矢部宏治さんの『日本はなぜ、「基地」と「原発」をやめられないのか』に教えられました。一九九〇年代初頭のフィリピンがいいモデルを提供しています。

さて、去年、ここでお話しさせていただいたときに(「「戦後」の意味を考え続ける」二〇一四年一一月七日)、来年『戦後入門』という本を書くと申しあげたのですが、そのときはそれがこんな本になるとは正直思っていませんでした。あのあと、一二月に矢部さんの本を知り、本の最後に、米軍基地の撤去は憲法に書き込めばいいとあるのを読んで目を開かれる思いがしました。そこで、そこに言及のあったフィリピンの事例をいろいろと調べたのです。

ところで、だいたい物書きというのは人から示唆を受けた場合に、それをどう自分のなかに受けとめ、消化するか、ということで態度が二つに分かれます。その受けた影響を少し小さめに語るか、むしろ大きめぐらいに出してそれをはっきりさせるか。一〇を一五で受けとめるか、それを五に目減りさせて語るか。書き手というのは、そのいずれかなのです。それは書かれた本を読むとすぐわかります。特に、自分の本が参考にされた場合などにはよくわかります。それは、ある意味では物書きの心性の問題でもある。人間の「地」が出る場面なのです。

私はそれでいうと前者です。この本でも、ドーア案に助けられての提案には、「贈り物」と副題を付し、フィリピン・モデルには、教えていただいたことに敬意を表して「矢部方式」と名づけています。

なぜそういうことをするかというと、そうすると、その先まで自分で考えないと、物まねに終わってしまう。それではみっともないので何とかその先に自力で展開しないといけない。そういうわけで、自分へのプレッシャーがかかるのです。また、そうでないと、今度は逆に影響を小さめにしたり、隠したりせざるをえなくなります。書きながら、あまりほめられない心性に追い込まれる。書き手としての姿勢が弱いものになるのです。

さて、ドーアさんは、一九九三年に、石原慎太郎の本を意識して、「ノー」ではなくて、『「こうしよう」と言える日本』という本を朝日新聞社から出しています。去年アマゾンで、中古本として一円で購入しましたが、極めてすぐれたすばらしい本です。ドーアさんの本は、夫人が国連の関係機関に勤務していた方のようで、その教示を受け、そういう方面での資料が極めて微細なところまで及んでいます。そのうえで、国連の本来の射程がどのようなところまで及びうるのか、現実との落差を堅実な現実感覚で見極めたうえで、その可能性がイギリス人の広い視野のもとに提示されています。

九三年での刊行は、八九—九一年の冷戦終結時が日本が新しい路線を切り開く一つのチャンスだったことを受けています。後に述べるように、西ドイツはこのチャンスを逃さず大きな一歩を踏み出しますが、日本はこの機をうまく生かせませんでした。同じ九三年には、小沢一郎さんの『日本改造計画』も国連中心外交への提言を行っています。読むとやはりずいぶんと参考になります。小沢という政治家の卓越した意力と識見が印象的です。しかし残念なことに、この二つの提言のあいだに、ふれあいが起こり、化学反応が生じるということはありませんでした。

そこには、これらの提言を行うについての基本姿勢が、こう書かれています。

国には価格設定者と、設定された価格の追従者と、二種類の国があるとドーアさんはいいます。歴史はつねに大きな国、強い国が新しい価値観をつくりだし、現状を打開し、経済的に言う価格設定者的な役割を果たします。これに対し、小さな国はそれに追従し、これを活用して、その情勢のなかで利益を得ようと活動を続けるのですが、日本も、そろそろ価格設定者的な姿勢で世界とかかわるべき時期なのではないか、自分のものはそういう観点からの提言だというのです。

英米、あるいはソ連とか中国とか、そういう国が、ある時期ごとに、そういう役割を担ってきました。ですが日本は一度たりと、そういう国際社会に新しい価値を提案するような役割を果たしていない。しかし、もう力量からいっても、それをめざしてもよいのではないか、というのです。

国連は、いまたしかに当初の構想がほとんど形骸化して、問題だらけです。とても再建のめどは立たないともいえます。だけれども、もしどこかの国がこの国連をしっかりさせないかぎり自国が立ち行かないというような理由をもって、その再建に立ち向かうのであればどうか。

じつは今回の私の提案も、そういうものとして考えてもらえるとありがたいのです。これまで世界は、これをやらなければ自分自身が立ち行かないという国が、率先してあることの実現をめざして動き、困難を打開する、というように動いてきました。国際連盟、赤十字、国際司法裁判所、UNCTAD(国連貿易開発会議)、すべてそう言えます。このあとに述べる西ドイツのEU創設の突破力も、その一例です。日本がいま、そういう形で国連に打ち込めば、現状を打開できる。傍観者的に見れば、脈がない、現実性がない、という評価になるのですが、価格設定者的に考えれば、そうではない。国連中心外交は、今、日本が挑戦するに値する目標なのです。

ドイツ・モデル、「信頼圏」をつくる

そのことに関連して申し上げたいのは、先の「フィリピン・モデル」に並ぶ、私たちにとっての「ドイツ・モデル」です。

一九九〇年代に冷戦が終結した時点で、フィリピンは米軍基地の撤退を実現しています。そのときの主張に、対ソ包囲網の要としてのフィリピンの意味はなくなった、自分たちにとっても米軍基地にいてもらう有り難みはなくなった、というものがありました。ところで、このとき、じつは西ドイツ

も対米自立に向けて一歩を踏み出したと、いまの時点からならいえるのです。ここでドイツが日本同様、対米自立を長いプロジェクトとして追求してきたと考えてみましょう。すると冷戦終結を機に一歩を踏み出すことに成功していることがわかります。そのカギを、対米自立に必要な、米国との同盟に代わりうる、いわば代替の同盟先としての「信頼圏」の創設といってみることができます。ドイツがもし自分で戦後、対米独立を目指すとしたら、当然、米国とのあいだに軋轢が生じるでしょう。周辺国に脅威を与え、またドイツのヨーロッパ制覇になるゾ、これを阻止せよ、という声があがり、ヨーロッパのなかでドイツは孤立するでしょう。そういう事態を避けるためには米国との同盟(およびＮＡＴＯ)に代わる「同盟の受け皿」が必要になりますが、そのゆりかごのような枠組みを「信頼圏」と呼んでみるのです。

こういう問題意識に立ってこのときの西ドイツを見ると、冷戦終結後、西ドイツは、対米自立を視野に新しい「信頼圏」の創設に舵を切ったと受けとることが可能です。まず八〇年に西ドイツを火元として世界に広範に反核運動が広まります。このときに、日本で吉本隆明さんがこれに反対して、「反核運動というのは反米運動なんだ、その結果、ソ連を利している」といいました。そのときの吉本さんの考えは、ドイツの反核運動は、「ポーランドの反ソ民主化運動とそれへのソ連の弾圧の隠れ蓑になっている」というものです。つまりこのとき、ポーランド民主化の連帯の運動、反ソの動きと、西ドイツの反核運動、反米の動きと、逆方向の運動が同時に、一対でヨーロッパに起こっていたのです。

これは中距離弾道ミサイルである米国のパーシング2とソ連のＳＳ20とがちょうどヨーロッパを戦

場に擬して米ソ間で対峙するという戦略を米ソ両国が採用したことに対する反応でしたが、二つ合わせると、このとき、ヨーロッパの東西に米ソの支配圏から脱する動きが生まれていたことがわかります。こう考えると、その延長で、約一〇年後、ベルリンの壁が崩れ、東欧のソ連離脱が起こり、これに端を発し、西欧にEUに向けた動きが起こるのですが、その起点が、第二次世界大戦の日本と並ぶ敗戦国である、東西ドイツであったことの意味が浮かび上がってきます。

そもそも、東西ベルリンの壁が崩れるのは、東西ドイツの市民が両側からこれを崩しているわけです。そしてあれが一つのきっかけになって、東欧でバタバタと民主化革命が起こるのですが、これに並行して、NATOに変わる対米自立のEUが生まれてくる。冷戦終結後、ヨーロッパからソ連と米国が排除されるのです。

その動きにはいろんな要素があるわけですけれども、一つの見方からいうと、西ドイツがこの動きを主導しています。かなり大きな犠牲を払い、お金をかけてそれを実現した。一つは、東ドイツを引き受けて、東西ドイツの統一を実現します。その後、中東への関与などで米国との距離を徐々に明言するようになり、だんだん対米自立の実績を積み重ね、そうすることでフランスとのあいだに信頼関係を構築した。そしてこれを足場に、次にEUを対米自立の「信頼圏」としてつくっているのです。

こう考えると、このプロジェクトを実現するのに、西ドイツがこのとき価格設定者として、どれだけのお金をかけ、指導力を発揮し、世界を変えたのか、ということが見えてくるでしょう。日本の国連中心主義も、そのような価値の創造の提言として受けとめてもらいたい。対米自立のための「信頼圏」として、日本は米国に代わり国連に深くコミットする、そして国連を立て直すことに一役を果たす。これが私の提言の第一の趣旨なのです。

今回の提案に対し、現実性がないということを言う人が多いのですが、卵でいったら白身のような形で黄身を守るのが私のいう「信頼圏」です。これを国連中心主義の形で用意する、対米自立のための信頼圏という意味が一つ、国連の機能強化がもう一つ。こういう最小綱領と最大綱領をもった提言なのだということを、付け加えておきたいと思います。

なぜ国連なのか、といえばその答えは憲法九条です。憲法九条というのは国連と最初からつながっています。そしてそれを日本はまがりなりにも七〇年間、国是の中心においてきたのです。それは大いなる達成、実績というべきでしょう。この本には「憲法改訂私案」というものを、こういう考えから、最後にあげています。国連中心主義の徹底、交戦権の国連への委譲、非核宣言とNPT(核拡散防止条約)に代わる新しい国際核管理案の提言、そして米軍基地撤去による対米自立が柱ですが、その内容については、本に書いたので、ここでは繰り返しません。

Ⅱ 『戦後入門』への補足

さて、残りとして、この本を発表したあとに出てきた批評、質問などを手がかりに、こう補足すればよかった、新たにこう思ったということを二点、述べてみます。

ＮＰＴからの脱退

第一は、ここではそれほどふれていませんが「原爆」をめぐって出てくる「核廃絶」の問題です。それはどのように可能なのか。

私は一九四八年に生まれています。ここにおられる方で一番年長の方でも、生年は一九二〇年代くらいではないかと思います。ということは、四五年に原爆が登場していますから、原爆が登場する前の世界がどうだったか、それを知る人はもう、ここには少いということです。そのころ人々が、どう世界の平和、世界の未来、世界の秩序を思い描いたか、ということが、ますます私たちから見えなくなろうとしているのです。

原爆の登場する以前、世界はどうだったか、といえば、そのころ、世界は、いわば青天井のもとにありました。人類社会、国際社会が一致協力して事を進めればいつかはいまよりずっとみんなが住みよい世界を実現できるし、それは不可能ではない。理想の未来がどこかにある、という世界観が生き生きと人々に分け持たれていたのです。それが、原爆が登場し、見上げると、二五階くらいの高さに、コンクリートの天井ができている、というようになった。どうすれば、もう一度、未来への展望がもてるようになるか。原爆の廃絶の問題は、けっして核政策の問題にとどまるものではないことが、ここからわかると思います。

しかし事はそれほど簡単ではありません。原爆の特徴は、一回生み出されたらもうなかったことに戻れないということだからです。原爆は科学的な成果ですから、その製造可能性の知識が残る。世界中の国がいったん原爆をすべて廃棄しても、「なかった」ことにはできないのです。

しかも、原爆製造、保有、使用のうち、製造、保有の難易度はますます下がる一方です。原爆はいまや、材料さえあれば大学院生でもつくれるといわれています。また、旧ソ連の解体などで、行方不明の核物質なども少なくありません。そして、製造、保有、使用のうち、最後の使用の難易度も、いまや下がろうとしています。全世界に包囲され、絶望の淵まで追いつめられた「ＩＳ」(イスラム国)、「ボコハラム」というような、失うものは何もない、疑似国家集団の登場は、彼らが原爆を手に入れたら使用をためらわないだろうことを通じて、核の拡散の危機が新しい段階に入ったことを示しているからです。

二〇〇九年にプラハで「核のない世界を」とオバマ大統領がいいました。彼はその主張によってノーベル平和賞を受けたのですが、具体的にそこで示された彼のイニシアティブが何を語っているかといえば、ＮＰＴ(核拡散防止条約)体制の強化ということでしかありません。しかしもうそれに脈がないことは、明らかではないでしょうか。翌年の二〇一〇年こそ、このオバマ発言で最終文書が採択されたものの、一九七〇年にはじまり、当初の二五年の条約効力期間をすぎたあと九五年から五年ごとの再検討会議を繰り返してきているＮＰＴは、二〇〇五年、一五年ともに最終文書を採択することができずに終わっています。非核国は中東の非核地帯化、核の廃絶をめざし運動していますが、これに米国をはじめとする核保有国が賛同しない。特に米国がイスラエルへの不当な肩入れをやめないことが、このところの不調の原因です。他方、「ＩＳ」のような集団の浮上は、この核廃絶にもう一刻の猶予も許されないことを語っています。もう、まったく別なことを考えなくてはいけない時期が来ているのです。

この本では、ロナルド・ドーアのもう一つの著作、『日本の転機』に深く示唆されて、既存の核保有国の既得権を認めたツリー状のＮＰＴ体制に代わる、リゾーム状の新核国際管理体制の創設を提案しています。提案内容は、ドーアの案そのままですが、そのポイントは、違います。私は現在のツリー型の管理体制よりもリゾーム状の拡散体制のほうがより安全度が高いと判断し、これを提案しているのではありません。ここがドーア案とも、ドーアの紹介する核抑止論者ケネス・ウォルツとも違うところで、今回補足しておきたい点ですが、私の狙いは、核抑止によって安全度を高めるということではなく、核保有国を含めたすべての国の条件を等しくすることで、全世界が核廃絶をめざすほかない状況を作り出すことです。そのことによって核廃絶へのスタートラインがはじめて作り出せるという狙いなのです。

核抑止によって核安全保障が担保されるとは考えていません。しかし、現在のＮＰＴ体制では、核保有国が自分たちの特権・既得権を守るため、どうしても非核国の核廃絶努力にブレーキをかけます。そしてこのあり方が打開できない。これに対し、誰もが核を保有できることにして核保有国の既得権を無効化してしまえば、米ロも核廃絶によってしか自国の安全が確保されないことになります。ＮＰＴの最大のブレーキ条件を取り除くことができ、これではじめて、すべての国が同じ条件で核廃絶に向かわざるをえない環境が、整うわけです。この本の提案の要点はそこです。そして、いま、そういう主張を率先して行い、説得力のある国があるとしたら、日本の右に出る国はない。むろん非核宣言をして米国の核の傘の外に出た上での日本ですが、そのことに異論のある人は、世界にいないでしょう。

日本の戦争体験

もう一つ、いっておきたいのが、日本の戦争体験の特徴とは何かということです。これを、配付資料には、「戦後体験の位置づけと論理的不整合の意味づけ」と書いています。日本の戦争体験のあり方には尽きせぬ可能性があるのではないか。これは、先頃、『戦後入門』を書いた後、ヤスパースの「戦争責任論」について日本ヤスパース協会で話をさせてもらった際、痛感したことです。

ヤスパースは、戦後の起点としてのドイツ人の戦争体験の核心を、「生きるか死ぬか」という極限体験にまで追われた人間が、そのギリギリのところで生きることを選ぶ、という経験に置いています。ですから『私たちの戦争責任について(罪責論)』では、そこのところでヘーゲルの主人と奴隷の弁証法が引かれています。

しかし、これに比べると、日本人の戦争体験の核心は、だいぶ違うのです。むしろ自分が「生きる」よりも、自分の身近な近親者が「死ぬ」、つまり自分が身近な人間に死なれて「生き残った、という事実」に、力点が置かれています。

死なれた人間をどう忘れず、その死を無にしないようにして後の世を生きていくか。愛する者を戦争で死なせ、愛する者に戦争で死なれた人間として、残った自分は何をすべきか。だから、そこでの

「自分」は、生を選んだ人間というより、近親者に「死なれた」人間だというのがよい。原点に「受動態」がある。それが日本の戦争体験、戦後体験の原型なのではないかと、今回、気づきました。

そもそも戦争体験のなかの何がこれだけ、戦後の日本人、戦争体験者たちを動かしてきたのだろうか。そう考えると、自分の身近な人間が戦争で死ぬ、近親者に不自然な、また悲痛・悲惨な形で死なれるという経験が、その核心にあることが見えてくるのです。少なくとも、日本でいわれる戦争体験とは、そういう経験を核に、それに自ら戦火に遭い、空腹に苦しんだといった体験が積み重なり、もうどんなことがあっても二度と戦争はごめんだ、という思いに結実したものだといえるかと思います。

井伏鱒二の『黒い雨』で主人公が「いわゆる正義の戦争よりも不正義の平和の方がいい」といいます。その言葉に、その思いが結晶化されているでしょう。三一〇万人の国民が戦場と銃後で死にましたが、戦争が終わったとき、日本の人口は七二一五万でしたから、近親者を失い、回復不可能なダメージを受けた国民は、たとえば一人の死者に両親・兄弟と自分の妻子を含め平均八人の遺族・近親者が残されるとして、約二五〇〇万人。これは当時の全人口の三分の一を優に超える数でした。ほかに大多数の国民が空襲に遭い、家を焼かれ、もう戦争はこりごりだと思いました。その特徴は、非合理的とでもいうべき頑強な戦争反対の感情に裏打ちされていたことだったと思います。加害者意識も弱かった。自分が、隣国への侵略に加担していたという意識も、また侵略された国の死者に比べれば、自分たちの死者は、国の責任から免れないという意識も薄弱でした。そういう弱点がある。ですからそのことを一時も忘れず、そこを補正しなければなりません。しかし本質は、深い深い被害の感情です。それを揺るがせにしてはならないのです。

ですから、それは、この本にも述べましたが、たとえばイギリスの哲学者エリザベス・アンスコムのトルーマンの原爆投下批判のような論理的な投下反対論には、とうてい論理的に太刀打ちできません。戦争自体が不法なら、そこでの無差別殺戮(原爆)と、戦闘員だけを対象とした殺戮(通常兵器)の区別は出てきません。戦闘員だけに向けられた通常兵器の殺戮もすでに不法なのだからです。原爆の不当性をいうには、なかにまだしも情状酌量の余地ある殺戮がある、それに比べれば、原爆の無差別殺戮は許せない、といえなければならないのです。正当な「戦争」がありうる、という観点が入らなければならない。論理的にはそうなります。しかし、日本の戦争体験に立脚したら、それでも、正当な戦争がありうる、という考えには賛成できない、となるでしょう。「正義の戦争」よりは「不正義」でも「平和」のほうがいい、それが日本の戦争体験の核心だからです。

私のなかにもそういう感情があります。言葉にすると、原爆は、むろん不法、しかも戦争それ自体にもそもそも反対だ、となるのですが、それは、論理的には不整合なのです。でも、もし、そう指摘されても、その通り、この論理的な不整合こそ、われわれの立場なのだといってよいのではないか。そして、そこから、アンスコムとは別の道を通って、この不合理な戦争体験を出発点として、新しい日本の平和主義の道筋、また、加害者意識を取り込んだ論理を作り上げることがめざされるべきなのではないか。

そういうことを、この本ではジョージ・オーウェル、また小田実を手がかりに考えようとしています。

そのような日本の戦争体験の日本社会への定着がもっともよく現れた事例があります。それを、書こうとして、書かなかったのですが、最後に、それをここに補足しておきたい。

一九七七年九月のバングラデシュでの日本赤軍派による日航機ハイジャックの際、ときの福田赳夫首相が「人命は地球より重い」と言い、ハイジャック犯と取引きをしました。そこにはいろいろな背景、事情が絡んでいたのですが、驚くべきことは、それに対して、この言葉をそのままに受けた日本の社会が、まあ、いいだろう、ほかに手段がないなら、仕方あるまい、と支持を与えたことです。いまならそんなことはありえないでしょう。何しろ、テロリストとは取引きしない、と米国がいい、しばしば人質が犠牲になっているのですから。いま、日本の首相がテロリストの要求を呑み、当時の貨幣価値で一六億円を支払って、服役中の最左翼活動家らを釈放したら、弱腰だ、世界の笑い物になるとか批判が百出し、首相は辞任に追い込まれるに違いありません。しかし、そうではなかったのは、そのとき、「人命は地球より重い」という、あの「正義の戦争よりも不正義の平和」という日本の戦争体験に根ざした価値観が、しっかりと日本社会に生きていたからです。そんな国があるでしょうか。それほどにリベラルな国が。それこそ世界に冠たる平和国家というべきでしょう。そういうことをこそ、私たちは「誇り」とすべきなのです。

（日本記者クラブ講演「『戦後入門』をめぐって——戦後70年目の戦後論」二〇一五年一二月九日）

中村康二氏についてのアトランダムなメモ

1

現在、ある人物のことを調べている。

一九七五年に訪米を終えて帰国した昭和天皇が初の記者会見を行った。その席で、「戦争責任について どう考えるか?」という質問にあい、特徴的な回答をしている。三年前(二〇一一年)、『中央公論』の六月号が「私が選ぶ「昭和の言葉」」というアンケートの特集を行い、それに私は、この天皇の言葉を取りあげて答えたのだが、書いているうち、その答えの先に、その質問のあったことに気づかされた。

その質問者への関心が、そのときから、頭を占めるようになった。

この年、一〇月三一日に日本記者クラブ主催で訪米から帰国した昭和天皇に対する記者会見が、皇居内で行われている。そこで突如、次のやりとりが生まれている。

質問者「天皇陛下のホワイトハウスにおける「私が深く悲しみとするあの不幸な戦争」という発言がございましたが、このことは、陛下が、開戦を含めて、戦争そのものに責任を感じておられるという意味と解してよろしゅうございますか。また陛下は、いわゆる戦争責任について、どのようにお考えになっておられますか、おうかがいいたします」

天皇「そういう言葉のアヤについては、私はそういう文学方面はあまり研究もしてないで、よくわかりませんから、そういう問題についてはお答えができかねます」

このうち、私は後者の天皇の答えを、『中央公論』の「私が選ぶ「昭和の言葉」」にあげた。以下の文である。

「私はそういう文学方面はあまり研究していないので」昭和天皇 記者会見での発言 昭和五〇年(一九七五)

一九七五年に昭和天皇は米国を訪問し、ホワイトハウスの晩餐会で太平洋戦争について「私が深く悲しみとするあの不幸な戦争」と述べた。帰国後、公式記者会見の席で、「陛下が、開戦を含めて、戦争そのものに対して責任を感じておられるということですか? また陛下は、いわゆる戦争責任について、どのようにお考えになっておられますか?」という質問を受ける(十月三一日)。質問したのは、高橋紘『陛下、お尋ね申し上げます——記者会見全記録と人間天皇の軌跡』に「ザ・タイムス記者」と記され、ハーバート・P・ビックス『昭和天皇』(*Hirohito and the Making of Modern Japan*)で「日本人の取材者」(A Japanese newsman)と記されている人物である。(もし日本人であれば)誰もがあえて一度も昭和天皇に直接ぶつけられることのできなかった問いが、ここではじめて、日本人の口から投げかけられている。どういうジャーナリストだったのだろう。日本人のザ・タイムズ取材記者でもあったのか。天皇個人を脅かすものとしては、一九六六年の三島由紀夫『英霊の声』以来のできごとだった。

この質問に、天皇は、「そういう言葉のアヤについては、私はそういう文学方面はあまり研究していないので、よくわかりませんから、そういう問題についてはお答えできかねます」と述べている。

質問が「言葉のアヤ」として受けとめられ、回答されたことにも「時代を揺るがす」意味がある。どんな問いも、言葉によってしかなされない。だからこれを「言葉の問題」としていなす、はぐらかすことがいつでも可能である。ふつうの会話が成立しないと、浮上するのは「文学方面の問題」なのである。

もし、この問題について答える準備があったなら、これは天皇にとって、ある意味で、口をすべらすという形ででも「真意をもらす」、またとない機会であったろう。一方、天皇にそういう用意がまったくないのであれば、その場合には「そういう問題」はそもそもが、「言葉のアヤ」としてしか提示されえない。それには「文学方面」で対処するしかない。三島の作品はそういうケースにあたっている。

(特集「私が選ぶ「昭和の言葉」」『中央公論』二〇一一年六月号)

手元でこの言葉を転がしているうちに、この回答も意味深いが、それに優るとも劣らないくらいに、この質問も「歴史に残る「昭和の言葉」」なのではないかと思えてきた。昭和天皇に、戦争責任を面と向かってたずねた唯一の日本人による質問が、これだったからだ。つまりはこの人は生前、昭和天皇にじかに戦争責任をどう考えているのかと尋ねた、ただ一人の日本人なのである。

どういう人か。どんな出自をもつジャーナリストか。この後どうなったか。調べてみると、よくわからない。誰もこの人についてはほとんど書いていない。

そういうことがわかると関心がにわかに高まった。誰一人として、この日本人ジャーナリストを追おうとはしてこなかったという事実が今度は私を刺激したのである。

2

「私が若い野心的なジャーナリストの卵なら、当然、この中村康二というジャーナリストを追って一本のノンフィクションを書きあげて、そこから物書きのキャリアをはじめるね」

と私はこの後の大学の授業で、この天皇の戦争責任発言をとりあげた際に述べて学生を挑発している。ところがどっこい、こんな挑発に乗るようないまどきの学生ではない。みな、眠そうな顔をして私を見ている。

とはいえ、なかで一人の学生S君が反応し、リポートの主題に選び、ロンドン・タイムズに取材してこの人についてだいぶ調べたものを書いてきた。私は感激した。それを当時、ツイッターにこうツイートしている。

「いま、英語で行った戦後精神史・文化史の講義の期末リポートを読んでいる。中国からの留学生Xが英語で江藤淳について論じている。変わった見方。日本人学生Sが日本のジャーナリストが誰一人追いかけない「ロンドン・タイムズ中村浩二記者」について調べている。感慨無量。／中村浩二氏は、元タイムズ社の(たぶん)日本で雇用された記者。天皇に対し、戦争責任を質したただ一人の日本人ジャーナリスト。氏はその後、どうされたか。どのような生涯をすごされたのか。日本のジャーナリストの誰一人、この例外的な「同僚」に目を向けてこなかった。／学生S君が以下を調査。昭和天皇に戦争責任を質したタイムズ社日本人記者は、中村浩二氏ではなく中村康二氏か。75年の天皇会見記事での朝日新聞報道は誤記の模様？ 82年に逝去。英紙タイムズ紙記者、元英文毎日編集次長。S君は、当時の会見に出た／Mainichi Daily News の David Tharp 記者の生々しい報道記事をも見つけてきている。ヒット。」

S君は、リポートに、次の訃報とその後の報道、さらに敗戦間もない時期の記事をも見つけてきていた。

まず一九八二年の訃報記事。そこに彼が昭和天皇に戦争責任について質問した唯一の日本人だとの記述は見あたらない。

「中村康二氏(なかむら・こうじ＝英紙タイムズ東京特派員、元英文毎日編集次長)一日午後八時四十七分、胃がんのため、東京都千代田区の三井記念病院で死亡、六十三歳」(『朝日新聞』一九八二年一〇月二日)

八年ほど前、一度だけ昭和天皇への質問者として取りあげられている。しかし名前が七五年の報道時のままなのか、誤記されている。

「(昭和天皇に戦争責任について)質問したのは英紙タイムズの日本人記者中村浩二《ママ》(当時57歳、82年に死亡)だった。毎日新聞出身で、国際金融の専門家。「ダンディー」「反権力」「皮肉屋」。生前の中村を知る人々はそんな言葉を口にする」(『朝日新聞』二〇〇六年七月一三日「歴史と向き合う」第二部戦争責任)

また、一九五二年、中村康二自身の書いた文章(「悲しき宿命」)にふされた著者紹介の文面は、こうである。

「中村康二氏は毎日新聞社英文毎日記者。昭和十七年夏、マニラに派遣され報道戦線に活躍。終戦後引続き比島の戦犯裁判の通訳をし、また戦犯として抑留された人々の世話もして昭和二十四年秋帰国した」(『祖国への遺書　戦犯死刑囚の手記』一二七頁)

S君の見つけてきた当時の英字新聞 Mainichi Daily News(『デイリー毎日』)には、デイヴィッド・サープ(David Tharp)記者が、こう書いていた(「天皇、史上初の会見(“Emperor Meets Press In Historic First”)」一九七五年一一月一日)。

> これまで日本の新聞サークルの最大のタブーは天皇の戦争責任を問題にすることに対する明文化されざる禁止事項であった。しかし、ロンドン・タイムズ紙記者として天皇記者会見に出席した中村康二が天皇に直接これを質問し、劇的にこのタブーを取り払った。(中略)
>
> 天皇の答えは彼の立場を明らかにするものではなかったが、いやしくも質問が行われたという

ことが、日頃メディアが天皇にまつわる問題を扱う際に示してきた受け身の姿勢を見事に乗り越えていた。しかし非日本人としての外部の観察者の目から見て逸することができないのは、この質問が、日本の報道機関を代表してこの場にいるのではない一人の人間によって行われたという一事である。

この質問に記者たちの全体が凍りついたようになった。天皇がこの問いに答えるまでのひととき、ペンがメモ用のノートの上で動きをとめ、なす術を知らぬように宙に浮いている。それから、誰もがひそかに聞こうと考えていた問いがとうとう発せられたためだろう、安堵のようなものがその場を領した。

何のことはない、英字新聞は、当時、しっかりと書いていた。一方、日本の新聞は「凍りつい」ていた。日本の新聞は、この応答をそれ自体は、大きく報道したのだが、このジャーナリストの振る舞いについては無視・黙殺を決め込んだ。そしてそれが中村氏の死まで続く。(とはいえ上記のように二〇〇六年、『朝日新聞』が一度取り上げている。しかし、一九七五年以降の『朝日新聞』における名前の誤記は直っていない。また紹介も「国際金融の専門家」どまりで、その戦時、戦後のフィリピンでの体験にはふれていない。)

この英字新聞『デイリー毎日』は、中村記者が以前勤めていたところ(編集次長)。彼は、七五年当時、五七歳。したがって、敗戦の年、二七歳、堀田善衞と同年である。戦中世代に属する。

しかしどういうわけで戦前すでに英語にそれだけ堪能だったのだろう?

どういう人なのか?
S君のリポートには満点をあげた。ほとんど日本人学生では例がない。彼はいま、某自動車会社に勤めている。

3

私は、今回、何とかこの人を現在担当している英語の新聞のコラムで取りあげたいと思っている。S君のその後の調査結果を頼りに、現在、知人に助けを求めている。中村氏を知る人にお会いし、お話を聞こうと準備しているところだ。調査の過程で、わかってきたことを次にあげておく。

最近、眼に入り、購入して読んだものに、真珠湾攻撃による日米開戦を一二月八日と予知し、スクープ記事を書いた毎日新聞後藤基治記者の回想録がある。『日米開戦をスクープした男――実録・海軍報道戦記』という不思議な題名で刊行されている(一九七四年私家版『戦時報道を生きて・附「海軍乙事件」聞書』として刊行後、七五年五月、『海軍報道戦記　連合艦隊長官謎の「殉職」』として新人物往来社より公刊され、これがいま文庫に入っている。文庫は二〇〇九年刊。その後、さらに似た題名で二〇一〇年にも出ている)。

この本に、何度か、中村康二記者が出てくる。

この本には、当時の日本の新聞記者がどのような心境で従軍し、軍部の要人とつきあい、記事を書き、戦乱のなかに何とか生き延び、あるいは死んでいったかが生彩ある筆致で描かれてもいる。この本の最後近くに、こんなくだりがあるのである。

「鴨居グループの身代わりに残留した村松(喬——引用者)、中村両記者は、終戦間際には、秋山報道部長にすっかりニラまれて、危うく「消される」運命にあったという。二人は語学ができる上に、中村記者が比島政府の担当記者だったので、地方の県知事にも知己が多かった。そこで栄養の補給をかねて訪問して歩いた。その際、ラウレル大統領一行がバギオを脱出した様子をしゃべったことが、どうしたはずみか、憲兵にもれてしまった。それで「消される」はずであったが、中村記者の衰弱がひどくて、相手も気が抜けたのか、殺し屋は来なかった」。

たぶん著者の後藤氏が中村さんから直話で聞いた話だろう。

秋山報道部長というのは、日本陸軍の報道部の責任者。秋山邦雄中佐。ここにいう「殺し屋」も、むろん日本人である。

この本は、一九七三年七月の後藤氏の死去後、後藤基治遺稿刊行会の手で一九七四年一一月、私家版の形で刊行されている。

内容も、文章も、いまとほとんど地続きに読めるが、死後でなければ公刊できないような内容を含んでいるため、追悼の意味で、没後の刊行になったとも考えられる。内容は、後に見るように海軍の「恥」を天下にさらすものだが、他にも類似の著作はないわけではない。山本五十六が一九四三年に「戦死」、その後を襲った帝国連合艦隊司令長官古賀峯一も、一九四四年、遭難、「殉死」。それぞれが海軍甲事件、「海軍乙事件」と呼ばれているのである(この「海軍乙事件」について、吉村昭に著作がある。後述)。

この「乙事件」で、一番機古賀長官に従う二番機搭乗の福留繁参謀長が、現地ゲリラに捕捉される。そして「最重要の軍機書類を奪われながらも生還した」が、「この重大な事実は隠蔽され、海軍上層部も事実を糊塗して、責任追及も、解読された暗号の改変もせず、筒抜けの作戦を継続して多大な犠牲を出した」(前坂俊之『日米開戦をスクープした男』解説、もと毎日新聞記者、当時静岡県立大学名誉教授)。

そのようなことがなぜ起こったか、その「事の次第」をもこの本はスクープの回想とともに明らかにしている(ノモンハン事件の第一報もこの人が行った。どんな状況で起こって推移したかも目撃している)。この本は、一年後、先に述べたように一九七五年五月には公刊されている。その五か月後に中村康二氏は、ロンドン・タイムズの記者として天皇の記者会見の場に身を置く。そこであの質問が行われるのである。

4

後藤著に続き、右に述べた吉村昭「海軍乙事件」(『海軍乙事件』所収、一九七六年)を読んだ。このノンフィクション作品は後藤氏の死に先立ち、一九七三年三月号の『別冊文藝春秋』に掲載されている。氏が亡くなるのは四か月後だが、刮目してこれを読んだだろう。

そこから新たにわかったことをここに付言しておく。(ただし吉村の考証は厳格、かつ緻密。以下はその概容を要約した森史朗の同書文庫解説(一九八二年、新装版二〇〇七年)による。)

捕虜となり、軍機書類一式を奪われ、解読され、後「多大な犠牲」を出すことになった不祥事の主の福留繁参謀長は、海軍大学校卒業成績二番の超エリートで、日米開戦時は軍令第一(作戦)部長の要職にあった。この海軍乙事件のあと、海軍当局は、この事件が軍機漏出にはあたらず、福留参謀長は捕虜になったわけでもないという奇怪な見解を採用し、詳細を明らかにしないまま、かえってその後、関係者を栄転させる。福留参謀長は第二航空艦隊司令長官となる。これは後にフィリピンの神風特攻隊の責任ポストとなる要職である。

戦後、福留は旧海軍のエリートとして復活、水交会(旧海軍士官の親睦団体)理事長となる。自ら『史観・真珠湾攻撃』、『海軍の反省』などの著作を発表する。しかし自らのセブ島捕虜事件については一切口をつぐむ。機密書類の紛失も一貫して否定。書類は飛行艇の墜落とともに燃え尽きたと言い切り、一九七一年二月、死去する。

さて、これまで、この海軍乙事件は、まったくの謎に包まれたままだった。吉村昭が、事実を検証し、その著書で、福留が現地ゲリラに捕縛された際、この機密書類がすべて当時オーストラリアに機関を置いていた米側の手にわたり、解読され、その後の米軍に以後の海軍の作戦がことごとく漏れることとなったことを、関係者の証言によって明らかにする。それが前記のように、一九七三年三月のことである。

中村康二による天皇への質問が一九七五年一〇月。それに先立つ四年半のあいだに、福留の死(一九七一年二月)、吉村のノンフィクションの発表(一九七三年三月)、後藤の死(一九七三年七月)、後藤の追悼録の私家版刊行(『戦時報道に生きて・附「海軍乙事件」聞書』一九七四年一一月)、その単行本刊行(『海軍報道戦記　連合艦隊長官謎の「殉職」』新人物往来社、一九七五年五月)といったことが、続いていた。

この福留繁の失態は、吉村の手で米国資料をもとにはじめて事実として立証されたが、その後、米国側の当事者、関係者の証言と資料により、改めて確認されている（W・J・ホルムズ『太平洋暗号戦史』ダイヤモンド社、一九八〇年）。

つまり、後藤基治の著作が、七三年の死後、七四年に『戦時報道に生きて』と題し、私家版で出る。その目玉の一つが、海軍乙事件の真相を従軍記者の立場から明らかにするもので、そこに中村康二の名が背景を彩る記者群像の一角を占める形で出てくる。しかし海軍乙事件に関しては、吉村昭の関係者への取材に裏打ちされた果敢な試みが初で、権力の事情に通じたジャーナリスト後藤の内幕ものは、これを受けての「後出しじゃんけん」にすぎない。戦後三〇年目にして天皇に質問した中村が、日本のジャーナリストとしては異数の人物だったことがこのことからもわかる。

なお、吉村昭は、取材で福留参謀長の捕虜受け渡しを成功させた大西精一元大佐にも会っている。この時期、フィリピンにいた軍人のなかでも「人格識見共に見事な武人」として知られ（『戦史の証言者たち』）、その公正な行動でゲリラ側にも信頼を得ていた人物である。いまは米子近郊、皆生《かいけ》温泉近くの住宅地に住む。そして大西が受け応えのなかでつねに「福留参謀長に敬意をいだき、その同行者に深い同情をしめしながら話されるのが、私の耳には実に快かった」と書く（「『海軍乙事件』調査メモ」）。あくまで吉村の筆致は、鋼のように沈着。沈黙を蔵している。

私事に亘るが、私は太宰治賞の選考委員として数年間、この吉村さんとご一緒した。選考の場で推賞するものが重なり、最初は浮ついた戦後論を書く文芸評論家を警戒されていたと思うが、徐々に親しくなった。最後は一度どこかでお酒を、という話が出るまでになったが、果たさずに、突然、選考委員を辞され、まもなく亡くなられた。その人柄がとても好きだったが、書かれた戦記関係のものを読んでいなかった。不勉強のため、貴重な機会の失われたことが悔やまれてならない。

ひるがえって、フィリピンで戦時下、記者として取材活動を行い、そこで見るべきものは見つ、というほどの経験をしてきた中村は、これらの敗戦にいたるさまざまな前史の動きを、わがこととして通過している。必ずや吉村による一九七三年発表の「海軍乙事件」も、読んだのではないか。

中村は先の吉村の著作で最大級の評価を下されている大西精一中佐(当時)のBC級裁判に立ち会い、そのときの模様を後に後藤に話している。それで、後藤著にも、吉村の著作に印象的な後日譚として言及される大西の裁判でのやりとりが、詳しく出てくる(大西の公正な態度で助けられた経験のあるゲリラのリーダーが戦後、BC級裁判の場に現れ、証言して大西は銃殺刑をまぬかれる)。

そこに記された後藤著から次のくだりを引いておく。私には貴重このうえない数行である。

> 大西大佐《ママ》の公判のある日、セブ島からジェームス・クーシン大佐が出頭し、証言台に立った。クーシン大佐が、多くの島民を殺した大西部隊長をいかに弾劾するか、満員の傍聴席はかたずをのんで見守った。それが当時のマニラの市民感情だったのである。
>
> 毎日の中村康二記者もその一人だった。彼は語学力を生かして日本人戦犯を助けるため昭和二十四年まで比島に残ったのだ。そしてクーシン大佐が語り出した時、人々は思わず顔を見合わせた。
>
> クーシン大佐は福留参謀長一行を捕らえた際、(彼らをゲリラから奪回しようと包囲のうえ、交渉を

指揮した――引用者）大西部隊長がその交渉でいかに誠実に約束を履行したか、その後の非戦闘員に対する扱いがいかに人道的であったかを詳しく証言し、大西大佐を弁護したのである。それだけではなかった。証言を終えたクーシン大佐は、廷吏が示す退場のコースを無視して、つかつかと大西大佐に歩みよると、その手を固く握りしめた。

（前掲『日米開戦をスクープした男』傍点引用者）

ここで後藤は、中村の目撃談を再現しているのだろう。中村以外に、彼にこの場の状況を伝えた人間はいないだろうからだ。この光景を、戦争が終わった後のBC級裁判の公判の場で、中村がどのように見ていたかが、この後藤の描写のうちに示されている。中村は、まえにも見たように、日本人のBC級戦犯の裁判で罪に問われた旧日本兵を助け、通訳するため、フィリピンにとどまった。このとき通訳を務めたのが、中村だった可能性もある。大西に取材し、強い印象を記した吉村さんに、このことを話してみたかった。もしこのとき、吉村さんが中村康二にまでたどりつき、取材が行われていたら、どうだったか。懐の深い吉村さんがこの中村康二記者の存在を知れば、どんな感想をもらされたか。

5

なお、次に付録としてSくんのリポート中、彼が発見してきた日本語文献の引用部分を、本人の許諾を得た上で以下に転載しておく(出典Makoto Sumikura, “Koji Nakamura: Japanese journalist who dealt with Emperor's war responsibility”)。

中村康二「悲しき宿命」より、次のくだりが引用されている。

これが問題である。われわれはその現象(日本軍の虐殺——引用者)の底に流れる深く大きく、かつ複雑な要素を見出すだろう。この遠因を求むるなら、それは日本建国以来の社会、国家制度、国民の思想的方向、重点等に指向されようし、近くはこれらを土台として形成された「近代日本」の歩み来った道そのもののなかに発見するであろう。そしてこういった諸要素が「軍隊」という強固な有機的組織と意思を通じて端的に表現され、実施されたのを見るであろうし、後に至って戦争犯罪人として裁きの庭に立たされた軍人の多くが、かかる意味においてはむしろ個人としての罪状に基づく裁判でなく、国家意思の代行者として裁かれる結果に至ったことを見出だろう。さらにまた国家意思を代行せずして行った行為のうちに、人間としての鼎の軽重を鋭く問われる要素をも数多く発見するであろう。

比島においてわれわれの眼に映じた作戦の原則は「戦争は殺すことによって勝たねばならぬ」であった。(中略)日本軍一般の原則として、結果的に現れたことは、勝利がすべてを正当化する一種の超人哲学だった。(中略)

人間の価値、生命の尊さは軍隊思想のなかに存在しなかった。国家は人民のために存在するものではなく、人民が国家のために存在したのである。天皇によって象徴された「祖国の命ずる」

ままに兵隊は戦い、殺し、そして死んで行った。（中略）
日本社会の根本的な柱である主従関係は、明治以来のいわゆる近代化に拘らず、その性格は変わっていない。主に対する従の関係は、それ自体が強固な力であった。軍隊においてはそれは命令という言葉を通じて完全に推し進められた。命令の前に法はなかった。命令のみが法であった。（中略）
そもそも命令の根源は統帥権にあり、その源泉は天皇にあった。そして天皇は愛国心の故里であった。従って服従は愛国心の発露であった。

（「悲しき宿命」一三五―一三八頁）

また、いま読めば、同じ文章の冒頭近くには、こういう述懐もある。

絞首台――。ここは特別獄舎である。ここで処刑の直前に執行命令は伝達され、遺書が残される。私の役目はそれらを訳し、遺言を書きとめることである。
数分後――。彼等の生命は消えていた。戦争犯罪人数名がかくして自らの意識しない罪を清算した。
将軍もいた。兵もいた。非戦闘員もいた。（中略）
裁判は全部終った。あとは、処刑、釈放のいずれかである。結果がどちらかであっても、裁判そのものは歴史にはっきりと爪痕を残した。どう残したか、問題はここにある。

（同前、一二八頁）

来週、この中村記者とともにロンドン・タイムズで仕事をされたIさんにお話を伺う。場所に指定されたのは有楽町の外国人記者クラブである。

(『ハシからハシへ』一巻三号、通号一一一号、二〇一四年八月一一日)

後注。本文中の学生S君は、二〇一三年当時の早稲田大学国際教養学部学生、隈倉真君である。この文章は彼の調査をきっかけにして書かれた。記して感謝する。なお、このときの調査をもとにして書いたのが本書第一章所収の『インターナショナル・ニューヨークタイムズ』紙掲載のコラム「昭和天皇と中村康二」(二〇一四年一〇月一四日)である。この記事執筆のためのその後の調査でわかったことを簡単に補足する。

中村氏は、一九六一年、当時の外信部長とぶつかり、毎日新聞を依願退職している(大森実『エンピツ一本』)。六七年には毎日新聞時代の同僚大森実氏を中心とする「東京オブザーバー」紙の創刊に参加し、一時、編集長を務めている。七五年一〇月三一日の天皇記者会見時、中村康二氏の隣に腰を下ろしていたフィリピンに本拠を置く新聞財団デプスニュース記者の名前は、「サクライ・ヨシコ」。現在の櫻井よしこ氏である。また中村氏は作家の村松友視氏の最初の結婚の仲人を務めている。村松氏が中村氏のフィリピン時代以来の盟友であった毎日新聞記者村松喬氏の甥だった関係で、親しかったためという。村松氏は私の電話での質問に、中村氏が当時、外国車などを乗り回す「ダンディー」かつ「古武士」のような人物であったと評されている。

最後に、参考まで、中村氏が天皇への質問の直後にファー・イースタン・エコノミック・レビュー誌九〇巻四六号(一九七五年一一月一四日号、一二一―一二三頁)に寄稿したコラム(Koji Nakamura, "Hirohito keeps his country guessing")の全文を、次に訳出しておく。

天皇の回答に国民の疑心晴れず

東京発。昭和天皇ヒロヒトが太平洋戦争に対する責任をどう感じているかは不明確のままとなった。一一月一日の日本のメディアに対する初の記者会見の席で、彼は戦争責任に関する質問に対し、直接には答えず問いをはぐらかした。一〇月中旬の二週間の米国訪問から帰国した天皇は、米国の印象と彼の個人的な趣味である海洋生物学、健康をめぐる多くの質問に答えた。その間、三〇分のあいだ、良子皇后が、言葉を探しながら質問に答える天皇を傍らから見守った。

皇居の広大な謁見の間で開かれたこの穏やかな会見で、堅苦しく秩序立った雰囲気が破られたのは、戦争と原爆投下をめぐる質問がなされたときである。天皇は米国訪問の間、米国の取材陣に対して自分は開戦について責任がないと宣言していた。しかしこれらの主題は長い間国内のメディアではタブーとみなされてきた。

（国内では、たとえ法的には責任はなく無罪だとされようと、やはり天皇は統帥権者として内閣を超えた最高権力者だという説が根強く行われている。二八年間、グアム島のジャングルに潜伏して帰ってきた横井庄一は、「戦争で生命を落とした人間は天皇陛下のために戦っているのだと信じて死んでいった」、天皇から「完全に騙された」ように感じる、と述べている）。

戦争責任に関する質問がなされたとき、天皇はひととき沈黙した。それから、どもるようにして、「そうした言葉のアヤについては、文学方面についてはうといのでこの問いに答えをなす立場にありません」と答えた。

天皇が質問の意味を理解していたのかどうかについて、その後推測が行き交っている。天皇は誤解してこう答えたのではないかという説もあるが、会見の場にいた記者たちの多くは、たとえそうしたくとも、天皇には直接の答えが思いつかなかったのだろうと考えている。

他の質問について、天皇はしっかりと対応した。最初の原爆投下の地である広島から来た記者によってなされた深刻な質問のばあいも同様で、この問いに、天皇は、「原子爆弾の投下は遺憾だが、戦時中のことなので、米国にも他に手立てがなかったのに違いない」と答えた。

彼の言明は明らかにワシントンを喜ばせるものだが、国内には広範な批判を呼び起こしている。宮内庁は、こうした敵対的反応を和らげようと、天皇の真意は彼が米国の原爆投下を中止させる立場にはなかったということだといいくるめようとしている。これが天皇の胸の内を本当に示したものかどうかはわからない。しかし、天皇が自ら言明し、それが多くの国民を失望させたという事実は、消えない。

参考文献

大森実『エンピツ一本』下巻、講談社、一九九二年。

後藤基治『日米開戦をスクープした男』新人物文庫、二〇〇九年。

中村康二「戦後の比島報告」『サンデー毎日』二八巻四二号、一九四九年一〇月一六日号。

同右「悲しき宿命」、塩尻公明編『祖国への遺書　戦犯死刑囚の手記』毎日新聞社、一九五二年。

同右「フィリピン政府の横顔」『秘録大東亜戦史　比島編』富士書苑、一九五三年。

吉村昭『戦史の証言者たち』文春文庫、一九九五年。

同右『海軍乙事件』文春文庫、二〇〇七年。

4.「災後」のはじまり

ゴジラとアトム——その一対性

はじめに

一九六〇代以降の「高度成長」から生み出された表現にはどのような問題意識が見られるか。そこに注目し、「SF映画やアニメの表現を通して大震災や原発の問題を考え」る、というのが本誌の企画趣旨である。それにうまく合致するかどうかわからないが、ここでは、日本の戦後の代表的な文化アイコンであるゴジラとアトムについて、素描的な考察を試みたい。

手がかりとするのは、ゴジラとアトムの一対性である。

この二つの文化アイコンのあいだには、この後に示すような、一対の存在として受けとられてしかるべき、いくつかの参照点がある。いずれもいわれてみれば誰もが納得せざるをえないような明らかな類似点であり、共通点である。にもかかわらず、二〇一一年三月の福島第一原子力発電所の事故まで、そのことに注目した論考、創作、指摘のたぐいは、日本の社会で、一つとしてなかった。

ゴジラに関する論考の数は少なくない(1)。アトムについても同様である(2)。しかし、そうしたけっして少なくない論考のなかに、この二つを関係づけ、比較し、そこから新しい問題を取りだそうとする試みは、一つもなかったのである。

残念ながら、私もその数に入る。二〇〇五年以降、文化アイコンとしてのゴジラに注目し、「グッバイ・ゴジラ、ハロー・キティ」(二〇〇七年)、「さようなら、「ゴジラ」たち――文化象徴と戦後日本」(二〇〇九年)と題する論考にまとめ、英文、日本文で発表してきた(3)。しかし、ゴジラとアトムを一対の存在として比較するという発想は、私には訪れなかった。

私についていえば、その発想がようやく訪れたのは、他の人と同じく、右の原発事故以後である。後にふれるように、原子力の平和利用にまつわる被爆者たちの関与から、ゴジラとアトムのつながりに気づくことになったのだが、そもそものところ、その視界の転換のきっかけは原発事故にあった。事故が、私を含め、多くの人に、この二つのアイコンの「一対性」が何かを意味していることを気づかせたのである。そこで私は、事故の後に書くことになった論考のなかに、架空のアトムとゴジラの対話を記すことになった。その章のタイトルは、「アトムとゴジラ――祈念と怨念」である。ゴジラとアトムの一対性は、まず私に、被爆者たちの「祈念」と戦争の死者たちの「怨念」、未来へのまなざしと過去からのまなざしの対比として、やってきたのである(「祈念と国策」『3・11 死に神に突き飛ばされる』二〇一一年)。

そのときの言及をもとに、求められて私は、翌二〇一二年、この原稿のもとの版にあたる「ゴジラとアトム――一対性のゆくえ」という論考を書いている。いま私は、そこで試みた一対性の考察をもう一度、検討し直してみたい。大きな骨格こそ動かないが、もう一度、出発点から考え直してみたい。特にゴジラの前に、もう少し立ちどまってみたいと思っている。

これまで私たちがアトムとゴジラの一対性に気づかなかったことにはどんな理由があるのか。

なぜこの間、誰一人として、この一対性に気づくことがなかったのか。また、何がきっかけで、この両者がふいに、私たちの目の前に、興味深い「一対性」をなす存在として、見えてくるようになっているのか。

そして、そこから新しく私たちのものとなった知見とは、どういうものなのか。起点からもう一度歩みはじめて、この新しい視界、「一対性」の発見から、どのような問題が見えてくるか、どのような新しい関心の領域が開けてくるかにまで、進みたいと思う。

1　参照点

まず、ゴジラとアトムが「対」の対応性をもっているとは、両者のあいだに次のような参照点——類似点と共通点——のあることをさしている。

第一に、両者はともに、広義の核エネルギーの出現と、日本での原子爆弾被投下体験から生まれている。

ゴジラの第一作である映画『ゴジラ』は、一九五四年三月の米国のビキニ環礁での水爆実験での日本の第五福竜丸の事件をきっかけに作られている。いうまでもなく、この米国の動きと日本人の被曝の淵源をなすのは、四五年八月の原爆投下である。映画は、この年の三月に企画がたちあげられ、同年一一月に封切られる。映画には、広島、長崎への原爆投下の話題も出てくる。またゴジラ退治の武器として、原爆を思わせる——発明した科学者はこれを国家の手に渡すまいとする——、科学技術の粋である最終兵器も登場してくる。その企画は、とうてい四五年の広島・長崎への原爆投下なしには生まれていない。

一方、アトムは、五一年四月、日米の講和条約締結に向けた動きのなかで、当初、平和交渉の担い手という構想のもと（『アトム大使』）、原子力エネルギーを動力源とするロボットとして登場してくる。作者手塚治虫は、後年、クリスマス島の水爆実験の報に接し原子力の「平和利用」という願いからこの構想を抱いたと述べるが（『ぼくはマンガ家』一九七九年）、クリスマス島の水爆実験（英国による）は五七年、米国のばあいでも最初の水爆実験は五二年である。アトムが登場するのは『アトム大使』の第四話で、それよりも前の五一年七月のことだから、これは手塚の勘違いである。やはりその背景にあるのは、四五年の広島・長崎への原爆投下としか考えられない[4]。

第二に、右の『アトム大使』を受け、『鉄腕アトム』が五二年四月から雑誌に連載されるが、これは『ゴジラ』封切り（五四年一一月）の二年半前のことだ。つまり、両者はともに、五〇年代前半、五二年四月（サンフランシスコ講和条約が発効）の占領の終了をはさみ、踵を接する形でその前後に登場している。核の脅威のもとに置かれた東西冷戦を背景に生まれている点で、共通している。

第三に、この二つは、登場以降、世に広く受け入れられると、六〇年代以降、戦後日本の文化アイコンとして成長し、その後も半世紀にわたり、二〇〇〇年代まで、文化アイコンとして戦後の社会を生きていく。海外にも流布する。国際的にも知られた、戦後日本を代表する文化アイコンである点、相同的である。

映画『ゴジラ』は、五四年に第一作が封切られ、九六一万人の観客を動員した後、二〇〇四年の最終作『ゴジラ FINAL WARS』まで二八作を作り、概算で総計九九二〇万人の観客動員数を記録している。第一作の動員数は当時の日本の総人口の一割強で、シリーズ全体の動員数はこの期間の日本の総人口の平均にほぼ見合う数である。海外にも輸出され、一部リメイク版『Godzilla King of the Monsters!』（一九五六年）、後にはハリウッド製作版『GODZILLA』（一九九八年）——これに続き、『GODZILLA ゴジラ』（二〇一四年）も——が作られているほか[5]、さまざまな人形、書籍、関係グッズなどを生み、戦後日本を代表する文化アイコンの一つであり続けている。

マンガ『鉄腕アトム』も、五一年四月からの『アトム大使』の後、五二年四月から六八年三月まで雑誌『少年』に連載され、絶大な人気を博している。六三年以降は、アニメとして当時の新興メディアであるテレビに登場し、その影響は社会全般に及び、戦後の代表的な文化アイコンとなる。テレビのアニメ番組としての『鉄腕アトム』は、六三―六六年、八〇―八一年、二〇〇三―〇四年と断続的に、やはり二〇〇〇年代前半まで続いている。海外にアニメのＴＶシリーズ『ASTRO BOY』として輸出され、〇九年にはゴジラ同様、映画『ATOM』が香港・米国合作で作られている。

その後の展開を見ても、『ゴジラ』が日本における特撮怪獣映画というカテゴリーの嚆矢であるなら（その後継の位置にくるのがウルトラマン・シリーズである）、『鉄腕アトム』は日本のアニメにおけるロボットものの嚆矢であり（後継をなすのは、マジンガーZ、エヴァンゲリオン等である）、現在、両者の合流地点で、映像、アニメ、マンガ、とりわけコンピュータ・ゲームにおける、ロボットと怪獣とからなる日本発のアマルガム型ファンタジーが百花繚乱の隆盛を示している。

これを整理すれば、両者は、（1）原爆の出現と戦後の結びつきのもとで、「戦後」性を色濃くその出自にとどめて誕生しながら、（2）「高度成長」期の社会変化にも融通無碍に対応し、長い間戦後日本の文化アイコンでありつつ、（3）このたびの原発事故で、その一対性のもと、再度、その意味を更新しようとしている点で、類似、共通しているのである。

したがって、やはり、こう問わなければならない。

これだけ参照点をもつのに、なぜ、三・一一の原発災害が起こるまで、私たちは両者の一対性に目を向けることがなかったのか。

そのばあいの、私たちにとってのミッシング・リンクとは、何だったのか。

また、その分断を埋めるとは、どういう行為なのか。

2　ミッシング・リンクからメビウスの輪へ

三・一一の原発災害以前に、核問題にふれ、ゴジラとアトムのそれぞれに言及したものが皆無だったわけではない。たとえば武田徹は、事故に先立つこと九年という二〇〇二年に書かれた『「核」論――鉄腕アトムと原発事故のあいだ』のなかに、「1954年論　水爆映画としてのゴジラ」「1965年論　鉄腕アトムとオッペンハイマー」という章を設け、そこで、それぞれ、核実験とゴジラ、原子力の平和利用とアトムについて論じている。[6] ゴジラは広島、長崎での被爆、第五福竜丸事件との関連で取りあげられ、[7] アトムは原子力の平和利用（と原発事故）との関連で考察されている。[8] しかし、そこにもゴジラとアトムの相互連関、一対性への関心は見られない。両者は二つの章のなかで独立し、別個に論じられ、相互のかかわりへの言及はない。

両者の関連について関心を示した論考が現れるのは福島第一の事故の後で、その嚆矢の例は、二〇一一年八月に刊行される川村湊『原発と原爆——「核」の戦後精神史』である。[9] この本の第一章は、「ゴジラと放射能の恐怖」、第二章は、「アトムと原子力の平和利用」と題されているが、その第一章には、

「原水爆と原子力の問題は、日本の戦後社会において、奇妙な分裂を見せている。原子爆弾と原子力発電は、原子物理学的な面から見れば(中略)同じ現象にほかならない。だが、戦後日本の言説や表現の世界から見れば、この二つのものは、いわば「善」と「悪」、一つのものの二つの側面としてとらえられ、それを統合的なものとして語るという「語り方」がきわめて少なかった」

という記述が見られる。二つの文化アイコンを「統合的なものとして語る」という、三・一一以後の新しい視界が示され、そのことが、

「これは私の個人的で世代的な文化体験に依拠したいい方になるが、「ゴジラ」と「鉄腕アトム」の並立ということになる」

とはっきりとゴジラとアトムの一対性と関連づけられて述べられている。[10]

第二章には、これに続き、

「1954年の第五福竜丸の被曝による「死の灰」の問題の勃発による、反原水爆、さらにいうと反原子力という社会的な流れのなかにあって、鉄腕アトムは、どんな振る舞いを見せていたのだろうか」

という興味深い問いまでが、提示されている。

このことから次のことがわかる。

三・一一の原発事故の意味するところは、原発の「安全神話」の崩壊ということだった。これによって、原子力と核の善悪二元論が、その信憑性を失った。その結果、ゴジラ(放射能)とアトム(平和利用)は一体のものなのではないか、という視界がここにはじめて生まれている。

つまり、ゴジラとアトムの一対性に私たちの目を向かわせたのは、三・一一の原発事故による原発の「安全神話」の崩壊だった。両者の一対性に私たちが気づけなかったのは、原発の「安全神話」を私たちが信奉していたから、ということになりそうだ。そのため、原発から原爆へとつながるルートが遮断されていた。その空隙をミッシング・リンクと呼ぶなら、それをなしていたのは、原発の「安全神話」だったのであり、そこから生まれていたのが、川村の示唆する、原子力と核の善悪二元論だったのである。

じじつ、この原発の「安全神話」に対し、永年警鐘を鳴らしてきた原子工学の専門家、小出裕章は、すでに三・一一以前、その直前に刊行された本のなかに、その「分断」についてこう述べている。

日本では「「核」といえば軍事利用で「原子力」といえば平和利用であるかのごとく宣伝されて」きているが、この二つは同じである。しかし、「同じニュクリアでも、「ニュクリア・ウェポン(Nuclear Weapon)」は核兵器、「ニュクリア・パワー・プラント(Nuclear Power Plant)」は「原子力発電所」と訳され」ている、と。(11)

「安全神話」と、そこから生みだされた「核」の善悪二元論が、私たちにとってのミッシング・リンクだったのである。

しかし、ここで、一歩を進め、このことを、ミッシング・リンクの環が埋まり、二つがつながる、というだけでなく、先の善悪二元論が、じつはメビウスの輪状になっていることがわかった、というふうに考えてみよう。すると、この間の私たちの覚醒の意味が、より明瞭になる。

というのも、このことがわかると、じつはアトム(原子力の平和利用)がいったん事故になればゴジラ(核の災害)を呼び寄せないではいない、というだけでなく、この連関のプロセスが、メビウスの輪の裏側に、もう一つの連関をも隠しているらしいこと、ここに秘匿されていた連関が、一つではなく、二つであること、さらに多重でありうることまでが、見えてくるようだからである。アトムとゴジラが、ミッシング・リンクで一つにつながるというだけでなく、メビウスの輪状に互いが他とつながっているのだとすれば、一方(アトム)が他(ゴジラ)につながる、そのプロセスの裏面で、他(ゴジラ)が一方(アトム)につながる、逆の連関のプロセスも、進行していることになる。さらにその背面に、そこから逆に、もう一度、アトムからゴジラへの回路がひらかれるということもありうる。

ゴジラがアトムにつながる、その背面の歩みがこの後述べる被爆者たちの願いとして見えてくるとしたら、アトムがゴジラにつながる、そのもう一度反対面の歩みからは、何が取り出されるのか。

ここからは、こうした問いが出てくるし、さらに、両者におけるそれぞれの連関のあいだの一対性は、何を語るのか、という問いが、これに続いて出てくる。

最初の問いのうちの前段の答えは、ある程度わかっている。

先に私が自分の本で述べた、アトムが「祈念」を代表する連関、被爆者たちの「祈念」を動因とするプロセスが、それにほかならない（前掲「祈念と国策」）。

しかし、それがもう一つ、さらに逆プロセスの連関と「一対」になっているかもしれないことへの気づきは、先にはわたしにはなかった。

原発の事故から「平和利用」と「核災害」が一対のものだとわかる。そこから、「核災害」（原爆投下）は、被爆者たちにその苦悩を通じて「原子力の平和利用」（科学技術の夢）を祈念させて結果として「原発」を招来する、という一つの連関が浮かんでくる。しかし、その背面に、もう一つ、「核災害」（原発事故）が現在の私たちをして「原子力の平和利用」（科学技術）に再考を促す、という逆連関が再度浮かびでてくるという可能性にまで、先の場合は、思い及ばなかったのである。

3　原爆から平和利用へ――被爆者の「祈念」

第一の連関とは、こうである。

三・一一の原発事故のあと、改めて光をあてられたトピックの一つに、広島、長崎の被爆者たちが、長いあいだ、原子力の平和利用の賛成者であり続けた、という事実があった。

被爆者たちは、ビキニ水爆の二年後、一九五六年、被爆者たちの団体である日本被団協を結成する。そしてその結成大会で、原子力の平和利用を支持するという方針を明らかにする。そしてその方針は、事故の少し前まで堅持される。当然、その事実に対し、原発事故以後、なぜ誰よりも原爆の被害の甚大さを知るはずの彼らが、原子力の平和利用の賛成に回ったのか、という問いが提出された。

これに対する答えの代表的なものに、事故後いち早くこの問題をとりあげた広島市立大学平和研究所の田中利幸の考えがある(「「原子力平和利用」と広島――宣伝工作のターゲットにされた被爆者たち」二〇一一年)[12]。田中は、五〇年代なかばに展開された米国の核戦略の一環としての「平和利用」宣伝に焦点をあてた論考で、被爆者たちが五〇年代後半、原子力の平和利用に傾いていった理由を、五三年に米国からはじまった「アトムズ・フォー・ピース」(平和のための原子力=原子力平和利用)政策にからめとられた結果であると主張した。三・一一の原発災害においても、広島の被爆者団体の反対への動きは鈍かったが[13]、なぜ放射能の恐ろしさを「自分たちの経験から十分すぎるほど理解しているはずの彼らが「原子力平和利用」については、消極的どころか、積極的な支持者になってしまったのか」と問い、「この疑問に対する答えを見いだすには、1950年代に世界的な規模で推進された“Atoms for Peace”政策の広島への影響を詳しく分析してみる必要がある」と述べたのである[14]。

しかし、被爆者たちはからめとられたのだ、というこの説明は、そのような側面がたしかに否定できないにしても、彼らの苦しみと未来への希望、希求のよってきたるところを考えると、浅いといわざるをえない。そこまでを考えると、では、なぜ彼らは、投下国のキャンペーンに同調したのか、それは原子力の平和利用に「希望」を託さざるをえないところまで追いつめられたということではなかったか、そこにあるのは彼らにとってはそのとき科学の可能性だけが自己の尊厳を守る手立てだったという、やむにやまれぬ事情なのではないか、という問いに、ぶつからざるをえないからである。

たとえば田中は、五五年一月、米国の議員から「広島に原発設置」の提唱がなされたとき、当時広島大学教授で原水爆禁止広島協議会の中心的存在だった森瀧市郎が、もしそのような意欲があるなら、米国は「原爆被害者の治療」に「国として積極的な援助」をすべきと「拒否反応」を示しながら、五六年の初夏、広島で読売新聞社主導での原子力平和利用博覧会が行われると、今度は「原子炉で燃えカスをどう処理するのか、（中略）どこにも示されていない。（中略）その疑問にこたえるものをみせてほしい」と苦言を呈しつつも、ただし「その（平和利用の――引用者）応用の大きいこと、それが分りよく見せてあることで興味をもった」と軟化の兆しを見せていることを取りあげ、これが、八月の日本被団協結成大会での、

「私たちは今日ここに声を合わせてたからかに全世界に訴えます。人類は私たちの犠牲と苦難をまたとふたたび繰り返してはなりません。破壊と死滅の方向に行くおそれのある原子力を決定的に人類の幸福と繁栄の方向に向かわせるということこそが、私たちの生きる限りの唯一の願いであります」

という大会宣言文の読み上げにつながっていることを、跡づけている。また、森瀧が、こうして短期間に全面的な原子力平和利用への賛同に転じていることを指摘し、

「かくして、この時点で森瀧は、「核兵器＝死滅／原子力＝生命」という二律背反論に完全に埋没してしまっている」

と述べている。

田中によれば、この五五年から五六年にかけての姿勢の変転が示しているのは、森瀧がこのキャンペーンに取り込まれたという事実であって、「かくして、被爆者を含む多数の日本人が、森瀧の目を眩ませた「核兵器＝死滅／原子力＝生命」という二律背反論的幻想に深くとりこまれてしまった」(15)。広島の被爆者たちを含んで多くの日本人が、この時期、原子力平和利用の賛同者に取り込まれたのは、

この「核兵器＝死滅／原子力＝生命」という「二律背反論的幻想」、つまり川村湊のいう「核」の善悪二元論に取り込まれたからで、それをもたらしたのは、五四年以降日本に高まった反原水爆の運動に危機感を募らせた米国主導の「アトムズ・フォー・ピース」政策による宣伝工作だったというのである。

田中の論考が私たちに教えるのは、川村のいう「核」の善悪二元論の出所が、原爆開発国の米国が冷戦下の対ソ封じ込め的な核世界戦略の新しく展開した「アトムズ・フォー・ピース」政策だったろう、ということである。これ以降、米国の核世界政策は「核兵器」（秘密保守）と「核平和利用」（秘密を管理したうえでの技術伝播）の二本立てとなる。そこから日本では「ニュクリア」の訳語が、「核」（兵器）と「原子力」（平和利用）へと二分される。そして「原子力」発電の「絶対安全神話」が政府・電力会社の宣伝工作のもとに浸透すると、それは「核」の善悪二元論となって、アトムとゴジラを一対として見る視力を曇らせてしまうのである。

しかし、森瀧の述べた、

「破壊と死滅の方向に行くおそれのある原子力を決定的に人類の幸福と繁栄の方向に向かわせるということこそが、私たちの生きる限りの唯一の願い」

という希求を、単に米国のキャンペーンにからめとられたものといって片付ける見方は、ことの半面をしかとらえていない。その背後には、田中が同じ論考に引く、

「自分を苦しめた放射能が平和のために転用されると考えることで気持ちを落ち着けた面があったし、核を平和利用に押し込めることによって軍事利用への道を閉ざせるという考えもあったと思う」

という、被爆者たちの二重の感慨があるからである。(16) この二重の感慨のうち、後半の追懐を「からめとられた」ものとすることはできるが、前半の追懐には、そういう理解をはみでるものがある。それは、米国のキャンペーンとは別に、被爆者たちの苦しみそれ自体から浮かびでてくる感慨にほかならない。

ちなみに、長崎での被爆をへて、『長崎の鐘』（一九四九年）を書いた医師の永井隆は、その死に先立ち、子どもに「原子爆弾」は人類に「全く新しい資源の在ることを教えてくれた」希望だと、述べている。絶対悪である原爆が、人類の希望でもありうることのうちに「大きな情義」が顔を見せている、と（『この子を残して』一九四八年）。

たしかにこの考え方には過剰なものがある。この永井の文章を引いて、川村湊は、この「手放しの「原子力」の肯定」には科学者としての永井はいても、妻に死なれ、患者を救えなかった受難者、父親としての永井はいない、と指摘しているが、その指摘には首肯させるものがある（前掲『原発と原爆――「核」の戦後精神史』）。

しかし、このあと、なお被爆者たちがたどった戦後の苦しみの歴史を追跡すると、なぜ彼らがこのような「原爆」から「平和利用」へとメビウスの輪の上のプロセスを歩まなければならなかったか、その「祈念」に動かしがたい重みのあることに気づかされる。

一言でいうなら、被爆者たちは、戦後、世界と国際社会から正当な――彼らの「受難」に値する――「同情」と「遺憾の意」の表明を、受けとっていない。彼らが蒙った忌むべき運命と悲惨に値するだけの「謝罪」を、受けとっていない。原子爆弾の使用が、戦闘員、非戦闘員に関わらない無差別の殺戮であって、放射能によってその被害がその後も被害者を苛み、その影響は後世、後代にまで及ぶことは、明らかである。それが毒ガス兵器、化学兵器よりもさらに国際慣習法、国際戦争法上、違法性が高いことも、自明である。しかし、原子爆弾の使用はいまも国際的に違法と定められてもいなければ、その使用国がその非人道性によって国際社会によって指弾されてもいない。いまだに相手国からの「謝罪」のない点では同じでも、たとえば、韓国の従軍慰安婦のばあいには、NGOの女性国際戦犯法廷が対象国(日本)とその責任者(天皇)を名指しで指弾し、覇権国である米国の議会が被害者に連帯する決議を行い、また何より、韓国政府が国民の尊厳を守るために相手国(日本)に謝罪要求を行うことで、被害者の尊厳は、最低限、ぎりぎりで守られてきている。しかし被爆者たちのばあいは、そのような国による代弁もいまだに行われていない。

そして、その動かしがたさにはそれなりの根拠もある、としなければならない。まず、核兵器の違法性が国際社会に「承認」されないのは、戦後の国際秩序がその存在の許容と使用可能性の上に成り立っているからだ。一九九六年の国際司法裁判所の裁定が八対七で核兵器の違法性と使用禁止にまで踏み込めなかったのも、核保有国＝国連安保理常任理事国の反対の壁を越えられなかったからである。さらに、これは動かせるにもかかわらず動かせていない事実として、日本政府が被爆者たちの尊厳を守るため、原爆投下に抗議し、米国政府にその謝罪要求を行うということを、怯懦、無責任のため、していない。そのため、これがいつまでも、正式に、国際社会のイシューにならない。

とするなら、被爆者たちは、何によって、自らの受けた理不尽な尊厳の否定——受難——の穴を埋めればよいのか。何がその絶望の深さを補塡できるのか。政府は、米国を困らせることを恐れて国民である彼らのために動かず、社会もこの政府の怯懦を怒り、これを指弾するだけの意力をもたない。となれば、彼らとしては、せめて自分たちを「破壊と死滅の方向」に向かわせた「原子力」をして、「決定的に人類の幸福と繁栄の方向に向かわせる」こと、それを「生きる限りの唯一の願い」として「祈念」する以外には、手立てがないのではないだろうか。

これが、私のいう被爆者たちの「原爆」から「平和利用」への「祈念」の道である。アトムは、彼らの「祈念」を体現する形で、いま、戦後の日本の文化アイコンとして存在しているのではないか、というのが、この論の冒頭にあげた、二〇一一年の「アトムとゴジラ」の対話篇での私の理解だったのである(前掲「祈念と国策」)。

4　アトムの「明るさ」——原子力から科学へ

しかし、いま、私はこれでは不十分だったと考えている。これを補うものとして、いま新しく加えたい点は、ここに「原子力」として語られているものの意味は、「(現時点での)科学技術の最高度の達成」ということであって、それは、「原子力」を超えるものが出てくれば、その新しいものにつねに、乗り越えられる運命にある、つまりその「原子力」の本体は「科学」だという点である。被爆者たちの「祈念」について、そういわれなければならないし、アトムが文化アイコンとしていま私たちにおいてもっている象徴性についても、そういわれなければならない。

このことに関しては、傍証めいたものがないわけではない。原発事故のあとに興味深いアトムとゴジラの対話が現れている。それがこの私の補足に好個の例を提供している。

二〇一一年三月の原発事故は、その後、広い範囲でアトムとゴジラの一対性について視覚の更新を及ぼした。さまざまな媒体で、アトムへの疑い、あるいはゴジラへの見直しの声が聞かれるようになったが、なかで私の注意を強く引いたのは、同年九月に在日外国人のあいだで流通する英文Ｗｅｂ誌『METROPOLIS メトロポリス』に現れた「アトムvs.ゴジラ２０１１——世紀の対決?（"Astroboy vs. Godzilla 2011: The Battle of the Century?"）」と題する記事である。それは、ここに掲げるゴジラとアトムの一対図像（図1）をともない、以下のようなゴジラとアトムの対話を含んでいる。(17)

図1　Astroboy vs. Godzilla 2011. © Julio Shiki

著者は、ブラジルから日本の大学にやってきた若手研究者のマラ・ドゥアーで、記事中、彼女の手になるゴジラとアトムの対面では、アトムは原発の希望の象徴であり、ゴジラは核の事故（想定規模を見誤って人災を生じた一九五四年の米国ビキニ水爆実験）の恐怖の象徴である。まず、福島第一の事故後、新聞紙面には、「政府、アトムの安全性を保障できず」「アトム、制御不能か」等の新聞見出しが踊り、アトムは監獄に収監されてしまう。アトムの宿命の敵であるゴジラが、その監獄のアトムに会いに来て、こんな『カラマーゾフの兄弟』での「大審問官」とキリストまがいのやりとりが、交わされる。

ゴジラ「俺も君と同様、牢に閉じこめられている。放射能の身体という牢獄だよ。ここから出るためならどんなことでもやるだろう。でも君は自分から牢に入っている。この状況を楽しみたいが、無理だね、悲しいだけだ」

ところで、ここで興味深いのは、アトムがキリストどころではなく、次に述べるように、何ら被爆者たちの「祈念」を体現していない点、事故後のほかの日本人たちから示されるアトム像と明確な違いを見せていることである。対話はこう進む。

ゴジラ「彼らははじめ君を愛したが、いまは恐れているぞ。君は原子力のイメージをかっこよくするために使われてきた。それが君の存在理由なんだ」

アトム「いいのさ。原子力を信じているからね。僕はかっこいい、だから原子力はかっこいい。何も間違っちゃいない。フクシマは事故っただけ。事故というのはつきものだろう？」

ゴジラ「(目を大きく開いて)俺にそう言うか。俺は一九五四年、君の生まれた四年後《ママ》に、その核の事故がもとで生まれたんだぞ」

材料が乏しいので、断言はできないものの、この非日本人に示された事故後のアトム像と日本人が事故後に示したアトム認識のあいだには、興味深い違いが指摘できる。

というのも、管見に入った限りでいえば、事故後も、アトムは否定されず、未来への希望としての「明るさ」を失わないというのが、原発事故を受けて日本人たちの示したアトムへの平均的な反応だったからである。

原発事故以前に先駆的にアトムと原子力の関係に着目した前記武田徹の事故後の『私たちはこうして「原発大国」を選んだ――増補版「核」論』でも、武田の論じるアトムの観点は「原子力」から「無垢なるもの」へと向かい、そのロボットとしての運命が焦点化される一方、アトム自身への否定的な色合いが現れることはない[18]。また原発災害を受けて書かれた川村湊の『原発と原爆』でも、アトムの「原子力の平和利用」との関係が一九五三年のアイゼンハワー米国大統領の「アトムズ・フォー・ピース」演説に先立つものだったことが指摘され、むしろ、アトムは手塚の構想にあったにもかかわらず、「原子力の平和利用」との関わりは少なかったのではないかと評されている。そして最終的に医学博士でもある手塚が、「「原子力の平和利用」という考え方から、社会的な流れに先駆けてアトムという「科学の子」を生み出したことは」「先見性や予見性を見るべきことであって、彼にとって誇るべきことであると思われる」と肯定的に総括されている[19]。

ちなみに、「鉄腕アトムと原子力」でグーグル検索にかけると、いくつかのブログ等にヒットするが、そこでの記述でも、アトムに対して否定的な見解を見つけることは困難である。たとえば、「きっと、鉄腕アトムは泣いているに違いない」(「悲しき鉄腕アトムと原子力――Wasting time?」二〇一一年五月一三日)、「アトム君はさぞかし心痛めていることでしょう」(「鉄腕アトムと原子力☆独り言」二〇一一年五月二一日)など「同情」的な記述が目につく。なかには「〈「鉄腕アトム」手塚治虫批判〉を書こうとして、長い時間、構想してきた昨日。なかなか書けない」と洩らすものすらある（「原子力『鉄腕アトム』に洗脳されてきた、わが虚無身体と無知の涙」二〇一一年七月九日）[20]。

なぜ非日本人と日本人の反応にこれだけの違いが生まれるのか。もう少しいうと、ブラジル人研究者の事故後のアトム像だけが日本人たちのものと違うのは、なぜか。といえば、その理由は、はっきりしている。マラ・ドゥアーのアトム像が、事故後の落ちた偶像としての「原子力の平和利用」像を受けているのに対し、日本人たちのアトム像は、事故によっても損傷していない、初心のアトムのままである。マラ・ドゥアーのアトムがふてぶてしい、居直ったセリフを吐くのは、すでに自らが「誤った」ことを知るゆえなのだが、日本人のなかでアトムが事故によっても理想を失わず「涙を流す」ことができるのは、そこでのアトムが「原子力」だけでは尽くせないものの象徴であって、「科学」の夢を体現しているから、川村湊がいうように、日本人がアトムに見ているものが、外見こそ「原子力の平和利用」であるものの、そのじつ「科学の子」、人類の叡智の代表たる「科学技術への希望」だからなのである。

ところで、それと同じことが、被爆者たちの「祈念」についても指摘されるべきではないだろうか。被爆者たちが、その置かれた苦境のなかで「原子力の平和利用」を支持し、「破壊と死滅の方向に行くおそれのある原子力を決定的に人類の幸福と繁栄の方向に向かわせるということ」こそ、「私たちの生きる限りの唯一の願い」なのだと考えたのは、「原子力」がこのとき「人間の科学技術の夢」を体現するものだったからである。そうにすぎない。それは「科学の夢」の別名なのだ。彼らの「願い」は、単に米国のキャンペーンに踊らされたものだけではなかったのである。

「原爆」から「平和利用」への道行きをささえるのは、被爆者の「祈念」に代表される、人々の現在の問題を人間の力で解決しようという叡智への希望であり、それが「科学」と「技術」への信頼となり、ここでは被爆者たちの「原子力の平和利用」への賛同という形をとっている。しかし、「原子力の平和利用」が、問題を露呈するようになった現在、私たちはもう一度「科学」と「技術」の原点までたち戻らなければならない。そして今度は「原子力」のもつ宿痾の、「科学」と「技術」の名による克服、解決がめざされなければならない。アトムへの損なわれることのない信頼は、このような事故の受けとめ方が、ここに底流していることを語っている。そしてそのことを通じ、被爆者の「平和利用」への夢がその彼方に「原子力」を超えてその先に進みうる「祈念」なのにほかならないことを示唆している。いや、「科学」と「技術」への信頼それ自体が、ダメなのだ、とそこまで未来への懐疑が深まれば、そのときには、アトムの文化アイコンとしての輝きと「明るさ」は消え、アトムは、それこそ失墜するだろう。

そこにある「原子力」と「科学」の重なりと違い。その微細な差異の線を、このアトムの「明るさ」は教えているのである。

科学的であるということは、ここで、原子力にたいしては、それへの盲信から自由に、批判的に対するということである。科学的であることは、原子力エネルギーに事故の危険、廃棄物処理などの問題があれば、それにしっかりと向き合い、この問題を解決しようとすることなのである。それがほんらい、解決のつかない問題だとわかれば、これに代わる代替エネルギーを考えようとする、しかし、ここに大きな障害があるとすれば、それを取り除こうとする。それがどんなに面倒なことでも隠さない。公言する。それが科学的だということだ。そこにはほんらい、絶望はありえない。アトムは、「明るい」。そしてその「明るさ」は消えない。それが、アトムが「明るさ」を失わないことの、最後の意味なのである。

5　平和利用から原爆へ——戦争の死者たち

ところで、私が前著に示したアトムとゴジラの対話を再度、考え直したいと思ったのは、ここに述べたアトムの「祈念」としての象徴性の深化拡大もさることながら、同じく、そこでゴジラにふした「怨念」という象徴性をも、見直し、改めたい、と考えたからである。

そこで私は、大要右に述べたものと同じ基本的性格をもつアトムに、戦争の死者たちの「怨念」を体現するものとしてのゴジラを対置している。しかし、それは十分な対応となっていない、というのがいまの私の考えである。

戦争の死者たちの「怨念」、想いを体現するゴジラとは、次のような考え方である。

そもそも、私がゴジラに関心をもち、これに言及するようになったのは、先に、一九九〇年代のなかば、戦後の抱える問題について考えるうちに、戦争の死者と戦後の日本人の錯綜した関係に思いあたったことが、はじまりである。その錯綜した関係のことを私は「ねじれ」を呼んだが、(21) 二〇〇〇年代に入ってから、ゴジラという表象が、この「ねじれ」た両者の関係と、この関係のその後の変転ぶりをこのうえなく見事に示す戦後の文化アイコンとなっていることに気づいた。

戦争の死者と戦後の日本人の錯綜した関係のありようを、いま簡単にいえば、こうなる。[22]

二〇世紀に生じた二度の世界戦争、特に第二次世界大戦が、それ以前の従来型戦争と違うのは、そこでの敗戦国民が、自分の国の戦争の死者をこれまでのようには素直に「弔う」ことができなくなった点である。この世界規模の戦争では、グループ間の戦いとなるため、国益よりもイデオロギーが大きな役割を果たす。そのため、敗れることは、交戦国民にとり、「国益」を失うだけでなく、その国の戦争目的の柱である「価値観」(理念、大義)をも否定され、新しく戦勝国側の「価値観」(理念、大義)を受け入れさせられることまでを意味する。すると、敗戦国では、戦争で死んだ人間(兵士)と残された国民の関係は、複雑なものとなる。日本の戦後でいえば、戦後の人間の価値観は、民主主義、自由、基本的人権の尊重を第一としている。しかし、戦争の死者は、天皇の価値をその上に置いて、これらを至高の価値とする連合国の軍隊と戦って死んでいる。いまや、天皇のために死ぬという価値観を戦後の日本人はもっていない。否定している。さらに後で真相を明かされてみれば、自分の国の兵士たちは、近隣諸国に対しては議論の余地のない侵略行動を行っていた。では、その戦後の日本人のまえに戦争の死者たちは、どう現れるか。「われわれ」にとって「彼ら」は侵略に手を染めた存在である。しかし「彼ら」にとって、「われわれ」は、極端にいえばかつての「敵」のイデオロギーに降った裏切り者の位置にある。しかもなお、「彼ら」は同時に「われわれ」の愛する家族であり、国土を守ろうとして死んだ恩人ですらある。その像は——悲嘆、愛惜、後ろめたさ、恐怖、拒否などをないまぜにした——錯綜し「ねじれ」たものとならざるをえない。

そこで死者の記憶は、残された者の価値観から見て、「悪ではあるが、否定しきれないもの」「悪ではあるが、後ろめたいもの」「悪ではあるが、なつかしいもの」という重層的で矛盾をはらむものとなる。そして、否定してもしきれない、つねに再帰し続ける動きをともなうものになるはずである。

考えてみれば、ゴジラはつねに日本にやってくる。復興の兆しが見えた東京に、一九五四年、四五年三月一〇日の東京大空襲と同じルートをなぞり、上陸したのを手はじめに、その後、何度も、香港に行くでなし、ハワイに行くでなし、太平洋戦争の戦場でもあった南太平洋から、日本へと戻ってくる。

そう、再来者(revenant＝亡霊)として。

私にゴジラは、こうした文脈のなかで、戦後の日本人にとって戦争の死者の複合的なあり方を見事に体現する、またとない文化表象と見えてくるようになったのである。

そこに展開した論は、ゴジラ論の地平に即していえば、いくつかの点で、従来のゴジラ論を更新する内容をもっていた。私にこれまでのゴジラ観では説明できないと思われた点は三つある。第一に、なぜこのシリーズが、五〇年の長きにもわたって製作され続けたのか。ゴジラが原水爆による放射能の恐怖の体現物だという従来のゴジラ観では、そのことは十分に、説明できない。第二に、なぜ、第一作で「水爆大怪獣」という恐るべき悪の権化のふれこみで現れたゴジラが、その後、人間の味方へと変貌するのか。また、陳腐化しつつ、それなりに受け入れられ続けるのか。第三に、これは、特に第一作の『ゴジラ』についていえることだが、あれほど恐ろしい存在なのに、なぜ、ゴジラは死ぬと、見る者にある種の「悲哀の感情」を喚起するのか。この第三点については、そのありようが米国の文化アイコンであるキングコングの場合と似ていることが、私の関心を深くそそった。(23)

これに対し、私が用意した答えはこうである。ゴジラは、原水爆の放射能の恐怖をきっかけにして作られた。しかし、映像としてスクリーンに像を結ぶと、今度は観客の目に、戦後日本人にとって戦争の死者への錯綜した関係を封じ込めた複合形象として現れる。観客は、ゴジラにそれとは気づかないまま、原水爆への反感、放射能の恐怖に加え、戦争・空襲の記憶、反米感情、戦争の死者への思い、「うしろめたさ」等々を投影するようになる。ゴジラはそれに応じて、これらの集積した複合された文化表象に育っていく[24]。

このようなゴジラ理解を背景に、私は、先の著書における両者の対面場面では、アトムの前に現れるゴジラを「一つには、核の恐怖の体現物ではあるが、それと同時に、戦争の死者に対する戦後日本人の「うしろめたさ」の体現物でもある」ものとして、提示した[25]。

対面は次のように設定された。

さて、私の構想のなかで、この「核の恐怖」の権化であると同時に「戦争の死者」の体現者でもあるゴジラは、「怨念」のかたまりのようなものとして、原発災害に引き寄せられるように、この日本に上陸してくる。そして、原発のあるいくつかの場所、再処理工場、そして東京を破壊しつくそうとする。今度ばかりは、新しく再処理工場を襲撃し、高速増殖炉らしいものからプルトニウムのエネルギーを吸収し、究極の力を手に入れているらしく、手に負えない、としてもよい。どんな対抗手段もうまくいかない。そこで日本政府は、急遽、お茶の水博士に連絡する。閣僚の一人が、そうだ、アトムがいる、とふいに思い出すのである。

富士山の山麓がゆるやかに海へといたる駿河湾付近で、ゴジラとアトムが対峙する。ゴジラの顔の付近に原子力エンジンを噴射しながら小さなアトムが浮かんでいる。

アトムは、言う。

そして両者の対話が続く。

6 「高度成長」期の経験

しかし、ゴジラがこれまで体現してきたもの、それを「一つには、核の恐怖」、もう一つに「戦争の死者に対する戦後日本人の「うしろめたさ」」というのは、まだよいとして、そのアマルガムであるものを「怨念」ということは正しいだろうか。その概括は、これまで私が述べてきたゴジラ像を矮小化させるものではないだろうか。

まだある。ここでのゴジラは、あくまで、あの一対性の構造のうちからその意味をくみ出されるべきだが、そこにある一対性とは、「祈念」と「怨念」だろうか。アトムが、事故をきっかけに開かれた視界のもとで、「原爆」(核被害)から「平和利用」(原発)へと進む——被爆者の「祈念」の——プロセスのなかから取り出されるのなら、ゴジラもまた、「原爆」(核被害)から「平和利用」(原発)へと進む——被爆者の「苦しみ」の——プロセスのなかから、取りだされるべきではないだろうか。つまり、戦後七〇年をへてなお国際社会によって見放されたままの、「尊厳」から遠ざけられた孤立の「苦しみ」こそが、そこでの「暗さ」の淵源となるべきなのではないだろうか。

そこで「苦しみ」は怨念ではない。いまも、日々、生きている。それは、生き残っているものと死んだものをつなぐ「苦しみ」である。

だから、そこでの一対性は、「祈念」と「怨念」ではなく、「祈念」と「苦悩」との対であることで、「明るさ」と「暗さ」の対比をなすのではないだろうか。

私が右のようなゴジラ論を考えるよすがとなった川本三郎のゴジラ論は、「ゴジラはなぜ「暗い」のか」と題されている。アトムは原発事故のあとも「明るい」が、川本は、五四年の第一作の『ゴジラ』にふれて、なぜこの映画でのゴジラはかくも「暗い」のかと問うて、その理由を、ゴジラが「海で死んでいった兵士たち」の再来だからなのではないか、と述べたのである。(26)

ゴジラは登場したとき、「暗かった」。しかし、その後、「高度成長」のもと、それは徐々にその「暗さ」を失っていく。

「明るく」なっていく。

しかし、原発事故は、その後のゴジラの「明るさ」がじつは「暗さ」からの逃亡でもあったことを、これまでにない仕方で改めて教えるものでもあったのではないか。事故は、そのゴジラの「暗さ」がどこに存するのかを改めて教える。私は、戦争の死者との錯綜した関係を、その出所に求めたのだったが、この度の事故は、戦争の死者のそのむこうに、どのようなさらなる淵源があるかを推し量れと、問うものでもあったのである。

その出生以来、文化アイコンとしてのアトムとゴジラが、「高度成長」の時代、ともに「原子力の平和利用」と「核災害の恐怖」(プラス「戦争の死者の再来」)という冷戦期=敗戦後の刻印を埋没させ、忘却させる方向で日本社会に定着、浸透してきたことは、その後のこの二つの推移の仕方を見ると、明らかである。両者の「明るさ」と「暗さ」のゆくえを考える上で、その過程は示唆的ですらある。

出発時のアトムの明るさは「戦後」の明るさである。そこにはつねに一抹の悲哀が伴われている。その明るさを象徴するのは戦後を戦前からへだてる、合理的であること、民主的であること、自立的であることからなる「科学」と「理想」への希望であり、その「悲哀」の出所は、その発端にひそむ「人工性」である。

アトムの物語の起点には、愛する息子の死がある。最初に喪失があり、明るさは、そのあとの空隙を埋めるものとしてやってくる。国家を代表する科学者の一人である天馬博士は、愛する息子トビオを交通事故で失う。アトムはそのなき息子の似姿として、博士の手によって作り出される。ついで、その子が生育しないことへの絶望から、アトムは怒り狂った天馬博士に捨てられる。サーカスに売り飛ばされたところを、天馬博士の友人のお茶の水博士に引き取られるが、その後、お茶の水博士は、一人では淋しいだろうと、アトムに、両親、ついで妹ウラン、弟コバルトまでを用意する。しかし、自分を基準に、ついで親が作られるのは、一人の子供にとって、このうえなく淋しいことに違いない。こうしてアトムの孤独は、その明るさのうちに悲哀を深める。

犬までロボットであるお茶の水博士に見守られたアトム一家の肖像画を見ると、「見守る」庇護者のお茶の水博士が、戦後日本の見守り手としてのマッカーサー元帥に重なる。

「科学の夢」と「人工性」の悲哀をひめた五〇年代のアトムは、六〇年代に入ると、テレビ・アニメの放映開始(一九六三年)とともに手塚の手から離れ、「原子力の平和利用」の夢ともつかず離れず、無理なく共存しながら、広く社会に浸透していく。高度成長のなか、「悲哀」の色を拡散させ、当初の「理念」の輪郭をぼやけさせていく。原子力発電所は、五五年の原子力基本法の制定以来、六三年に東海村の試験炉で試験発電を行い、六六年には東海発電所で初の商用発電を開始している。この年の末、手塚はテレビのアトムを太陽に飛び込ませ、第一期のアニメ放映を終わらせている。アトムは、原発事業が、社会に定着していくのと軌を一にして、未来にむけた「祈念」としての役割を埋没させる。アトムの「明るさ」は、経済繁栄に湧く社会の「明るさ」のなかで、逆に見えにくくなっていく。

七〇年代に入ると、アトムの後身として二人組のユニット、藤子不二雄による『ドラえもん』が登場してくる(一九七〇年)。人気が出るにしたがい、整えられていくその「設定」のなかで、ドラえもんは、原子力エネルギーを動力源とする「二二世紀からやってきたネコ型ロボット」であることを通じ、アトムの後継種としての意味を明らかにしていく。とはいえ、アトムに比べ、ドラえもんにはもはや動力源である「原子力エネルギー」とのつながりは感じられない。ロボットらしさもない。アトムにはあった金属の冷たさもない。ドラえもんは、のび太の用を便じるというよりは、仲間であり、家族の一員である。これを原発の日本社会への深々とした着地との照応として受けとめることができる。日本の反核運動の理論的指導者として知られる高木仁三郎も、「60年代の半ば」、「その当時は、私は原子力そのものにはそれほど批判的ではなかった」と述懐する[27]。先にふれた反原発の小出裕章すら、六〇年代末には「これからは原子力時代」と考えて、原子力工学を志している。このとき、六〇年代の終わり、これからはじまるものとしての原発は社会に夢と安心を与え、完全にその一員になりおおせている。ちなみにいえば、最初の原発事故、米国のスリーマイル島原発事故が起こるのは、一九七九年、チェルノブイリ原発事故が起こるのは、一九八六年である。

一方、ゴジラも、一九五四年、第一作でその原水爆の恐怖、さらに（私の文脈からすると）戦争の死者との錯綜した関係の体現者としての象徴性を存分に発揮したあと、その原初の象徴性を、みるみる剝落させていく。はじめに、原爆の死者、被爆者の苦悩と無念さが、それ以外の人間にとっての原水爆の恐怖に取って代わられ、ついで戦争の死者への「うしろめたさ」が人々を動かすようになると、今度はこれを受けて、それからの逃避が作品を駆動するようになるが、高度成長期を通じ、シリーズ化のもとで進行するのは、戦後の社会の破壊者として現れたゴジラが、人間化し、家族をもち、ついにはペットのような「愛される」存在になり果せる無害化、馴致化の過程である(28)。

その過程を私は、先の論では「不気味なもの」としてのゴジラの「かわいいもの」としての馴致化のプロセスとして説明し（前掲「さようなら、ゴジラたち――文化象徴と戦後日本」）、その「安全」化と「安心」化の果てに、ハロー・キティに代表される二〇〇〇年代の日本の「かわいい文化」が出現すると述べたのだが（前掲「グッバイ・ゴジラ、ハロー・キティ」）、それは同時に、原水爆への「恐怖」の拡散、忘却、抹消と連動し、これを翼賛する動きでもあった。

二〇一一年の原発事故は、このような埋没と忘却の後、アトムには「明るさ」を、ゴジラには「暗さ」を、それぞれ、再び蘇らせるのである。

7 ゴジラの「暗さ」――怨念から苦悩へ

こう考えてくれば、今回の原発事故は、私たちにやり残した仕事のあったことを再び思い起こさせるできごとでもあったのだということが、見えてくる。原発は、産業のしくみとしても、経済のしくみとしても、政治のしくみとしても、戦後日本が作り上げた最高度の物質的な達成の一つなのである。絶対安全といわれたものが崩壊するには、よほどシステムの内奥にその原因があるのでなければならない。原子力の「平和利用」の「安全神話」の崩壊は、原発が原爆と同じコインの二つの面の裏側にすぎないことを明らかにしたのだが、そのことを通じて、一つには原爆投下の問題が何一つ解決されていないこと、そこに被爆者の問題、原爆による死者の問題、さらには戦争の死者をめぐる問題までが含まれていることを教え、もう一つには、そのことを含んで、このことの背後に控える戦後の日本社会の抱える問題が、相当に大きなものであること、それがこの事故を契機に露頭したのであることを、私たちに示唆しているのである。

そのことを私は、こういっておきたいと思う。

原発事故の直後には、私にはゴジラとは――海から還ってくるというよりは――原発の建屋を破って出てくるモンスターのようなものと感じられた。

「平和利用」は、さまざまな矛盾をそこに抱え、隠しもつことでここまで日本社会が育ててきた国策プロジェクトの別名にほかならない。それは、表向きは資源にとぼしい日本のエネルギー政策の根幹である。そのシンボルとして国は当初から夢の技術としての核燃料サイクル政策を基本に据えてきた。またそれは、国家的な科学技術の水準をつねに世界の最先端レベルと同等なものに維持するための器であり、機構でもある。これによって必要な優秀な人材を育て、確保し、研究機関を併設し、海外との人的交流をはかることができる。しかし、同時に、それは核燃料サイクルによるプルトニウムの確保、原子力技術、企業・産業のしくみを通じて、つねに必要であれば日本が核武装できる技術的「ポテンシャル」を確保するための——国民に合意をはからないままに遂行してきた——「国策」の基幹部分でもあった。

平和利用は軍事利用の隠れ蓑となる。それが、「平和利用」政策のそもそも起点から内奥深く埋め込まれてきた秘密であり、日本における原子力産業を、ほかの一般の産業とは隔絶した、秘密主義で、市場経済の原理を度外視した、いびつな「国策産業」とさせてきた原因であり、今回の事故は、その総体が、破綻を来した図にほかならなかったのである。

それは、あたかも、内部にモンスターを住まわせた家が、日々成長するモンスターを周りに秘匿し続けようと、せわしなく増改築を続けるが、やがて、間に合わなくなり、ある日、その屋根を突き破ってモンスターが顔を出す、というかのようである。私は一度、寓話の形で、一度読んだことのあるその話を枕に、事故の直後、このモンスターについて記し[29]、さらにその後書いた著作の冒頭にもそれを取りあげたが[30]、それが、とりあえずあの、右の一対性のうち、メビウスの輪の裏面をゴジラからアトムへという「祈念」のプロセスと逆方向に歩み、アトムの構築性を内から踏み破って姿を現わす、「苦悩」のシンボルとしてのゴジラの原像である。

けれどもいまは、事故後五年経って、なお汚染水をとめることができず、次から次へと敷地内に急造タンクをめぐらせて爆発時の残骸のままに悲惨な姿をさらす、被災者たちの仮設住宅の現状を含む原発事故の姿の全体が、倒れたままのゴジラに見える。

たぶん、いまアトムとゴジラの向き合う姿を、もっとも深い相で構想するなら、そこにいるのは、福島の海岸近くに血を流したまま横たわる、いまだ死ぬことのできないゴジラと、それを中空に浮かんで見守るアトムという一対なのである。

ここには、文化アイコンとしてのゴジラに関して、原発事故が一つの更新作用を及ぼしたと思われるしるしも、なくはない。原水爆の恐怖、戦争の死者との錯綜した関係のシンボルとしてのゴジラは、その「不気味なもの」の滅菌化、馴致化の完遂に加え、観客動員数の減少とあいまって日本では、二〇〇四年に終了している。しかし、その後の動きを見ると、二〇一一年の福島第一原発の事故が、もう一度、ゴジラに新しい文化アイコンとしてのイノチを吹き込み、新たな動きをもたらしている。

先に一九九八年に作られたローランド・エメリッヒ監督のハリウッド版『GODZILLA』は、五四年製作の『ゴジラ』第一作同様、南太平洋の原水爆実験に淵源をもつ、原水爆実験に「うしろめたさ」を抱える、従来の「暗い」流れを汲んだゴジラとして作られた。そこでゴジラは水爆実験を原因として、南太平洋に生まれ、ニューヨークに向かう(31)。しかし、二〇一四年に若い英国人監督ギャレス・エドワーズを起用して作られるハリウッド版『GODZILLA ゴジラ』の淵源は、もはや一九五四年の南太平洋の原水爆実験ではない。それはいまやオタクの文化に連なり、二〇一一年の日本での原発事故に端を発する(32)。ゴジラは米国の水爆実験から生まれたのではなく、日本の原発事故を機に蘇る太平洋の悪夢に変わっている。

そして、その延長で、現在再び、日本と米国で新しいゴジラ映画の製作が進行中とも報じられている。一つは二〇一九年封切り予定のハリウッド版の『GODZILLA 2』、もう一つは二〇一六年封切り予定でシリーズ再開二九作目をうたう東宝の『シン・ゴジラ』である。一九五四年のビキニにおける米国の水爆実験の事故がゴジラを生みだしたとすれば、二〇一一年の東日本大震災に端を発する福島第一の原発事故は、そのゴジラに再度の文化アイコンとしての力を賦活させているのである。(33)

その新しい文化アイコンとしての蘇生と、事故によって露わになった問題を含んで、私たちに眼前の問題から逃げるなと無惨な事故原発の姿で呼びかけるゴジラを、私は、いま、「怨念」に代え、「苦悩」の名で呼び、アトムの体現する「祈念」のまえに置きたいと思う。

この新しいアトムとゴジラの一対性は、私たちに、さまざまなことを考えさせるのではないだろうか。

少なくとも、そこでの対位が、先に私の考えた被爆者たちの「祈念」と原爆の被害者を含む戦争の死者たちの「怨念」のそれを超えるものであることは、たしかなように思われる。

この度の事故は、私たちの「明るさ」が単に「暗さ」からの逃避にすぎなかったことを明らかにした。しかし、その「明るさ」の霧散は、まだはっきりした「暗さ」の到来とはなっていない。この「暗さ」には、形がない。私たちはもう少し、この形の定かでない「暗さ」に包まれているのがよいと思う。

目が慣れるまで、待つのだ。

そこで、死ねないゴジラは中空のアトムを見上げていうだろう。そこでのやりとりは、こうだろう。

ゴジラ「なんだ、まだいるのか?」
アトム「いますよ、ずっとここにいます」

8 リスクと有限性

ほんとうなら、ここで終わってもよいのだが、先のモンスターの内容について、一言付け加えておく。

アトムの「明るさ」の更新が、「原子力の平和利用」から「科学技術の夢」「人類の叡智」という方向に展開しているとすれば、ゴジラの「暗さ」は何の展開として、「苦悩」という形をとるのか。それが「怨念」でありえないとしたら、そこに位置を占めるべきものは、「原子力の平和利用」に対応するどのような概念なのか。

それをいっておかないと、この一対性は、相互に内的な連関をもったものとはならないはずである。「怨念」を掲げた先の私のゴジラ像は、その照応を欠いているがゆえに、先のメビウスの輪の原構造にとって、外在的だったのである。

では、ここでのミッシング・リンクとはどのような概念か。

「原子力の平和利用」から出発し、「核災害」にいたるゴジラの歩行をささえるのは、どのような動因か。そう問いが立てられれば答えはある。ドイツの社会学者ウルリッヒ・ベックが提出した、リスクという概念がこれである。

このベックのリスク社会論という考え方は、二〇一一年三月の福島第一の原発事故をきっかけに、広く日本に知られるようになったものだ。その出自は、一九八六年四月のチェルノブイリ原発事故である。事故の直後にドイツで公刊され、その内容が現実に生じた問題とピッタリと一致していたことから、学術書に珍しくベストセラーとなり、その後のドイツの現在にいたる脱原発の動きの指南書の一つとなった。

その後、考えをさらに展開させた世界リスク論ともいうべき持論のなかで、ベックは、チェルノブイリ核災害、あるいは九・一一の同時多発テロ、あるいは多少小さく例をとれば大型タンカー事故による広域の海洋汚染のような事故は、これまでのものごとの考え方の前提から、ひいては産業、技術、社会、政治のあり方までを含む社会の全体を覆すが、それは、近代が別種の局面に入ったことの指標だからだと述べる[34]。彼によれば、産業経営体がたとえば二〇〇億ドルの利益を得るために企てた事業が、いったん事故を起こし、比較を絶する二〇兆ドル、あるいは二〇〇兆ドルの損害――これまでの産業社会の枠組では対応できない、むしろその枠組自体を破壊するほぼ無限大の損害――が生まれるようになると、産業目的とリスクのあいだで均衡が「とれなく」なる。そして、産業、社会、政治の意味が変わらざるをえなくなる。科学技術の発展が、利益追求のプラスと、そこから事故が起きた場合のマイナスの均衡を、もはや計測できないまでに拡大させたことを、そこでの「一対性」を破壊したことを、そのことは、意味しているからである。

私は、このベックの指摘に促されて、福島第一の事故のあと、その事故原発の復旧作業から、世界中の保険会社が撤退し、東京電力が保険なしにそれに着手しなければならなくなったのは、これまでの近代的な産業システムの内部が、いわば技術革新の最先端で、リスクの極大化という未知のモンスターの出現を受けて、内部から崩壊したということではないか、と考えた。そして、そのことを、先に述べたようにモンスターの寓話を展開する形で、二〇一四年に書かれた著作に示したが(『人類が永遠に続くのではないとしたら』)、こう述べてくれば明らかなように、この「リスクの極大」こそ、アトムの前に姿を現すべき、「原発」からはじまり、「核災害」へと歩む、ゴジラの原像なのである。

しかし、ゴジラの意味内容はこれに尽きないのではないだろうか。

このばあい、アトムが被爆者たちの「原子力の平和利用」に体現される科学技術の夢への「祈念」を体現しているとすれば、ゴジラは、産業社会のただなかに生きる私たちの科学技術のもつ「リスク」の総体、事故への懸念、配慮を促す要因の総体を、体現している。これを、「有限性」の総体といいかえてもよい。これまで人類の叡智のまえに、最大の問題として立ちはだかってきたのは、資源、環境、人口という産業社会にとっての外的な「リスク」=有限性である。これに人々は、かつての被爆者たちと同様、科学と技術に願いを託し、立ち向かおうとしてきた。しかし、ここに新しく現れた「リスク」はこの産業のただなかから出てくる。それは、「有限性」が外的にだけではなく、内的にも私たちの生存を揺るがすものであることを私たちに突きつける、最初の宣告にほかならない。

そこに、アトムとゴジラは、「科学技術(平和利用)」と「リスク(核災害)」として向かいあっている。その一対性は、科学技術により、人間が叡智を結集し、自分の力で困難を脱しようとすることへの「祈念」と、その努力が生みだすリスクへの懸念、およびそこから見えてくる有限性への「配慮」を、背景としている。

しかし、この関係は、さらに歩みを進めると、あのメビウスの輪におけるように、意味を反転させるのではないだろうか。私たちが無限をめざす限り、その無限の成長を阻むものは、「有限性」として克服すべき対象とみなされ、そこで有限であることは否定的な属性なのだが、いったん世界が有限であることを受け入れ、それを生きるための基礎条件に置き直せば、逆に無限なるもの、「無限性」こそが、成長を阻まれた、弱い存在として現れ、守り育てるべきものと見えてくるからである。新しくやってくるのは、「有限性」への——それを克服しようという——配慮ではなく、「有限性」を受け入れた先に現れる、「無限性」への——これを守り育てようという——配慮なのだ。有限性と無限性の地と図の関係が反転すると、その先にやってくるのは、「無限性」と「有限性」それ自体の一対性であり、そこでは、「暗さ」はもはや暗さではなく、私たちがそこに生きなくてはならない薄暮であり、「明るさ」ももはや明るさではなく、私たちがそこに生きなくてはならない薄明なのだ。「祈念」と「配慮」とは、その「無限性」の希求、そして「有限性」の受容という対位の別名なのである。

9　希求と受容

ベックは、「リスク」の性格の変質を目安に、近代を二つの段階に分けている。以前は、リスクは保険などにより管理制御が可能だった。むしろそれは、投機、投資などで富を得る動因ですらあった。

しかし、そのリスクが、事故の巨大化、世界化などをへて管理制御できないものになると、これまではモノの生産と富の生産のかねあいで考えられていた近代産業の考え方は、富の生産とリスクの管理とのかねあいで考えられなくてはならなくなる。いわゆるポストモダン思想の考え方では、（モノと富の）生産が、やがてモノの生産の飽和に達すると、消費の限界と恐慌をもたらすが、次には、産業が欲望を喚起することで消費の限界は乗り越えられるとされる。モノの生産から消費の生産へ。それが、生産から消費へ、と謳われたポストモダン思想の定式だったが、これに対し、ベックは、生産からリスクへ、という新しい考え方を示し、近代を前期と後期に分けたうえで、現在を後期の近代、近代の原理を維持し、これに反省的に対する、第二の近代と呼ぶのである。

　ベックのいう第一段階の近代とは、いわゆる私たちの理解する近代で、そこでは産業と科学技術が、いわば無限の行動領域のなかで自己発展すれば済んでいた。しかし、それに環境の許容量の限界、資源の許容量の限界、人口の限界、社会格差の限界など、それまでカウントせずに済んできたことがが、いわば有限性の問題として浮上してくると、これまでの無限性の産業社会が、これからは有限性を起点に、すべて考え直されなくてはならなくなる。これを受け、ベックは、ここに生まれる第二の近代では、たとえば産業は、それがもたらしうる利益によってではなく、それが引き起こしうるリスクによって、考量されなければならないと主張する。

　しかし、そこでリスクが考量されなければならないのは、無限の発展を前提とする「無限性の近代」ともいうべき考え方が、なお信じられているからである。だから、それを阻害する条件がすべてリスクとして現れ、考量され、配慮の対象となるのである。

しかし、私たちは、さらにその先に進んで、むしろこの無限の発展という前提自体を取り去ることを、学ぶべきなのではないだろうか。逆になにもかもが有限であること、それを私たちの出発点とするのである。環境も、資源も、人口も、社会格差も、産業の高度化・大規模化も、すべてが限界をもっている。有限である。だから、これを克服しようとするのではなく、受け入れ、これを前提に、考え方を変える。新しい考え方を創出するのである。そうすると、これまで配慮し、制限し、克服すべき「リスク」と見えていたものが、有限性を刻印された世界のなかで無限なるものを守り育てる「希望」の種子のように見えてくる。

欲望というものを私たちは敵視してきたのだが、振り返ってみると、もう誰のなかでもその欲望が弱まり、死に絶えようとしている。科学というものを同じように私たちは、警戒してきたのだが、気がついてみると迷信が私たちの周りには瀰漫しようとしている。

欲望、科学的思考といったこれら無限なるものの種子は、大切なのではないだろうか。今後いよいよ守り育てられなければならないのではないだろうか。それが「明るさ」の根源であり、それが最初から変わらず、アトムが私たちのなかで象徴していたものなのである。

そしてそれに伴い、ゴジラが体現しているものをもまた、私たちはいまや、まったく別なふうに考えなければならないのかもしれない。

たとえば、もはや、私たちは、ゴジラの腹のなかにいるのだ、というように。

「苦しみ」は、その中で私たちが生きる条件になっているのだ、というように。

だからこそ、私たちは、「欲望」や「希望」や「祈念」といったものを、守り育まなければならないのだ、というように。

ここにあるのは、もはや別種の配慮を私たちに促すていの、新しい事態なのかもしれないのである。

終わりに

三・一一の原発事故が私たちに与えた視界を最も深く開示するものが、アトムとゴジラの一対性なのではないか。

そう考えて、ここまでそこから考えられる思想的な領界の輪郭をたどってきた。

最後に、この問題に関する現時点での私の考えを述べておきたい。

私は、先に、二〇一一年の原発事故のあとの日本社会の現状を見て、私たちは脱原発に進むのがよい、と書いた(前掲「祈念と国策」)。

私が、科学技術の無限の可能性を認めてなお、日本における原子力の平和利用は、これをさらに維持、推進していくのではなく、今後は段階を踏んで脱原発のほうへ進むべきだと記したのは、科学技術からの撤退という意味ではなく、それが科学技術の進歩の道だと考えたからである。

私は、原子力災害のリスクを除去できない現在の社会的政治的状況を是正することを絶対条件にして、いまも、原子力エネルギーの研究と技術開発には権利があると考えている。ただ、そのハードルは高い。使用済み核燃料の処理、保守管理の危険度の低減、技術を含む軍用との関係の切断のためのルール作り、規模の巨大化、高度化によるリスクの過酷化に対する限界の設定、など。

私がこれまで、寺島実郎、立花隆、大前研一といった論者の原発開発続行論に反対し、批判してきたのは、これらの人々が、科学技術の無限性とその重要性を唱えながら（それに私は賛成である）、ただ一つ、軍用とつながる核燃料サイクルの廃止ということには口をぬぐう、その態度が、科学の無限を唱える論者にして、「科学的（公明正大）ではない」と考えたからである。彼らはまた同じ過ちを犯そうとしている、と思ったからにほかならない（前掲「祈念と国策」）。

吉本隆明の原発開発続行論に反対したのは、それとはまったく違う理由からで、そこに軍用との遮断という発想がないことに加え、産業のリスクの内的な有限性を通じて、科学技術は産業社会を含んで自然過程をなしていると、新しい考え方のほうに抜けでていったほうがよいと判断したからである（前掲『人類が永遠に続くのではないとしたら』）。

したがって、たとえばトリウム型原発などの試みの延長に、将来、別種の絶対安全な原子力エネルギーという選択肢が現れうるにせよ、そのことが万が一にもありうるためにも、現在の条件のもとでは、脱原発へと進むという方向が、科学技術の進展と将来の社会の「発展」のためには、不可避である。不可避というのは強い表現だが、一度私たちは誤っている。次に私たちが試みるのは、別の選択肢であるべきなのである。

とはいえ、原発研究の続行も、脱原発の模索も、公正な社会的政治的配慮をもった「科学」的思考のもとで考えられる限り、違うものではない。

アトムは、被爆者たちの祈念を体現してきた。その「明るさ」は消えない。しかしこれから原子力の平和利用の意味は、核災害を体現するゴジラの苦悩によって担われる。私たちは、いわば被爆者たちの無念の場所、いわばゴジラの「暗さ」という光源から、今後は原子力の平和利用の行く末を、原子力を脱する方向を含み、その脱する試みを先に、考え進めるのがよいのである。

そこでゴジラとアトムが、どのような対話を交わすか。

私はそのごく一部を、右に掲げた。

その先を書かないのは、そこに大いなる空白を用意しておきたいからである。

ただ、その対話の最後の場面はできている。

私は想像する。アトムは、ゴジラの大きく開けられた暗い口のなかに飛び込んでいく。あの一九六六年のアニメ版『鉄腕アトム』の最後、太陽に飛び込む場面でのように。

しかしまた、鯨に呑み込まれる聖書のなかの、ヨナのようにも。

それは、いまやゴジラの体内に住む、私たちに会うためである。

聖書では、ヨナはその後、新しい目的をもって、想いも新たに、鯨の口から出てくる。アトムも、ヨナに似ていれば、苦悩をくぐりゴジラの口から蘇るはずである。

注

（1） 樋口尚文『グッドモーニング、ゴジラ――監督本多猪四郎と撮影所の時代』筑摩書房、一九九二年。高橋敏夫『ゴジラが来る夜に――「思想としての怪獣」の40年』広済堂出版、一九九三年など。

（2） 桜井哲夫『手塚治虫――時代と切り結ぶ表現者』講談社現代新書、一九九〇年。大塚英志『アトムの命題 手塚治虫と戦後まんがの主題』徳間書店、二〇〇三年など。

（3） 加藤典洋「グッバイ・ゴジラ、ハロー・キティ」『群像』二〇〇七年四月号、「さようなら、「ゴジラ」

たち――文化象徴と戦後日本」『ことばの見本帖』岩波書店、二〇〇九年。ともに『さようなら、ゴジラたち――戦後から遠く離れて』岩波書店、二〇一〇年。なお、前者日本文は、Norihiro Kato, "Goodbye Godzilla, Hello Kitty: The Origins and Meaning of Japanese Cuteness" (*American Interest*, September/October, 2006)の日本語原文、後者日本文は、二〇〇九－一〇年に欧米のいくつかの大学で行った講演原稿"From Godzilla to Hello Kitty: Sanitizing the Uncanny in Postwar Japan"を日本語に改め、加筆したものである。

(4) 手塚治虫は述べている。「(『鉄腕アトム』の前身『アトム大使』を構想したとき――引用者)頭をひねり、七転八倒して考えた末、クリスマス島で水爆実験が行われたことを思い出し、ああ、この科学技術を平和利用できたらなと憂い《ママ》、原子力を平和に使う架空の国の話を描こうと思って、題名を『アトム大陸』とつけた。アトムとは、もちろん単に原子の意味である」(『ぼくはマンガ家』大和書房、一九七九年、川村湊『原発と原爆――「核」の戦後精神史』河出書房新社、二〇一一年より再引、五八頁)。この『アトム大陸』の構想が『アトム大使』となり、五一年四月からロボットのアトムを登場させて一年間掲載された後、アトムを主人公に設定し直した上で翌五二年四月から、『鉄腕アトム』として連載が開始されている。手塚の「原子力を平和に使う架空の国」の発想をもたらしているものとしては、この四五年の原爆投下と考えるのが自然である。

(5) 一部リメイク版『Godzilla King of the Monsters!』(一九五六年)は、第一作『ゴジラ』に米国人ジャーナリストの登場場面を加え、原水爆の実験に関係する部分を削除して、怪獣映画として「楽しめる」ように改変された。監督のクレジットは、テリー・O・モースと本多猪四郎。一九九八年のハリウッド製作版『GODZILLA』はローランド・エメリッヒ監督、二〇一四年の『GODZILLA ゴジラ』はギャレス・エドワーズ監督。詳しくは本文に後述。

(6) 武田徹『「核」論――鉄腕アトムと原発事故のあいだ』勁草書房、二〇〇二年。のち、二〇〇六年、同題で中公文庫に入った後、一一年五月、原発災害を経て、加筆のうえ、『私たちはこうして「原発大国」を選んだ——増補版「核」論』(中公新書ラクレ)として再刊されている。

(7) 武田はこう述べている。映画『ゴジラ』は「ヒロシマ・ナガサキの二度の被爆に次ぐ厄災という位置づけになっている。映画の中では第五福竜丸事件の代わりにゴジラ来襲がある」(同前、五二頁)。

(8) 武田はこう述べている。『アトム大使』の構想は、一九五一年時点で、「それまでの兵器としての核の影におびえるだけでなく、やや後になってアイゼンハウアーが言いだすことになる「原子力の平和利用」という「お題目」を先取りする視点が手塚にあった」ことを示すものであり、手塚のうちには当時、「早くも冷戦以後を希求する気持ちがあったのかもしれない」(同前、一〇三頁)。

(9) 前掲『原発と原爆——「核」の戦後精神史』。

(10) 同前、三九頁。

(11) 小出裕章『隠される原子力・核の真実——原子力の専門家が原発に反対するわけ』創史社、二〇一〇年、一〇八頁。

(12) 田中利幸「「原子力平和利用」と広島——宣伝工作のターゲットにされた被爆者たち」『世界』二〇一一年八月号。

(13) 田中利幸「平和のための戦争展inおおいた」講演「せまられる日本の反核運動再検討」レジュメ「原爆から原発へ——せまられる日本の反核運動再検討」(二〇一一年七月二四日)。そこで田中は、「被爆者たちの福島放射能汚染に対する反応は、一般的に、極めて遅く且つ弱いのは、なぜか?」と問うている。

(14) 前掲「原子力平和利用」と広島——宣伝工作のターゲットにされた被爆者たち」二五一頁。

(15) 同前、二五七頁。

(16) 同前、二五八頁。

(17) 二〇一一年九月八日(http://metropolis.co.jp/features/the-last-word/astroboy-vs-godzilla-2011/)。書き手はブエノス・アイレスから国際基督教大学(ICU)に来て平和紛争解決研究を行っているロータリー国際平和フェローのマラ・ドゥアー。近年、テレビにも出演している。

(18) 前掲『「核」論——鉄腕アトムと原発事故のあいだ』一〇二—一一三頁。

(19) 前掲『原発と原爆——「核」の戦後精神史』六二頁。

(20) それぞれ、「悲しき鉄腕アトムと原子力——Wasting time?」二〇一一年五月一三日、http://blogos.com/article/18412/、「鉄腕アトムと原子力☆独り言」二〇一一年五月二一日、http://red.ap.teacup.com/tomo-tomo/473.html、「原子力『鉄腕アトム』に洗脳されてきた、わが虚無身体と無知の涙」二〇一一年七月九日、http://www.asyura2.com/11/genpatu13/msg/917.html。

(21) 加藤典洋『敗戦後論』ちくま学芸文庫(初出一九九七年)。

(22) 詳しくは、同前、および加藤典洋『戦後入門』ちくま新書、二〇一五年など。

(23) ゴジラとキングコングのこの共通点(死ぬことによって観客に「悲哀の感情」を喚起する)に関する考察は、前掲「さようなら、「ゴジラ」たち——文化象徴と戦後日本」を参照。また、日米の文化アイコンを比較した先行論文に、Tom Gill, "Magical Transformations: Some Japanese Super-heroes and Monsters," in D.P.Martinez ed., *The Worlds of Japanese Popular Culture: Gender, Shifting Boundaries and Global Cultures*, Cambridge University Press, 1998があり、日本のウルトラマンの集合性と米国のスーパーマンの単独性についてすぐれた比較が試みられている。

(24) たとえばシリーズ第三作の『キングコング対ゴジラ』(一九六二年)が観客一二〇万人を動員するシリーズ最大のヒットを記録したのは、一種陳腐なナショナリズム効果である。同時期、プロレスの力道山が米国人レスラーのキングコングを空手チョップでなぎ倒すのを日本の観客が喝采して見ていた。第一作で水爆の恐怖を体現したゴジラが、象徴作用の変幻自在さにより、第三作ではがらりと変わって日本の対米感情の受け皿になるが、それが可能なのは、戦後の日本人が戦争の死者に抱く複合感情がゴジラに投影されていたからにほかならない。

(25) 加藤典洋「祈念と国策」『3・11 死に神に突き飛ばされる』岩波書店、二〇一一年、一一六頁。

(26) 川本三郎「ゴジラはなぜ「暗い」のか」『今ひとたびの戦後日本映画』岩波書店、一九九四年。

（27）高木仁三郎「ライト・ライブリフッド賞 受賞スピーチ、一九九七年一二月八日、http://cnic.jp/takagi/words/rla-speech-j.html、二〇一二年一月一〇日取得。

（28）ゴジラは、第五作『三大怪獣 地球最大の作戦』（一九六四年）では人間の味方となり、第六作『怪獣大戦争』（一九六五年）ではコミカルな一面を見せ、第八作『怪獣島の決戦 ゴジラの息子』（一九六七年）ではいわば怪獣ランドに住む子ども持ちとなって、人間のペットの位置にまで零落する。『ゴジラ・ミニラ・ガバラ オール怪獣大進撃』（一九六九年）となると、人語を解するゴジラの息子、ミニラが登場し、少年と会話する。

（29）「私たちの炉心の溶融」共同通信、二〇一一年六月配信、前掲『3・11 死に神に突き飛ばされる』。

（30）「モンスターと穴ぼこ」『人類が永遠に続くのではないとしたら』新潮社、二〇一四年、序。

（31）この設定には、「うしろめたさ」のつながりで、『キングコング』からの無意識の反照も観察できる。キングコングとは、先住民殺戮、アフリカからの奴隷民の輸入という国家的罪悪への「うしろめたさ」を背景にもつ米国人の文化アイコンである。映画ではゴジラは、南太平洋に生まれたあと、キングコング同様、何と、ニューヨークに向かい、ニューヨークを破壊する。製作者の「うしろめたさ」は、ゴジラの淵源をなす南太平洋の水爆実験の主を、ビキニ環礁の米国からムルロア環礁のフランスに変えていることからも窺われる。

（32）ギャレス・エドワーズは一九七五年生まれ。高度成長下の怪獣映画である『ゴジラ』のファン。好きな『ゴジラ』はシリーズ第九作の『怪獣総進撃』（一九六八年）。この二〇一四年の映画では、南太平洋の実験もじつは原水爆実験の姿を借りた米国による秘密のゴジラ掃討作戦にほかならない。前作『GODZILLA』の翌年、もう一種の怪獣が日本の原発を襲い、事故を引き起こして以来、そこに身を潜め、一五年後、米国にいるつがいの相手を求めて事故原発から飛びたつ。それを太平洋上のゴジラが迎え撃つ。

（33）『GODZILLA 2』は二〇一九年三月公開予定。映画会社のレジェンダリー・ピクチャーズは、二〇一七年に『KONG: Skull Island』を、一九年に、『GODZILLA 2』を、二〇年に『Godzilla vs. Kong』を製作の予定と発表している。『シン・ゴジラ』は、『エヴァンゲリオン』の庵野秀明の監督で、二〇一六年七月公開。

庵野は、この映画の公式サイトで、東宝からの監督依頼が二〇一三年一月に舞い込んだと述べている。つまり事故後、二〇一四年封切りのハリウッド版『GODZILLA』が製作進行中というタイミングで、この新たな動きは起こっている。

（34）　ウルリッヒ・ベック、島村賢一訳「世界リスク社会、世界公共性、グローバルなサブ政治」『世界リスク社会論――テロ、戦争、自然破壊』ちくま学芸文庫。

（慶應義塾大学アート・センター編『ゴジラとアトム――原子力は「光の国」の夢を見たか』慶應義塾大学アート・センター／Booklet 20、二〇一二年三月。ただし初出の「ゴジラとアトム――一対性のゆくえ」から大きく変えた。）

カンタン・メイヤスーの『有限性の後で』
――『人類が永遠に続くのではないとしたら』のほうから

1　いくつかの近接

カンタン・メイヤスーの『有限性の後で』(人文書院、二〇一六年)は、副題を「偶然性の必然性についての試論」という。なんだか、タイトルと副題に使われているコトバが先に自分の書いた『人類が永遠に続くのではないとしたら』(二〇一四年)の内容と異様に近接していた。私の著作は、雑誌掲載時のタイトルが『有限性の方へ』で、考察の最後に到達する概念の一つがコンティンジェンシー、「偶然性」である。なかで「潜勢力」についても考えているが、メイヤスーには「潜勢力と潜在性」なる論文もある(黒木萬代訳、『現代思想』二〇一四年一月号)。また、私は、戦争の死者との向き合い方を長いあいだ、考えてきており、『敗戦後論』(一九九七年)のほか、『さようなら、ゴジラたち――戦後から遠く離れて』(二〇一〇年)なる著作があるが、メイヤスーも、「亡霊のジレンマ」なる論考(岡嶋隆佑訳、『現代思想』二〇一五年一月号)を書いていて、なかで、こんなことをいっている。「亡霊とは何か。それは我々が弔うことのなかった死者、我々に取り憑き、苦しみを与え、彼岸に渡ることを拒む死者のことだ」「真の亡霊、それは非業の死者たちである」。私の文脈からいえば、敗戦後、五〇年のあいだ、南の海から日本に「戻って」くることをやめなかった怪獣「ゴジラ」(=戦争の死者)の来襲、南の海で非業の死を遂げた戦死者たちの霊をどう弔うかと敗戦間際に考えた柳田国男の『祖先の話』等々、が思い合わされる。どこからこのような近接が生まれてきているのか。それこそ単なる「偶然」なのか。関心をもち、数か月前に買い込んでいたこの本を、つい最近、ようやくざっと読んでみた。著者は一九六七年生まれなので、いま、四八歳。この本は、初版が二〇〇六年で、翻訳は二〇一一年の新版に基づいている。訳者の中心は、千葉雅也(他の訳者は大橋完太郎、星野太)。この人は一九七八年生まれで、こちらもだいぶ若い人である。

こういう本に対し、私の出る幕はないようにも思うが、読むとかなり面白い。刺激を受ける。『人類が永遠に続くのではないとしたら』を書いたあとの思考をどう先に引き取っていくか、という関心が私のなかに生きているせいである。この本からどのような刺激を受けたか、『人類が永遠に続くのではないとしたら』の後の考察ということを念頭に、その関心との重なりを、簡単にメモにしてみよう。自分の考えをまとめるという意味もある。

2　本の構成

全体は五つの章からなる。第一章は、「祖先以前性」と名づけられている。第二章では「信仰主義」が語られる(「形而上学、信仰主義、思弁」)。第一章、第二章と読むと、何が企てられているのかがだいたいわかる。また、「プトレマイオスの逆襲」と題された最後の第五章までくると、何が著者をこのような企てへと動かした動機だったのかが確認できる。あいだの第三章、第四章は、いわば思弁的な展開が行われている部分で、人によってはここを中心と受けとるかもしれない。しかし、私はこの部分にはさほどひかれない。単純に、読むのがやっかいだ、というところもあるが、なぜ彼がこういう論を構想したかのほうに、よりスケールの大きな問題があり、自分との関心との重なりもあると思うからである。ただし、ここにも、「偶然性」「リスク」「チャンス」、可能性の「全体性」とかカントールの群論とか、「事実性」と「必然性」をめぐる刺激的な考察が散らばっている。

「有限性」も「偶然性」も私が自分の本で考えたものと直接関係はしていない。発想の場所は違う。方向が逆なのだが、なぜ彼メイヤスーがこんなことをいうようになったか、というところまで遡及すると、私の関心にふれあうところが出てくる。

私はこの本を著者、訳者の考えとはだいぶ違う関心から、「別の仕方で」、読んだということになるだろうが、この本の示唆は私にとっても有益である。示唆されたところを、『人類が永遠に続くのではないとしたら』へと補助線を引くつもりで粗描する。少しの意味と、面白みはあるだろう。

3　最新流行思想

この本で、メイヤスーが行っていることで、一番大きなことは、カント以来、現代の思想、ポスト構造主義にいたるまでの世界の哲学思考の大枠を、「相関主義」という名の下に一括して、批判に打って出ていることである。このような批判は、以前にもあったのかもしれないが、私は知らない。この「相関主義」という括り方は、メイヤスーのもので、「相関主義」(correlationism)も、彼の造語である。いずれ、本格的にこのような枠組みでの批判に打って出たのは、メイヤスーが嚆矢だということだろう。

彼によれば、カントのコペルニクス的転回以降、哲学思考は「相関主義」という「有限性」の「透明な檻」のなかに閉ざされるようになった。そして、その「外部」の対象、実在、存在の「真」を問えなくなってしまった。また、相関主義を乗り越えるとして提唱された彼の考え方は、いま、「思弁的実在論」と呼ばれている。その批判による「相関主義」から「思弁的実在論」への方向転換は、「思弁的転回」と語られる。

これは、控え目にいっても、ずいぶんと大胆な見方である。これまでは、実存主義と構造主義、ポスト構造主義とフッサールの現象学、ハイデガーの哲学とウィトゲンシュタインの分析哲学など、さまざまな哲学思考があり、互いに対立、併存していたのだが、これらを十把ひとからげにして、そのメタレベルに立とうとしている。そのうえ、これを一挙にお払い箱にしようというのだからである。

しかし、なぜ、このようなこれまでの思想全体をひっくり返すような批判が現れたのだろうか。

私の第一の関心は、そこにある。

というのも、このメイヤスーの姿勢は、私に、『人類が永遠に続くのではないとしたら』以後の思想の展開について、結局、従来の「意識主体(ビオス)」を主体にした哲学思考から、「意識(ビオス)+生体(ゾーエー)」の二重構造体を主体にした哲学思考への移行をめざさなければならないことを示唆するが、ひるがえって、メイヤスーは、なぜこのような従来の思考の全否定へと進まなければならなかったのか、という問いをも、返送してよこすからである。

問いはこうなる。

なぜ、これまでのカント以来、現象学を含んでポスト構造主義にいたる哲学思考の流れでは、不十分なのだろう?

メイヤスーは、その答えとして、二つのことをあげている。それは私の解釈である。しかし、そこに進むまえに、このメイヤスーの相関主義批判が、一般にどう受けとられているかを、一瞥しておく。というのも、これは、現代思想の領域で、現在(二〇一六年四月)、少なくとも日本の一部では、「最新流行思想」ということになっているからである。

『有限性の後で』は、二〇一六年一月の刊行だが、雑誌『現代思想』では、二〇一三年くらいから、主にこの本の訳者たちなどを中心に(なのだろう)、メイヤスーと彼の著作、論考の紹介が行われてきていた。アマゾンでの惹句を引くと、同誌の二〇一四年一月号は「現代思想の転回2014 ポスト・ポスト構造主義へ」と題し、「現代思想、ポスト構造主義の次には何があるのか?」と問い、「社会構築主義の悪しき相対主義とニヒリズムによって停滞しかかった思想状況を乗り越える」「自然的世界の「リアル」と対面する新種の〈哲学〉」の登場を予告している。相関主義批判のことである。二〇一五年一月号になると、「思弁的実在論」の名前が現れ、「現代思想の新展開2015 思弁的実在論と新しい唯物論」と題し、「ポスト・ポスト構造主義」の「思想的布置を構成する「思弁的実在論」や「新しい唯物論」……が、人類学・美学・分析哲学その他を含む大潮流であることを示しつつ、現在の日本的文脈において自力で展開するための試行の場を拓く」と述べている。今年(二〇一六年)一月の特集「ポスト現代思想」ではこうである。「二〇一三〜二〇一五年の一月号その他で紹介を続けてきた「ポスト・ポスト構造主義」の最前線。本年は「思弁的実在論」や「新しい唯物論」……などの最新の議論を導入しながら、フェミニズムや社会学、考古学、認知科学、あるいは映画・音楽・建築への拡張とシンクロニシティを開示していく」。

揶揄するつもりで引いているのではない。かつてと異なりいまでは日本にいることと、国外にいることの違いは、極小になってきている。だから知的関心の「同時性」は当然である。しかし、これらの謳い文句を見ると、これが現在世界の最先端(?)をなす「大潮流」「最前線」であること、これを「日本的文脈」に「自力展開」「導入」あるいは多領域に同時的「拡張」展開をはかっていくことで多産な思想文化的活動が期待できること以外の理由が、あげられていない。なぜこれが我々にとって、意味深い提言であるのか?　そうした踏み込みは、二〇一三年から数えて四年目の紹介であるにもかかわらず、一向に見られず、あいかわらず謳い文句は、いまの最新思想の展開はこうだ、のままなのである。

つい連想してしまうが、この種の移入文化の典型をなす一世紀前、一九一八年の新人会設立の宣言は、こうだった。

一、吾徒は世界の文化的大勢たる人類解放の新気運に協調し之が促進に努む。
一、吾徒は現代日本の合理的改造運動に従ふ。

一世紀まえの新思想は、社会主義、マルクス主義だったが、流儀はこれと変わっていない。一〇〇年前に比べ、ほぼ言語的な障壁も情報の落差もなくなったというのに、「新しい」から「後追い」(導入、自力展開)する、という、この不変ぶりはなぜなのか。そういう感想が浮かぶが、その内容は、こうである。

では、自分たちの関心は何なのか。

その一端を示す小泉義之の論考は、「思弁的実在論」という新しい観点がどういうものであるかを示すため、その広義のメンバーの一人の観点を「試用」し、従来のポスト構造主義振りの言説が一定の「紋切り型の論理」に陥っているさまを、実例をあげ、「批判」を再演することで、教えている(「物化せよ、存在者化せよ　ブルーノ・ラトゥール試用」『現代思想』二〇一五年一月号)。気の毒にも、「試飲」用に取りあげられるのは熊野純彦『マルクス　資本論の思考』(二〇一三年)で、なかからいくつかの個所が引かれ、ポスト構造主義までの現代思想の追従者が陥っている相関主義特有の「ダンス・ステップ」がほれこの通り、丁寧に踏まれているゾ、とあげつらわれている。これまでの最新思想の使い手の頭を、さらに新しい最新思想の使い手が、新しく手に入れた最新思想で、ポカン、と殴りつけている図である。

小泉の関心は何か。彼はいう。二〇一一年に欧米で出た『思弁的展回——大陸唯物論と実在論』という本が「今世紀の新たな潮流を次のように展望している」。ハイデガー以後、デリダ、フーコーと続いてきた流行のスター・システムは二〇〇四年のデリダの死後、終熄して、中程度の有名人の乱立状態となった。しかし、その後、「こうした状況のなかで、クァンタン・メイヤスーは頭一つ抜けて有名になりつつある」。「総じて、いまのところ、……対象中心の思弁的な唯物論・実在論・存在論が流行りつつある。ではどうして流行の潮目がこのように変わってきたのであろうか」。説明しよう。「これまでの現代思想は、何に傾注してきたか。言説、テクスト、文化、意識、権力、表象に傾注してきた。では、どうしてそんなものに傾注してきたのか。それらによって現実(reality)が構築＝構成されているから、というのだ」。性のリアリティを語るに際しても、権力のリアリティを語るに際しても、いつも同じ、「言説」やら「テクストやらの分析なるものに現を抜かしてきた」。そこでは「リアリティ(イマジネールなもの)は、人間の思考の相関物にすぎない」とされる。「人間の思考は、決してリアルやリアリティを即自的に有りのままに思考することはできない」といわれる。「この類のこと」が、これまで「幾度となく繰り返されてきた。現象学、(ポスト)構造主義、脱構築、ポスト・モダニズム等々で、飽きるほど繰り返されてきた。かくも現代思想は、おのれの反‐実在論に淫し続けている」。しかし、ここには「腐臭が漂っていないだろうか」。こうして熊野の著作が引用される。

ここ何十年と同じ考え方の「ダンス・ステップ」が踏まれてきた。それも得意げに。でももううんざりだ(「腐臭」がする!)。いまや、新しい考え方が必要ではないか。黒板を背に、チョークを片手に、やはり彼自身少々得意げに、小泉は、そういうのである。

『有限性の後で』の中心的訳者の千葉雅也は、同じ号のインタビューで、「そもそもどうしてメイヤスーはこんなに人気になったのだろうか」といい、「一つの解釈としては、世界全体が崩壊し変身するということが、時代の不安とマッチしていたのではないか」と述べている。この本が出た後、二〇〇八年、金融危機が起こった。「この世界は、まったくの偶然で、別様の世界に変化しうる」。この本は正確にはこういうことを言っているのではないが、そうも受け取れる言説であるところから、人びとの不安にぴったりとはまった可能性がある、というのである。ちなみに右の引用は、この本の訳書の帯文(=販売用のキャッチコピー?)でもある。ついで、自分の個人的な関心について、小泉よりは謙虚に、自分は「現代の文化現象としての思弁的実在論」、そのうち、「人間のいない世界」、「無人の世界との隣合わせの肯定」の側面に関心があるのかもしれない、と語っている。思弁的実在論の新しい思想的感触が、面白い、ということだろう(千葉雅也、聞き手・岡嶋隆佑「思弁的実在論と新しい唯物論」『現代思想』二〇一五年一月号)。

いずれにしても、私の関心とは、大きく異なる。

4　相関主義

私の関心に進むまえに、相関主義とは何かについて、もう少し具体的に説明しておく必要がある。デカルトの時期に哲学は、主観と客観とがあって、それが「一致」することをもって「真」となす、と定式化された。デカルトにとっては、それを一致させるものが神だった。しかし、それを一致させる神の説得力が後退すると、主観と客観のいずれが真か、が哲学の一大イシューとなる。

しかし、これは、ふつうの私たちの「常識」からいうと、ピンと来ない話だ。というのも、私たちは、ふつう、客観的な事物、たとえば「机」はそこにある、それ自体で即自的にそこに存在している、と考えているからだ。それが見えるのは――「知覚」されるのは――、それが「ある」からだ。何の不思議もない。話はそこで終わる。

しかし、哲学ではそうではない。机がある、というのなら問題はないが(誰にも見えるから)、神がいる、となると問題が起こる(いるという人と、いないという人のいずれが正しいか、証明できない)。でも、中世の秩序では、机があると、神があるとが、ほぼ同じ意味で信じられていた。それが机はある(見える)、しかし神はあるのか(見えないゾ)、となって、近代がはじまる。そう考えれば、近代の哲学がそこを問題にする理由がすこしはわかるはずだ。神を考えないと、机がある、はそれだけで何の不都合もないが、中世から近代の移行期、神の存在は時代の核心をなす大問題だったのである。しかし、「机がある」と「神がある」をともに含む「ある」の真の説明はどうできるか、と考えていくと、問題は複雑になる。天上と地上を同じ原理で説明するのがニュートンの万有引力だが、神と机の存在を同じ原理で説明しようとするのが近代哲学だ。それがはじまると、すぐには答えられなくなるのである。

これに対し、カント以後、新たに作られる考え方が「相関主義」である。

カントがそれをコペルニクスの地動説にたとえたのは、神中心の考え方から、人間中心の考え方への転回がそこにはあると考えたからだ。

1、対象があるので(=客観〔神の秩序〕)、2、それを認識する(=主観〔人間の意識〕)。つまりそれまでの〈対象→認識〉の哲学的思考(=形而上学)での前後関係を、1、認識作用があるので、2、対象が構成される、という〈認識→対象〉の前後関係に反転した。それを誰にも反論できない堅固さで行い、哲学の世界に、天動説から地動説ほどの認識の反転をもたらした。これがカントのコペルニクス的転回である。それ以来、世界は、人間存在なしに、存在するものではなくなった。人間によって認識されるものとして——つまり、人間(認識)との「相関」のうちに——はじめて存在するようになったのだ。同様に対象もすべて認識作用との「相関」のもとに存在することになる。つまり、それは、「存在する」がすべて、「(私たちにとって)存在する」に変わるということである。このカントのコペルニクス的転回によって生じた新しい哲学思考の流れを、メイヤスーは一括して「相関主義」と呼ぶ。それが哲学思考の基礎、常識となって二〇〇年以上たつ。しかし、この二〇〇年続いた考え方を、今後もいつまでも続けてよいのだろうか。そう、彼はいう。

5 ダンス・ステップ

相関主義についてもう少しわかっておいてもらったほうがよいので、あとしばらく、説明を続けよう。「相関主義」にはきまった言い方、論法的循環がある。また、おきまりの論法上の「ダンス・ステップ」が用意されていると、メイヤスーはいう。

こんなぐあいである。私たちが机を知覚するのは、机があるからだ、とふつう私たちは思っている。これは素朴実在論である。しかしこういう感覚が信じるに足りないのは、朝になると上ってくる太陽が、動いているように見えてじつは動いているのは地球の大地のほうだということからも、わかる。だから、哲学的には「机が見えている」からといって「机がある」とは確証されない。「机がある」

ことはそれ自体としては証明できない。私たちは机を知覚すること、また誰もが自分と同じように机を知覚するはずだと意識すること、その二つを重ねて、「机がある」という確信を手にしているにすぎない。

「机がある」という客観的に思える事実は、そのじつ、私たちの知覚と存在とのあいだの「相関」作用のうちに一つの確信・信憑として成立している。よくよく考えてみると、そういうことがわかる。つまり、主観と客観のあいだに「一致」はない。あるのは意識と存在のあいだの「相関」だけなのだ。とまあ、こういう順序で、「私たち」は考えてきた、カント以降、哲学思考を作り上げてきた。そうメイヤスーは説明を続ける。

しかし、その結果、「相関」の外のできごとには、哲学思考は直接手を触れることができなくなった。そこは「大いなる外部」として残されることになった。あるいは「不可触の領域」に仕上げられてしまった。それなのに、これでよいのか、というようには、ほぼ誰も考えなかった。メイヤスーは、われわれは、それ以来、相関主義という「有限性」(透明な檻)のうちにとらえられたままだ、という。

そのうえで、相関主義者たちをからかうように、彼らって、必ず、こういう場面で、このように素朴実在論をたしなめるよね。こういうところでみんな、同じ「ダンス・ステップ」を踏むよね。クリシェ(紋切り型)だよね。そうメイヤスーは軽口をたたく。小泉義之は先の論考でこれを、日本の現代思想の場で、忠実に再演してみせているのである。

カント以来、現象学、言語分析哲学、ポストモダン思想のすべてを通じて、主観と客観の「一致」というデカルト的命題は、超越論的主観を足場にする意識と対象の「相関」、言語と表象の時空性のもとでの思考と存在の「相関」へと再構成される。だから、いったん哲学の世界に足を踏み入れれば、これが大きな問題であることが誰にも納得される。そして、いまどき、素朴実在論でものを考える哲学者はいない。そういうわけなので、哲学をかじる人間には、このカント以後はすべて「相関主義」という指摘は、新鮮にひびく。本当にそうなのか、とは思うものの、そんな大胆なことをこれまでいった哲学の徒は、この二〇〇年間、誰もいなかったからである。

そういうわけで、私は、この「相関主義」をめぐる指摘が、この本でもっとも重大なブレイクスルーなのではないかと、考えている。

6 私の関心

私の関心は、先に『人類が永遠に続くのではないとしたら』を書いたことから出てくる。私が『人類が永遠に続くのではないとしたら』から持ち越した問題は、こうである。私は、『人類が永遠に続くのではないとしたら』の突端で、この先をどう考えればよいのか、よくわからない、という問題に、二つの場面でぶつかった。

一つはフィードバックである。これをどう従来の哲学思考の文脈で理解すればよいのかが、わからない。フィードバックとは、あるシステムのなかでの入力に対するある部分による調節的な出力のことである。これを反応と見れば、この反応には、個別的な主体はない。また、人間が意識的にこのシステムからの出力に反応するケースでも、彼の反応のなかで、「意識」ないし「認識」は特権的な位置を占めてはいない。「意識」が人間の唯一の反応素因ではなく、そこには(たとえば無意識裡の欲望、不安、恐怖など)他に複数の反応素因が同一資格で存在している。意識は「その中の一つ」にすぎないのだ。

私は、『人類が永遠に続くのではないとしたら』では、資源、環境の有限性が浮上してくるにつれて、産業界に「重厚長大」から「軽薄短小」へという変化が生じてくることに、一つのフィードバック作用が働いていると見た。すると、このフィードバック作用を引き起こしている動因は何なのか、という問いが生じてくる。ふつうなら、資源・環境問題が起こってくる。それへの人間=意識主体の反応・対処として、「重厚長大」から「軽薄短小」へのトレンドの移行が生まれてくる。しかし、そのように意識的な対応が生じるよりも先に、いわばこれと少しだけ時期をずらすだけでいち早く感覚的な選好が生じている。これを人間の意識的な反応と見るには、反応の起こるのが、早すぎる。何がこの感覚的選好という反応の起因なのか。「何」(対象)が「何」(主体)を反応させているのか。私にそれは、一個のフィードバックの例、外界(システム)の変容に対する人間の側のなかば無意識裡の反応=生体的反応(フィードバック)と見えたのである。

しかし、人間の生体的反応とは何か。そこで何が起こっているのか。そう考えると、よくわからない。

フィードバックとは、意識主体をもたない反応、あるいは准主体のようなものを想定した上でその准主体を座とする反応、でなければ主体なき反応、さしあたって、そう考えておく以外にない。

私は、広くいうと、原子力ビジネスからＩＴ産業へという流れに、そのようなフィードバックが働いていると考えようとしているのだが、そうすると、どうしても、フィードバックとはどのような「反応」なのか、哲学思想として、確定する必要に迫られるのである。

フィードバックを根幹に据えるノーバート・ウィーナーの『サイバネティクス』は、副題を「動物と機械における制御と通信」という。そこでは「動物」と「機械」が等位に置かれている。そこでの反応主体(反応基体)の位置に「人間」を置けば、どうなるか。そこでの「人間」は「動物」と「機械」に代置しうる、動物でも機械でもよい、だいぶ「弱体化」された〝主体〟となるはずである。しかし、この「弱い」「薄められた」主体は〈何でできている〉のか。また、その反応、ないし主体なき反応とは、何なのか。

ここにはこんな問いが顔をのぞかせている。

文学の世界で、プルーストやカフカの作品を「文学機械」「表現機械」と呼ぼうとしたドゥルーズ＝ガタリの提言などが、合わせ思い出されるところだが、これは、いまは措いておく。

メイヤスーは、これらの議論のその先で、この本では、これまでの考え方には「限界」があり、十分に対処できない領域がある、と述べている。そして、その限界をカントのコペルニクス的転回まで遡及したうえで、その思考を、「相関主義」と呼んでいる。それを読み、私は――相関主義批判の思弁的内容に説得されるところまではいかなかったものの――、なるほど、この場面では、こういう「正面突破」が必要なのだ、と教えられた。

もう一つは、いわゆる生物のロジスティック曲線(S字曲線)が人類の世界人口曲線にもそのまま該当するとしたら、それはなぜか、という問題である。『人類が永遠に続くのではないとしたら』では、引用元の見田宗介の所説を受け入れ、どうもそれは人類にも該当するようだ、という判断に立っている。しかし、これを、フィードバックのばあいと同じく、従来の哲学思考の枠内で、どう受けとめればよいのか。これが同様に、わからない。

というのも、世界人口は資源・環境の限界が露呈してくるのとほぼときを同じくして増加率を鈍化させはじめるが、この変化は発展途上国でも同じように生じる。これは先進国での意識的な対応とは違う動因に基づく変化、反応である。先進国の市民のように、社会を見渡し、地球環境を考え合わせて、ああ、もう限界だ、という認識(＝意識化)のもと、感覚的変容が生じ、個々の人間(意識主体)に出産調整への促しがもたらされた結果、人口増加率が鈍化しているのではない。バングラデシュ、メキシコ、韓国など「社会発展」の度合いにかなりの差のある(一九七〇年前後当時の)非先進国で、同時的にこの現象が見られることから考えても、出産調整の社会状況が整ったための変化とは、受け取りにくい。

そもそも、この生命曲線の変化の主体は、他の生物の生命曲線のばあい、生物個体ではありえない。バクテリアも同様な生命曲線を描くが、バクテリアの個々の個体が意識的に生存環境の飽和に気づいて、これに対処しているのではない。個体自身は、生まれて死ぬだけである。そのうち、死ぬ個体数に比して生まれる個体数が減少すると、全体の個体数(人口)の増加率の減少となる。それが変化の中身であり、そのばあい、その変化の主体は、バクテリアという種である。人間でいうなら、意識個体ではない、人類という生物種だということになる。しかし、人類という生物種が変化の主体だとは、どういうことか。このケースの変化の動因、変化の主体を、どう考えればよいのか。ここで、何が起こっているのか。そう考えればここにあるのも「人間(個別主体)なき反応」の問題であることがわかる。

この両者の問いはつながっているが、『人類が永遠に続くのではないとしたら』では、これを受けとめる可能的な文脈が、二つに分かれていた。一つはサイバネティクス論、もう一つは、人間=生命種論(ビオス・ゾーエー論)である。

そこで、この私の問題意識から見ると、このメイヤスーの本は、わが同類、ということになる。相関主義批判の理由のところ、従来の哲学思考では対応できない問題が現れてきている。それにぶつかって、別の仕方で考える必要に迫られているという点が、同類なのである。

7 相関主義の「不能」と「限界」

「そもそもどうしてメイヤスーはこんなに人気になったのだろうか」。これは若い訳者の問いだが、その理由は、先に見たように、思想的な流行に動かされ、これを喜ぶ人が世界のほうぼうにいて、彼の相関主義批判が、いわば破天荒の「新しさ」をもっていたからである。

しかし、右に書いたように私の関心は、これとは違う。また、むろんメイヤスーの相関主義批判がどこからでてきたのかも、これではわからない。

メイヤスー自身は、なぜ相関主義ではダメなのか、という理由を、この本で、大きく二点、あげている。

第一に取りあげられるのは、これまでの考え方では対処できない問題が登場してきた、ということである。そのような問題として、彼が取り出すのは、人間、意識、宇宙が出現するまえの「できごと」が、科学者たちによって経験科学の領域で「真」であると示される事例、言説である。それを、メイヤスーは「祖先以前性」のできごと、言説と呼ぶ。彼はそれをもっぱら思弁的に問題にしているが、ここで私は、これを彼とは少しずれた論点で受けとっておきたい。そのほうが、彼の主張の存在理由としては説得力があるからだ。

つまり、こうである。それらの言説を私たちは、一般世界、世俗世界で、「真」だと受けとっている。宇宙のはじまりが、かくかくしかじかであることが、これこれの物証によってはじめて証明された、という記事が、たとえば、ネイチャー誌に現れたとしよう。そして、大事件となり、発見者はノーベル賞を受賞したとしよう。私たちはこれを「真」と受けとめる。これはいま、私たちの社会で、現に起こっていることである。経験科学の突端で何が起こっているのかはわからない。自分では理解できない。しかし、私たちはふつう、こういう経験科学の突端の知を「真」として受けとめている。しかし、カント以来の哲学思想は、これを「真」とは受けとめない。これらのことは、いまの哲学的な思考では、「真」ではないからである。それは「(科学者たちにとっての)」、あるいは「(私たちにとっての)」真ではある、けれども、哲学的には、こうした相関項を外された絶対的な「真」は、「あるともないともいえない」。絶対的な実在、「真」は、哲学的には、思考不可能、言表不可能とされているからである。

しかし、とメイヤスーはいう(これは私の力点で)。これは科学的な「真」が見かけの「真」にすぎない、というよりも、これだけ新しいできごとが生まれ、「真」への信憑が拡散しているのに、この変化に対応できず、これを見かけの「真」としか受けとめられない従来の哲学思想のほうに、問題がある、ということなのではないか。その「不能」と「限界」が、許容できないまでに露呈されるようになったということなのではないか。このままでは哲学思考は、近代初期のスコラ神学のような時代遅れの代物として、人びとに見捨てられかねないところまで、来ているのではないか。

いまや哲学は世界を人間との「相関」のもとにしか受け入れられなくなっている。しかし、ここまで世の中が変わってくれば、もはや、この「相関主義」を脱することが、考えられなければならない。

私は、メイヤスーがもし——便宜的にでも——このような力点で主張すれば、この哲学思考の現在の苦境の指摘を否定することは、いまや、誰にも難しいだろう、と考える。

8　内と外の「落差」——祖先以前性

「祖先以前性」とはこのようなことである。

現在では、「経験科学は、意識や生命の到来に先立つ出来事に関する言明」をかなり頻繁に発するようになってきている。曰く、宇宙の起源は一三五億年前である。地球の形成は、四五・六億年前である。地球上の生命の誕生は、三五億年前である。人類の誕生は、二〇〇万年前である。

化石の年代推定はそれまで地層による相対的なものだった。しかし、一九三〇年代以来、測定対象の持続時間が技術的に判定できるようになってから、年代測定は「絶対的」なものになった。この技術は「放射性原子核の一定の崩壊速度」に依拠しているが、最近はさらにこれに加えて「熱ルミネセンスの諸法則」も加わるようになった。これにより、いまでは、星々の出す光に対しても応用が可能になっている。

つまり、人間が目撃者になれない事実が科学的に「真」として示されている。こうした人類が目撃者になれない事象と言説が、この本では、「祖先以前性」の事象と言説と呼ばれている。その上で、メイヤスーは続ける。自然科学的な探求の積み重ねの結果、宇宙の起源は一三五億年前である、とわかるようになってきた。この「真」の主張には物証もある。再現可能性もあり、反証も可能で、今後、別の物証が現れれば、別のものに取って代わられる可能性もある。そして、そのようなものとして、この言説は現在、自然科学、経験科学の領域では、「真」と受けとめられている。

しかし、奇怪なことに、これは、哲学の世界では、実証的な自然科学者の世界で（科学者たちにとっては）真実と受けとめられているとしても、本当は、「真」ではないのだ、というようにしか受けとめられない。それというのも、相関主義では、人間が超越論的主観をもとに間主観的に成立させたものが「真」で、それ以上、それ以外に、「真」は存立できないからだ。けれども、だとしたら、科学者たちが測定し、確定しようと競い合っている「真」は、彼らにとっての「真」、見かけだけの「真」、彼らにとっての共同の真実幻想のようなものにすぎないことになってしまう。

このあと、どのような事例が言説として現れても、この相関主義のオールマイティ性が崩れないなら、今後も、哲学者たちは、「……は真である」、を「……は（彼らにとって、人間にとって）真である」と相関主義的語法に言い換えるしかない。そして、科学者たちは哲学のシロートだから、世俗的にそういっていてよいが、それはあくまで世俗的、「自然的態度」に基づく言い方で、哲学的な「真」ではない、と述べるしかなくなる。

でも、それでよいのだろうか。

メイヤスーのこの提言が根拠をもっているとしたら、この哲学思考の内側と外側の「真」の受けとめ方の「落差」の拡大が、もはや無視できないところまできた、という、この点だろう。「祖先以前性」の言説の登場は、この落差が限界に近づいていることの象徴として、『有限性の後で』の冒頭におかれているのである。

9　内と外の「棲み分け」——信仰主義

なぜ相関主義ではダメなのか。その第二の理由にあげられるのは、この内と外の「落差」の拡大に加えての、内と外の「棲み分け」のもつ問題である。第二章では、相関主義の有限性が、その外で、信仰的言説と共存していることが指摘される。それが相関主義ではダメだというメイヤスーの理由の、「祖先以前性」より深い、より根本的な理由である。彼はいう。

> 相関主義はそれ自体では、合理性なき、宗教的ないし詩的であるようないかなる主張もしていない。というのは、それは絶対者についていかなる定立的な言説も発しないからで、思考の限界を思考することで満足しているからである。この思考の原型は、言語にとっては、その片側しか

把握できない境界面のようなものだ。相関主義が何らかの特定の宗教的理念を設立することはないのだが、しかしそれは、宗教的信念の内容が思考不可能であるからという理由でそれを不当化せんとする理性のあらゆる要求を、決定的に掘り崩してしまうのである。

（『有限性の後で』七四頁）

たとえば、厳密に考え進めるヴィトゲンシュタインは、その言語分析哲学を展開する『論理哲学論考』の最後で、「語りえないものについては、沈黙しなければならない」と述べる。メイヤスーの引く例をあげれば、「だがもちろん言い表しえぬものは存在する。それは示される。それは神秘である」と。ヴィトゲンシュタインは、論理を追いつめ、相関主義の「透明な檻」の格子の位置にまできて、その限界を確定し、立ち止まる。すると、その先の外部は、残される。そして、次に、その外部を信仰の思考が占めるとすると、これに対し、それはおかしいと世俗的理性が異議申し立てに赴こうとする。しかし、そのたび、哲学思考は、この「理性の不合理なものへの是正要求」に向かって、理性がこの格子の向こうに行くのはアウトだと、禁止する。その先に行っては、いけない、と。これが右の引用のいっていることである。

なぜ現代思想の突端で、エマニュエル・レヴィナスのユダヤ教の『タルムード』講義が厳然たる力をもつのか。不合理でナンセンスではないかと世俗的理性がその撲滅に向かおうとすると、哲学思考は、その限界で立ち止まらなければならない、とこれを制止する。その結果、相関主義は、「信仰は理性ではアクセスできない」とするモンテーニュ以来の信仰についての考え方（＝信仰主義）と、共存し、補完し、これと「棲み分ける」結果になる。

その共存がいまでは宗教的狂信による暴力の増大をすらもたらしている、とメイヤスーはいう。どうすればよいか。原理主義的な独断論に対してはむろん絶対者の拒否をいい続けなければならない。しかし狂信の結果たる暴力に対しては「思考のうちにささやかなる絶対的なものを再発見することが重要」だろう（同前、八七頁）。ここにいう「ささやかなる絶対的なもの」が、科学的思考ないし数学的思考による相関主義からの独立ということである。それを再発見する哲学思考の一つが、彼のいう、思弁的実在論にほかならない。

思弁的実在論は、祖先以前性のできごとの「真」に道を開き、狂信の結果たる暴力に対抗し、哲学思考と「信仰主義」の共存を打破すべく、新たに哲学思考のうちに「ささやかなる絶対的なもの」を再発見するもの、とされるのである。

10 接点と関係

しかし、これくらいにしよう。メイヤスーのこの本の第三章、第四章の思弁部分は、ここでは取りあげない。なかなか精緻に展開されているので、面倒だということもあるが、私の関心からはやや離れる。

とはいえ、いずれ、かならずや、この部分について、また、右に述べてきた相関主義批判についても、強力な異論が相関主義、とりわけ、フッサールの現象学などから出てくるだろう。メイヤスーはいわば人間を介在させないで「真」の定立を可能にする、これに代わる考え方を「思弁的実在論」と呼ぶのだが、そこでのカギをなすのは「数式」を主とする数学的思考、科学的な思考だからである。しかし、それが相関主義の外にあるのかどうか、私としては、フッサール現象学などからの異論には強力なものがあるはずだと考えている。

とはいえ、たとえこの立論が打破され、強い説得力をもたないばあいでも、少なくともメイヤスーの右に述べた意味での「問題提起」には、権利があるだろう。そう、いまの私は考えている。

ここから先は、このメイヤスーの指摘、姿勢が、私の『人類が永遠に続くのではないとしたら』以降の考察にどのような示唆を与えるかについて考える。

私とメイヤスーのこの本の接点は、次のようである。

私は、『人類が永遠に続くのではないとしたら』では、いま到来しつつある社会を「有限性の近代」と定義した。「有限性の近代」の反対は「無限性の近代」である。これまで考えられてきた近代観では、近代は生産中心の前期近代と消費中心の後期近代に分かれる。この二つはともに「無限性の近代」である。そこでは人びとはこの世界がどこまでも無限に続き、さまざまな力能が無限に追求でき、無限の欲望にも権利があると考えている。そのため、前期近代から後期近代にいたると、資源、環境、人口問題、さらに事故リスクの極大など、社会の内外に有限性の「問題」がせりあがってくるが、価値観の基礎を無限性に置いている限り、これらの有限性はすべて克服すべき否定的な意味あいを帯びるようになる。つまり否定的なものとして受けとめられる。無限の成長が前提としてあるため、資源、環境、人口問題が否定的な有限性として現れ、克服すべき問題となり、また巨大な過酷事故のリスクが否定的なものとして現れ、同じく抑止すべきものとみなされるのである。

しかし、価値観の基礎を有限性に転じると――「有限性の近代」の立場に立つと――、問題の布置が逆転する。今度は、有限性という基礎条件のなかで、ここにいかに無限性を繰り入れるべきかと、無限性の欲望、自由などが「守り育むべき」肯定的なものとして見えてくるのである。

そこで有限性は、いまや前提である。否定的なものであることをやめ、価値中立的な一つの基礎条件に変わる。というのも、「有限性の近代」は、有限性の時代を何とか「生き延びよう」という思想ではなく、有限性の時代をのうのうと楽しく「生きよう」、という思想をもたらし、またこれに、支えられるからである。したがって、有限性の時代になったので、いろいろと、欲望をなだめて、穏健に自然と親和的に生きようという従来型のエコロジー的な思想も、この「有限性の近代」の観点から言うと、まだまだ「無限性の近代」のしっぽをつけた、中途半端な無限性の思想と受けとられるのである。「有限性の近代」では、自然なものも人工のものも、等しく中立的な環境として受け入れられる。市場も自然も、同様である。そこでは、生態系(ecological system)は、生体系(biological system)として再編成された姿で現れる。

そのうえで、私は、『人類が永遠に続くのではないとしたら』では、今後、われわれは「無限性の近代」の価値観から、「有限性の近代」の価値観に移行することがのぞましいが、まだ、この価値観がどのようなものかは、未知性のうちにとどまっている、と考えたのである。

さて、この考え方に照らせば、メイヤスーの『有限性の後で』は、明らかに「無限性の近代」のうちで考えられた思考として受けとめられる。メイヤスーは、「有限性」をいまだに否定的なものとみなし、克服すべきものと考え、その有限性の限界の先にあるものを思弁的実在論と呼ぼうとしているからだ。私にいわせれば、このふるまいは、かなりの程度、マッチョで、近代的で、ちょっと凡庸で、物足りない。

しかし、この彼のチャレンジは、かつてゲーデルの不完全性の原理についていわれたのにも似て、近代原理の外側に出ることなく、近代性の内部性を徹底的につきつめることで、近代原理の限界を露わにするもの――内破するもの――だともいえる。つまり彼は、一個の近代的な意識主体として、無限性を徹底しようとして、経験科学の達成をどこまでも追っていき、哲学思考の「透明な檻」の突端で、ガラスの壁にガーンと頭を打ちつけているのである。科学的な思考が対象を「祖先以前性」にまで無限に拡張しているのに対し、哲学思考が相関主義という「有限性」の透明な檻のなかに閉じ込められており、これを乗り物とする限り、哲学思考としてはその先に行けないことを、これを追うことで、その限界点で、発見しているのである。

だから、私たちのあいだには、次のような共通の了解がある。

第一に、いま、私たちの生きる環境には、これまでの考えでは解けない問題、対象が現れてきている。

メイヤスーにおける祖先以前性の言説の「真」を哲学的に受けとめられない問題がそうであり、私における軽薄短小的な選好の出現をめぐるフィードバックの反応主体、生の環境資源の有限性の限界に同調する世界人口の増加率の鈍化のあいだの反応をどう考えたらよいかわからない問題が、そうである。

第二に、そのことはこれまでの考えに何らかの問題があるからであると思われる。これに対し、メイヤスーは、カントのコペルニクス的転回以降、哲学思考を覆うことになった相関主義に問題があると見る。

そして、これに対し、私は、『人類が永遠に続くのではないとしたら』では、いわば意識主体を「主体」と考える思考に問題があると見ている。それを私はメイヤスーに倣って「意識主体主義」と呼んでもよいかもしれない。しかしそう考えれば、メイヤスーは、これを相関主義の名前で精緻に枠取ってくれているのだと見ることができる。

とはいえ、ここから、この先、メイヤスーのこの本の考えと、私の考えの方向性の違いが出てくる。メイヤスーは、この問題を克服するための新しい考え方を「人間なき思考」に見る。これは、人間との相関を切断した思考ということであり、これが思弁的実在論の基本形である。

これに対し、私から出てくるのは、「人間なき思考」ではない、「人間を生物／機械に薄める」思考、ないし、意識(ビオス)と生物性(ゾーエー)を混合させた「人間・生体」を主体に据えた、「意識主体」主義に代わる、新しい考え方である。

11　身体性の「破れ目」

しかし、このようにこの先、異なる方向を指し示すとはいえ、このメイヤスーの相関主義批判には、私を刺激し、私にヒントを与えるものも少なくない。

その一つは、メイヤスーが、思考と存在の相関主義の「破れ目」を、思考(主観)の始原と存在(対象)の突端の双方に見出し、そこを衝くことで、その限界を明らかにしようとしていることである。「祖先以前性」の指摘は、そのうち、存在(対象)の突端の「真」に相関主義は関与できないと、対象の突端の「破れ目」を衝くものだった。

「超越論的主観の受肉」性の指摘が、そのもう一つの例である。こちらは、思考の始原の「破れ目」を衝いて、そこでの「真」に相関主義は関与できないと指摘している。

彼は、思考(主観)の始原性の問題として、超越論的主観が身体性を始原としてもつことをあげ、このことにまつわる言説の「真」を相関主義は判定できない、という例をあげている。そして、ここに露呈される相関主義の不十分性は、「祖先以前性」によって露呈される存在(対象)の始原に見られるものと、同様だと述べる。

私の考えでは、「祖先以前性」にどれだけの立論の強度があるのかは、よくわからない。しかし、「超越論的主観」の始原の身体性のほうは、だいぶ、堅固な立論となっていると思う。

メイヤスーはいう。

私がいまあるものを認識しているばあい、そこで私に起こっているのはどのような意識の作用だろうか。そのように自分の意識の作用を反省的にとらえる私の意識を、超越論的主観と呼べば、この超越論的主観は、一個の「身体のなかで個体化することなしに」は存在しない。つまり、身体性の足場なしに、超越論的主観は生じない。しかし、身体性である以上、それは、いつか発生したものであるはずである。そうだとすると、「超越論的なものそれ自体が場をもつ(avoir lieu)＝発生することの条件の時間性」が問題になる。すると、意識の発生以前の条件を意識は考えられない以上、そこから、「祖先以前性」と同様の問題が出てくる。超越論的主観は、「身体性＝場」なしには存在できない。すると、いつそれが「身体性＝場」をもつかは、超越論では考えられない。「袋で袋は破れない」からである。超越論は、ここに自らの限界を露呈するのではないか。

そして私たちは、この問題が、いかなる場合であれ、超越論(超越論的主観に基づく論――引用者)によっては思考されえないものであることを発見する。なぜなら、この問題は、超越論的主観が場をもたないでいることから場をもつに至る移行が可能となった時空間に関わるものだから だ。つまりこの場合の時空間は、表象における時空間的な形式に先立つのである。こうした祖先以前的時空間を思考することは、同じ身ぶりにおいて、科学の諸条件を思考することであり、超越論的なものはこの責務を果たすのに本質的に不適格であるとしてその失効を宣告することでもある。

(同前、四九頁)

さて、私がこの相関主義の起点の身体性への着目に説得されるのは、以前から、現象学の起点に、これに類する「破れ目」があると考えてきたからである。

フッサールは、一九二七年、『エンサイクロペディア・ブリタニカ』に寄稿する「現象学」の項目執筆のための準備論文に、「発生の問題」、すなわち「発生的現象学」の問題として、数行、「形相的諸法則に従って人格的自我の全生活と発展とを一貫して支配している普遍的発生の問題」という領域のあることを指摘している（E・フッサール、木田元・宮武昭訳「現象学――『ブリタニカ』論文」『現代思想臨時増刊　総特集＝フッサール』一九七八年一〇月、五六―五七頁）。

この指摘について、西研は、こう述べている。

> （フッサールのいう「発生的現象学」について――引用者）少し説明しよう。実在的世界の存在が信じられていること、これは反省すればただちにわかる。しかしその信念が赤ん坊にすでにあったとは考えにくい。とすれば、どうやってその信念が時間的に成り立ってくるのか（発生してくるのか）を考える、という課題が出てくることになる。このように、大人のだれもが獲得している信念や意味に対して、その成り立ちを時間的な成育のプロセスとして考察するのが、発生的現象学である。
>
> 　ここで重要なのは、体験の本質観取においては、〝だれもが洞察し賛同しうる記述〟が可能だが、発生的現象学ではそうはいかない、ということだ。発生的現象学は、一つの仮説的なモデルとして形作られる以外にないからである。そのことにフッサールはふれていないが、これは銘記しておくべきことである。
>
> （『哲学的思考――フッサール現象学の核心』一五〇頁、傍点引用者）

フッサールは、先のデカルト以来の主観と客観の「一致」をめぐる難問に対し、カントからさらに新しい一歩を踏み出し、すべての起点は主観にあると仮定して、そこから考えてみることだけが、この問題の解決につながると考える。もし、そこでの主観が、自分を超えた客観を作り出すことを明らかにできれば、この主観・客観問題は解消されるからである。

問題解決には、この考え方しかない。客観とは、私が作り出す、私を超えた(「私にとって」を超越した)対象性だと考えればよい。「私にとって」を超えた対象性(=客観性)も、間主観性をテコに「私」から作り出されるとすれば、この主観・客観問題は、解決できるだろう。つまり、すべて私(=意識)と対象の間主観的な「相関」の産出物だと考えることで、この問題を解決できると、フッサールは考量するのである。

しかし、そのフッサールの超越的主観論にも、一つだけ「破れ目」がある。というのも、人間は、最初から「意識」を確立した主体として生まれてくるのではないからである。人は赤ん坊として生まれる。そして生後十数か月間のあいだは、自我も確立しないままに生存する。その過渡期の人間の生存にも、権利はある。しかしすぐにわかるように、この期間の「主体」こそ、現象学にとっての「アキレスの腱」なのだ。そこを現象学は、どうカバーするのか。当然、こういう問題が生まれてくるが、現象学については、長いあいだ、そこが私の関心の焦点の一つだったのである。

フッサールが、この現象学のアキレスの腱ともいうべき時期の「人間存在」をどう考えたのかは、わからない。西は、フッサールの発生現象学の課題を、世界(存在)への信憑が時間的に「どう成り立ってくるのか(発生してくるのか)」を考えることと整理している。しかし私には、西が、「体験の本質観取においては、〝だれもが洞察し賛同しうる記述〟が可能だが、発生的現象学ではそうはいかない」、それは、「一つの仮説的なモデルとして形作られる以外にないから」だと述べている点が、重要だと思われる。というのも、もし発生現象学に、課題があるとすれば、それは、意識や信憑が赤ん坊のなかでどう「成り立ってくるか」ということ以上に、主体成立以前の「赤ん坊」にとっての世界（存在）への信憑、つまり不完全な主体による不完全な世界（存在）信憑とは、「どのようなものか」、を考えることだろう、と思われるからである。

赤ん坊には「意識主体」はない。このような存在における超越論的主観のあり方を現象学はどう考えるのか。こう考えると、この赤ん坊が現象学の相関主義の「透明な檻」の外部存在、を意味していることが見えてくる。

赤ん坊とは、ラカンによれば「ばらばらの身体」として生きている、まだ自我の統一を獲得していない存在のことである。そこでは、意識の身体に対する制御がまだ確立されていない。そんなトリヴィアルなことで現象学に難題をつきつけてはいけない、といわれるかもしれないが、心理学のドナルド・ウィニコットも、こうした「一人前でない主体」にしっかりと権利を与え、そこから新しい理論を作り出している。彼は、カウンセラーとして、「赤ん坊は単独では存在していない」「赤ん坊が私の前に差し出されるときには、必ず赤ん坊をケアする誰かがそこにいる、そこにいるのは〈養育中の対nursing couple だ」といい、対象が本来、単独で存在しないことに光をあてている。そして何よりそれは、私の『人類が永遠に続くのではないとしたら』の言葉でいえば、まず、いわばなかば意識存在（ビオス）でありつつなかば生物的存在（ゾーエー）でもあるような混合体の問題なのである。

つまり、『人類が永遠に続くのではないとしたら』でいうなら、アガンベンの「回教徒」（＝もはや人間であることをやめた人間存在）につながる問題なのである。

人類は、人間存在を、そのような半分意識存在（ビオス）ながら、もう半分は生物的存在（ゾーエー）

にほかならないような生存状態にまで追い込む経験をもつようになった。それはアガンベンにとって、「人間」観の再構築をうながすできごとだが、さらにいえば、哲学思考全体の再構築までをも促すできごとなのではないか。

そう考えてくると、ここで私の関心は、メイヤスーのそれにふれるのである。ここにあるのは、あの生命曲線の動態のもと、生存環境の変化に反応する「生命種」としての人間と、同位的な関係におかれた生存の状態でもある。

もし、主体を意識存在から「生物種」のほうにずらそうとすれば、私たちもまた、メイヤスーのいう相関主義の外に出ることを覚悟しなければならない。相関主義は、同時に、そこでの「主体」が、人間(意識存在)であることを条件に成立する哲学思考でもあるからである。『人類が永遠に続くのではないとしたら』の延長上で考えるとすれば、私もまた、相関主義の外に出て、自分なりの新しい考え方を作り上げなければならないことが、このことからわかる。

もし、こうした「まだ主体ならざるもの」と「対象世界」の関係をとらえる哲学思考があるとしたら、それは、どのようなものか。それは思弁的実在論ではない。しかし、相関主義からは追放されないでいない、そういう考え方であることがわかる。そこでの「主体」はもはや「人間(意識存在＝ビオス)」ではないからである。

以下、『人類が永遠に続くのではないとしたら』の延長で、項目ごと、メイヤスーを念頭に、簡単なメモを列挙しておこう。

12　ビオスとゾーエー——吉本隆明

ビオスとゾーエー。

メイヤスーの「超越論的主観の受肉」説、フッサールの「発生現象学」の問題、生命曲線を描く人類の生命種としての主体像、アガンベンの「回教徒」とを貫くのは、意識主体がそこでは未成の状態にあること、あるいは、崩壊の状態にあること。しかもそのようなあり方で意識主体が生きていること、存在していることである。

これに、吉本隆明の「アフリカ的段階」が象徴するゾーエーの露頭による史論の拡張をつなげると、右の連関は、さらに一回り大きな軌道をもつことになる。

私は、『人類が永遠に続くのではないとしたら』では、今後、人間は「意識存在」を中心としてではなく、「意識存在（ビオス）」と「身体存在（ゾーエー）」の重層構造を中心に再定義されなければならないのではないか、と書いた。

一方、メイヤスーのこの本は、「相関主義」が思考（主観）の始原と存在（対象）の始原に「破れ目」をもっている可能性を指摘して、これに代わる思考法とはどのようなものかを、論じている。

メイヤスーのこの本からくるヒントをこの時点でコトバにすれば、「相関主義」とは異なる哲学思考が探求可能だとして、そのばあいの相関主義批判の突破口の一つは、相関主義が思考の足場を「意識存在（ビオス）」に置いている点を衝くことである。

メイヤスーは、足場を「意識存在」に置き続けるなら、相関主義は有限性の限界を露呈するだろう、これに代わる思弁的実在論が樹立させられなければならない、と主張している。これは「意識存在」のみへの立脚をどこまでも追求するなら、この先に可能なのは、思弁的実在論、科学的思考への権利付与だけだ、という主張である。これに対し、私は『人類が永遠に続くのではないとしたら』で、足場を「意識存在」に置き続けるなら、哲学思考は相関主義として現れて、有限性の限界を露呈するだろう、これに対し、足場を「意識存在プラス生物存在」へと代えた新しい哲学思考に置けば、先の展開が可能になる、そういうものが作り出されなければならない、と考えていることになる。

これはほとんど、吉本隆明によって「アフリカ的段階」の導入による「史観の拡張」という見通しのもとに語られていた構想と同じである。

ただし、ここで断れば、この相関主義のメイヤスーのいう有限性の限界とは、私の観点からいうと、有限性への同調、ということでもある。相関主義とは、哲学思考が一八世紀末、無限性追求の科学主義の台頭に対していち早く取った――有限性への同調という――対抗手段だったのかもしれない。その第一の無限性への対抗が、「意識主体」によるゾーンの形成(相関主義)で、第二の無限性への対抗が、「意識主体」の緩和化、「ビオス/ゾーエーの二重化」なのかもしれないのである。

そのばあい、私のいう「主体」の緩和化・弱体化と、メイヤスーの思弁的実在論は、逆方向を示すことになる。しかしその構想の射程には、一つの照応が見られる。また、フィードバックのことを考えると、まだ私の考えには検討の余地が多く残されている。

そこでの「主体」の位置を「意識存在」から「生物存在」のほうへと低下させ、できる限り「弱く」していくと、どのような世界論、人間論が生まれてくるだろうか。

私がいま、念頭に思い描いているのは、簡単にいえば、吉本隆明が言語論を自己表出と指示表出の「違和の構造」とみなしたように、「心(内臓系=ゾーエー)」と「意識(体壁系=ビオス)」の重層的な「異和の構造」として重層化される「人間/生体(ビオス/ゾーエー)」主体論ともいうべきものである。

13 生物個体と遺伝子――ドーキンス

生物個体と遺伝子。

右の重層構造は、リチャード・ドーキンスの「利己的な遺伝子」説との重なりをも考えさせる。ドーキンスによれば、生物個体は「自己複製子(遺伝子)」の乗り物である。進化論を、生物個体を主体として考える必要はない。むしろ「遺伝子」を中心にして考えるほうがよい、と彼は述べた(『利己的な遺伝子』一九七六年、『延長された表現型――自然淘汰の単位としての遺伝子』一九八二年)。

生物一般は、本能によってコントロールされた機械とみなしうる。その程度に応じて、それをコントロールしている駆動因を遺伝子の生存、繁殖本能とみなせば、そこで本体を「遺伝子」とすることに問題はない。言葉を変えればそこでの主体は「種」なのである。問題は唯一の例外である「人間」である。

人間には「生物個体」としての生存と「遺伝子の乗り物」(=種)としての生存が重層的に複合して

いる。人間が「本能の壊れた生き物」だというのは、この「異和の構造」の表現でもある。

ドーキンスの説からいっても、人間は「意識存在（＝生物個体）」ではなく、「意識存在（＝生物個体）」と「生物存在（＝遺伝子）」の混合体、ビオスとゾーエーの「違和の構造」と見たほうが、合理的である。

14 システムとフィードバック――ウィーナー

ウィーナーの『サイバネティクス』では、「機械と生物」が疑似主体とみなされる。その疑似主体の特徴は、システムとの関係性のうちにその主体性が成立していることである。システムとは、部分の集合よりもつねに大きいことがその定義である（宮台真司）。フィードバックは、関係性のほうから、反応主体を考える視座を提供する貴重な観点であり、サイバネティクスは、それを足場に考えられた一つの思考の果実である。「動物」「機械」とともに、検討すべき大きな余地が残されている。

15 伝達系――見田宗介

ビオスとゾーエーの混合体。これがシステムのなかに生きるというばあい、フィードバックを惹起させる伝達系は、人間相互間の言語・情報、生物個体内のホルモンのほか、人間相互間の対関係でのフェロモン、生物相互間のカイロモンの総体ということになる。これは、見田宗介の考えてきていることである(真木悠介『自我の起原——愛とエゴイズムの動物社会学』一九九三年)。そのような伝達系の考察も必要になる。

16 コンティンジェンシー(偶然性)

偶然性に関する考え方でも、私の考え方とメイヤスーの考え方のあいだに直接のつながりはない。ほぼ無関係だといってよい。ただ、メイヤスーにおいて矛盾律、理由律、必然性など関係性の切断の契機として偶然性が呼び込まれていることと、私において「主体」を微弱にすること、二重化することなど、関係性の弱化からもたらされる新たな関係性の原理として偶然性が捉えられているところには、照応が見られる。

私の考える偶然性の考察の領域では、伝達系の動態、力能は、「反応すること」と「反応しないこと」にまず二分される。さらに「反応する」は、「することができる」力と「しないことができる」力とに二分され、「することもしないこともできる」力として現れる。他方、「反応しない」は、「反応できない」ことができると、「反応できる」ことができない、に二分される。「反応できる」ことができない、ということもそこでは一つの力能、力能の不在の力、でありうる。

17 『ハイ・イメージ論』とメイヤスー

吉本隆明は、ＣＧの出現を新しい知覚像の出現として高く評価した（『ハイ・イメージ論』一九八九―九四年）。その意味が、メイヤスーのこの本によって明らかになる。メイヤスーは、フッサールのノエシス＝ノエマ構造の秘密を「所与のものに欠落がある」点に見出す。

> 立方体のすべての面を同時に知覚することは決してできない。つまり立方体はつねにその所与のただなかに、非‐所与を秘めているのである。一般的に言えば、知覚にまつわる最も初歩的な理論によって次の事実が主張されるだろう――すなわち、ある対象の感覚的な把握は、把握されないものを基盤としてつねになされる。これは空間性に関しても時間性に関しても同じことである。
>
> （前掲『有限性の後で』三八―三九頁）

現象学でいえば、立方体は、つねに三面しか見えない。しかし、この欠落ある知覚をもとに意識は「超越」して六面体としての立方体を受けとる。この超越による構成がノエシス作用、そこに得られる立方体像がノエマ像である。メイヤスーは、この「概略的な所与」が相関主義の力学として必須のものであるという。知覚は不完全なものでなければならない。それをカバーする形で意識作用が発動するからである。これはなかなか刺激的な観点の提示である。メイヤスーが端倪すべからざる思想的膂力の持ち主であることがこれだけでもはっきりとわかる。思弁的存在論が、欠落なしの意識の体系であるゆえに、そこに意識作用は、関与を謝絶されるのである。

これに対し、最初から、欠落なしの立方体像として現れるものがコンピューター・グラフィック像である。そこでは、ノエシス＝ノエマ構造が、消し去られることが、欠落のない知覚像の追求によってめざされている。吉本隆明は、一九八〇年代末、そのことを、CG像との出会いによって直観したのである。

彼がそこから取り出したものが「世界視線」だ。超高度の人工衛星から見下ろしたばあい、都市像における人工と自然は無化されるといわれる。同様に、もし欲するなら、ここでは、世界視線における主体は、もはや「意識存在」ではない、ここでは人工(意識・ビオス)と自然(身体・ゾーエー)が重層している、ということもできるかもしれない。

メイヤスーの「人間を介在させない」思弁的実在論は、その意味では、吉本の直観した世界視線の先にある、新しい哲学思想の可能性を失っていない。フィードバックと生命曲線が、『人類が永遠に続くのではないとしたら』の残した宿題なのだが、私たちは、人間の不在と人間の弱化と、二つの方向に探求を進める理由を、この宿題から与えられているのかもしれない。

18 ビオ・システム(生体系)——いくつかのレファレンス

従来の生態系(エコ・システム)が自然と人間活動としての産業・市場・技術を対立的に捉えるのに対し、自然と産業、市場、技術を同じ自然と人間の交渉の共存システムとして捉えるという観点から『人類が永遠に続くのではないとしたら』では、フーコーの生政治という概念、アガンベンの「回教徒」論、またサイバネティクス(生物＝機械論)、フィードバック(主体なき反応)、ビオスとゾーエー、混合主体論（人間＝生命種・主体論）などへの関心を念頭に、これに代わるビオ・システム（生体系）という考え方を提案した。これには、三木成夫の解剖学、吉本隆明の言語学、発生学、『ハイ・イメージ論』での世界視線、『アフリカ的段階について――史観の拡張』などへの関心も背景をなしている。

今回、メイヤスーへの関心に導かれて、ふだんは読まない『現代思想』のような雑誌をひもといて、ここに述べた私の関心が、ほかの領域で、特に同時代の外国の現代思想の潮流のなかで考える人たちが、それぞれ独自に切り開いてきた問題領域と重なる可能性のあることに気づかされた（中沢新一「野生の科学、あるいは新構造主義の時代」での聞き手石倉敏明の発言、千葉雅也・清水高志対談「ポスト・ポスト構造主義のエステティクス」での清水高志の発言など〔『現代思想』二〇一四年一月号〕）。備忘のために書き記しておこう。現在人類学の領域では「自然と人間の“great divide”と呼ばれる分割を超えていこうという新しい動き」がある。そこから、「タイの農業を「農業機械」という観点から見ていく」学者も現れている。調べると、彼、森田敦郎には「産業の生態学に向けて――産業と労働への人類学的アプローチの試み」（二〇〇三年）というような論考もある。「ガタリの「機械」概念を人類学に大胆に導入しようとする」学者も出てきている。彼、久保明教には『ロボットの人類学――二〇世紀日本の機械と人間』（二〇一五年）なる著作がある。

その背景に、科学人類学のブルーノ・ラトゥール、哲学・科学哲学のミシェル・セールらの仕事がある。ラトゥールは、主体・客体の二分法、社会・自然の二分法からの脱却を、「人間－非・人間」による「アクター・ネットワーク理論」によってはかろうとしている（『虚構の「近代」――科学人類学は警告する』）。また、このラトゥールの探究に大きな導きとなったミシェル・セールには、「準主体、準客体」なる概念がある（清水高志『ミシェル・セール――普遍学からアクター・ネットワークまで』二〇一三年）。

こうして自分でこれらの仕事の存在を知るまで、誰一人、『人類が永遠に続くのではないとしたら』への言及でも、こうしたレファレンスを教示してくれることはなかったわけで、改めて、日本の知的な世界の辺鄙さを痛感するが、これは、単に私が勉強不足ということなのかもしれない。視野を広めなければならない。

19　post と after――この本のタイトルについて

カンタン・メイヤスーのこの本のタイトルは、『有限性の後で』。原語で、*Après la finitude*（英訳書名は *After Finitude*）という。カント以後、二〇〇年間、われわれは相関主義という哲学の「閉域」のなかにとざされてきた。その有限性をわれわれの思考にもたらしたのは「大いなる外部」に対してわれわれの意識を閉域（相関）とすることで対処した相関主義であった。これからは、après la finitude（「有限性・以後」）を合い言葉にしなければならない。これがメイヤスーの気持ちなのだろう。

この「以後」（après）は「後期」（post）を意識した、これに代わる言葉のつもりかもしれない。

「後期印象派（ポスト・アンプレッシオニスム）」「ポスト構造主義」という言い方からわかるように、「ポスト」は範疇内の下位レベルでの「以後＝後期」（内部存在）を意味するが、アプレは、範疇そのものの「以後」（外部存在）を意味する。ポストモダニズム、ポスト構造主義、といったフランス語の呼称を受けて、この「有限性・以後」はいわれている。私の「有限性」の把握とはちょうど逆だ。私の前作の当初の題名「有限性の方へ」は、ここではさしづめ、「無限性の後で」「『無限性・以後』」となるだろう。私から見ると、メイヤスーの「有限性・以後」もいまだ「無限性の近代」の内部存在である。メイヤスーに対しては、ここまで来てなお「有限性を超えて」か、という気持ちもあるが、教えられることも多い。メタレベルの意識で、その把握は「有限性の方へ」と似ている。いずれにしても、これまで、誰からも発せられなかった蛮勇。そのことを否定する人はいないだろう。

（『ハシからハシへ』四巻一二号、通号二五七号、二〇一六年五月三日）

後記。このメモを書いた後、ブルーノ・ラトゥール『虚構の「近代」　科学人類学は警告する』（川村久美子訳、新評論、二〇〇八年、原著一九九一年）を読んだ。そこに出てくる「シンメトリックな人類学」「非シンメトリックな人類学」という考え方は、かつて私の考えた「自画像の学」「肖像画の学」ならびに柳田民俗学の評価（『日本人の自画像』二〇〇〇年）に重なる。そこから出てくる、「自然」と「文化（社会）」を対立的に捉えるあり方に西洋近代の神経症的な宿痾を見てとり、産業・技術と自然の境界を媒介し、混淆させることでこれを克服する方向は、ここに述べるビオ・システムの考えに適合する。ミシェル・セールの準モノ（準客体・準主体）の考え方と合わせ、関心の照応を確認できた。（二〇一六年七月五日記す）

あとがき

日の沈む国から、手紙がやってくる。

すると、そこにはどんなことが書いてあるだろうか。

そんなつもりで、この本に収めたインターナショナル・ニューヨークタイムズのコラムは、書いた。ほかの仕事に支障が出るので、一年でやめさせてもらったが、これは、よい経験だった。日本の新聞にはとても書けないだろうということからはじめて、徐々にアメリカの新聞が嫌がることを書かなければ意味がない、と関心がシフトしていった。担当記者とのやりとりはときに熾烈を極めたが、基本的に、関係は公平であり、後味は悪くなかった。彼らはジャーナリストであることに強いプライドをもっている。

この本には、米国の新聞、インターナショナル・ニューヨークタイムズに定期コラムニストとして寄稿した一連の文章の日本語原文を中心に、二〇一一年から二〇一六年まで、日本という国がみるみる暗がりのなかに染まっていく薄暮のなかで書かれた文章を集めた。

文学に関するものが、姉妹編として続けて出るが(『世界をわからないものに育てること——文学・思想論集』)、こちらは、内外の新聞に寄稿した時事的なもの、そのかたわら、社会を観察し、そこに呼吸するなかから生まれた政治社会に関する論考を収録している。

あとの長い文章のほうの主な出所は、自分の周辺のごく近い友人に配布している一〇〇部に充たない極小の私的メディアである。大学の教師をしているときにはじめ、大学をやめたあとも続けてきた。ウェブ上に配置し、気が向いたときに書き、若いすぐれた友人たちの文章とあわせ、刊行している。タイトルは、「ハシからハシへ」。ハシにあるものから、もう一つのハシにあるものへ。そういう意味もあるが、ハシからハシへ、手渡されるのは、死んだ者のホネでもある。ただしこちらは発表に際し、だいぶ手を加えてある。

この本全体のコンセプトを読者に差し出すために、冒頭の「災後と戦後——33年後の「アメリカの影」」を用意している。二〇一一年の原発事故のあと、日本はまったくこれまでとは異質の社会になった。ソ連のばあいは、チェルノブイリ核災害から五年後、国家が崩壊したのだが、日本に起こったことも、似たようなことが生じかねない、激しい変化である。

このような社会で、何が問題となるのか。

どう考えることが必要なのか。

戦後の問題はまだ残っている。解決すべき問題が山積している。一方で、原発事故が起こってまったく新しい問題が現れてきている。こちらは長いスパンで考えられなければならない。二つの相異なる「暗さ」がとばりになって降りてくる。この激しい明度の変化のなかで考えること。目が慣れるまでじっと待つこと。この「戦後」の問題と、この「災後」の問題と、二つに同時に立ち向かうこと。そのような思いが今回、エピグラムのラインホルド・ニーバーの言葉になった。その必要をいくつかの個所で強調しながら、「戦後」の社会について、「災後」の社会について、書かれたものをそれぞれに収録している。

以下、収録文について一言、述べる。

冒頭の「災後と戦後――33年目の「アメリカの影」」は、もとは東京外国語大学での講演である。柴田勝二さんにお世話になった。タイトルを含め、だいぶ大きく変えた。1の「「日の沈む国」から」にまとめたコラムの翻訳をしてくれたマイケル・エメリック氏は、気鋭の日本文学の研究者で、翻訳家。カリフォルニア大学ロサンゼルス校で准教授をしている。毎月の担当記者とのやりとりはしばしば急を告げ、英語のコラムはほぼ彼との共作といってよいものになった。作業の性格上、日本語原文は、内容に富み、英語のコラムはそれを切り詰め、エッジをきかせたものとなっている。その英文は評判になった。タイトルを入力すればいまもウェブ上で読める。彼の熱意と友情に感謝する。スウェル・チャン（Swell Chan）ニューヨークタイムズ紙 Op-Ed 欄デスク、ステファニー・ガリー（Stéphanie Giry）香港支局記者にも感謝する。2の「あれからの日本」にまとめたものは、その前後の時期、日本の新聞に寄稿したコラム。なかで二〇一二年までの共同通信への寄稿は「複眼の思考」の名の下に、右のマイケル・エメリック准教授と交代で担当した。各社の担当記者諸氏、共同通信の小山鉄郎編集委員にお礼を申し上げる。

3の「『戦後入門』をめぐって――戦後七〇年目の戦後論」は日本記者クラブでの講演。これもウェブ上で読めるが、司会は、杉田弘毅共同通信編集委員。中井良則クラブ専務理事ともども、お世話になった。「中村康二氏についてのアトランダムなメモ」には、英語紙の最終回のコラムとした「昭和天皇と中村康二」執筆の周辺事情が記されている。いわば中間報告であり、この文章の中村康二氏についてはこの先、時間をかけて、もう少し追跡するつもりである。この文、英文コラムの執筆に際して、以下の方々に、相談にのり、取材に応じていただいた。大森恢子氏、石山宏一氏、竹下正美氏、上田泰一氏、小倉孝保氏、佐藤行雄氏、中井良則氏、会田弘継氏、米山司郎氏、平野裕氏、村松友視氏、大井浩一氏。また、もと学生の隅倉真君(日産自動車勤務)。ありがとうございました。

4の「ゴジラとアトム——その一対性」は、先に発表した「ゴジラとアトム——一対性のゆくえ」に大幅に手を加えた。違いを示すためにタイトルを変えている。慶應義塾大学の粂川麻里生さんにお世話になった。「カンタン・メイヤスーの『有限性の後で』」は、右の極小私的メディアに発表したもの。最新流行をうたわれている外国の著作に、自分の問題関心に切実に呼応するものがあると感じ、取りあげ、二〇一四年の拙著『人類が永遠に続くのではないとしたら』の先の思考を準備するためのコメントをアトランダムに記している。久方ぶりの同時代の思想への関心である。今後に向けた私の思考の羅針盤の針の動きが示されている。

最後に、この本は、この後ほどなく出る文学・思想論集とともに、岩波書店編集部の坂本政謙さんにお世話になっている。いつもに加えて、今回はつねならざるご心配をおかけした。装丁はいつもの桂川潤さんである。記して感謝を申し上げる。

二〇一六年七月

加藤典洋

加藤典洋

1948年山形県生まれ．東京大学文学部仏文科卒．現在，文芸評論家，早稲田大学名誉教授．『言語表現法講義』(岩波書店，1996年)で第10回新潮学芸賞．『敗戦後論』(ちくま学芸文庫)で第9回伊藤整文学賞．『小説の未来』『テクストから遠く離れて』(朝日新聞社／講談社，2004年)の両著で第7回桑原武夫学芸賞．ほかに，『僕が批評家になったわけ』(岩波書店，2005年)，『さようなら，ゴジラたち』(岩波書店，2010年)，『3.11 死に神に突き飛ばされる』(岩波書店，2011年)，『ふたつの講演 戦後思想の射程について』(岩波書店，2013年)，『吉本隆明がぼくたちに遺したもの』(共著，岩波書店，2013年)，『人類が永遠に続くのではないとしたら』(新潮社，2014年)，『戦後入門』(ちくま新書，2015年)，『村上春樹は，むずかしい』(岩波新書，2015年)など，多数．

日の沈む国から――政治・社会論集

2016年8月4日　第1刷発行

著　者　加藤典洋《かとうのりひろ》

発行者　岡本　厚

発行所　株式会社 岩波書店
〒101-8002 東京都千代田区一ツ橋2-5-5
電話案内 03-5210-4000
http://www.iwanami.co.jp/

印刷・法令印刷　カバー・半七印刷　製本・松岳社

ISBN 978-4-00-024529-6　　Printed in Japan